LUCIUS ANNAEUS SENECA

Philosophische Schriften I

DIALOGE
ERSTER TEIL
BUCH I–VI

Übersetzt, mit Einleitungen
und Anmerkungen versehen von
Otto Apelt

FELIX MEINER VERLAG
HAMBURG

PHILOSOPHISCHE BIBLIOTHEK BAND 73

Bibliographische Information der Deutschen Nationalbibliothek

Die Deutsche Nationalbibliothek verzeichnet diese Publikation in der Deutschen Nationalbibliographie; detaillierte bibliographische Daten sind im Internet abrufbar über ‹https://portal.dnb.de›.

ISBN 978-3-7873-4524-3

ISBN eBook 978-3-7873-2784-3

Inhalt

LUCIUS ANNAEUS SENECA PHILOSOPHISCHE SCHRIFTEN

ERSTES BÄNDCHEN
DER DIALOGE ERSTER TEIL
BUCH I—VI

ÜBERSETZT, MIT EINLEITUNGEN
UND ANMERKUNGEN VERSEHEN

VON

OTTO APELT

DER PHILOSOPHISCHEN BIBLIOTHEK BAND 73
LEIPZIG 1923 / VERLAG VON FELIX MEINER

Vorwort.

Die philosophischen Schriften des Seneca in einer
den jetzigen Ansprüchen einigermaßen entsprechenden
Form den Beständen der philosophischen Bibliothek an-
gereiht zu sehen, war ein berechtigtes Verlangen, das
von verschiedenen Seiten an den Verleger der Bibliothek
herantrat. Ich habe mich meinerseits nicht ungern bereit erklärt, diesem Verlangen Rechnung zu tragen.
Denn ich mußte mir sagen, daß Seneca, wenn auch
nicht Philosoph im vollsten Sinne des Wortes, doch
gerade jetzt besondere Beachtung verdiene. Ich denke
dabei nicht an die Bedeutung, die er als besonders er-
giebiger Vertreter der Stoa durch seinen auf uns ge-
kommenen reichen literarischen Nachlaß beanspruchen
darf: das wäre ein mehr die Geschichte der Philosophie
betreffendes Interesse, dem selbstverständlich auch sein
volles Recht gebührt. Ich denke vielmehr vor allem
an die durchgehende Tendenz seiner Schriftstellerei,
durch die er auch unserer Zeit ähnliche Dienste zu
leisten vermag, wie er sie seiner eigenen Zeit zu leisten
bestrebt war. So wenig ich in politischer Hinsicht,
trotz des Bildes der Zerrüttung, das unsere gegen-

wärtige Lage bietet, unsere heutige Welt mit der damaligen Römerwelt vergleichen möchte, so stark fordert
doch e i n Umstand zur Vergleichung auf: das damalige
Rom stand auf der Höhe der materiellen Kultur, dabei
aber zugleich auf der tiefsten Stufe der Sittlichkeit.
Was u n s anlangt, so könnte es leicht scheinen, als ob
wir in Gefahr wären, uns einem ähnlichen Zustand
wenigstens zu nähern. Allein man darf einen großen
Unterschied nicht übersehen. Die materielle Kultur
des damaligen Römerreichs war sozusagen stationär;
die unsrige dagegen, wie die der betriebsamen west-
europäischen Völker überhaupt, trägt in sich selbst den
unwiderstehlichen Trieb nach weiterer technischer Ver-
vollkommnung. Sie steht in engster Verbindung mit
den Errungenschaften und Fortschritten der exakten
Wissenschaften. Das gibt ihr bei aller Gefahr der
Überfeinerung, der Verführung und des Mißbrauches,
die mit ihren uns gespendeten Wohltaten verbunden ist,
doch zugleich eine hohe geistige Bedeutung: es wirkt
wie ein Sporn auf die Betätigung aller Verstandes-
kräfte zunächst nach der Seite der Naturerkenntnis hin.
Das weite Reich des Wissens aber ist in seinen verschiedenen Gebieten durch vielfache Fäden herüber und
hinüber derartig zu einem Ganzen verknüpft, daß man
wohl sagen kann: der rege Geist der Wissenschaft
überhaupt ist noch nicht in Gefahr einzuschlummern.
Mit ihm aber ist uns ein fortdauernd belebendes und
treibendes Moment der geistigen Frische gesichert, das
nicht verfehlen kann, auch nach der ethischen Seite

hin die Kraft der Gegenwirkung zu wecken und in Bewegung zu halten.

In dieser Beziehung aber hat gerade Seneca, der in ganz ungewöhnlichem Maße naturwissenschaftliches Interesse und Verständnis mit höchstem sittlichen Ernst und Eifer verbindet und beides in Beziehung zueinander zu setzen weiß, allen Anspruch auf Beachtung unserer Zeitgenossen. Man wird nicht leicht einen für das Seelenheil der Menschheit begeisterten Schriftsteller oder auch Kanzelredner finden, der mit so viel Herzenswärme und so reichen, besonders naturwissenschaftlichen Kenntnissen einen solchen Glanz der Darstellung verbindet.

Was Gestalt und Einrichtung dieses Übersetzungsunternehmens anlangt, so liegt für die Textgestaltung ihm in allem Wesentlichen die Teubnersche Textausgabe von Hermes zugrunde, die bei genauer und zuverlässiger Berichterstattung über die Handschriften zugleich durchweg hinreichende Auskunft über den gegenwärtigen Stand der philologischen Textkritik gibt. Den sogenannten Dialogen, deren erste Hälfte in diesem Bande vorgelegt wird, werden die Abhandlungen über die Wohltaten und von der Gnade, und diesen dann die Briefe folgen, die in der Hauptsache auch nichts anderes sind als philosophische Abhandlungen, gekleidet in die Form von Briefen. Die Quaestiones naturales (naturwissenschaftliche Fragen) bleiben zunächst noch zurückgestellt.

Außer der allgemeinen Einleitung finden sich noch vor jedem Dialog in knapper Form Sondereinleitungen nebst Inhaltsübersichten. Am Schluß des Bandes stehen die Anmerkungen für jede der betreffenden Abhandlungen.

Dresden, den 8. Oktober 1922

Otto Apelt

Berichtigungen zum ersten Band

Seite 13 Zeile 8 von oben der lies er.

„ 13 „ 15 von oben mehr lies weniger.

„ 15 „ 1 von oben bewahren lies bewähren.

„ 15 „ 2 von oben Spielern lies Spielen.

„ 44 „ 2 von unten Abscheu lies Absehen.

„ 47 „ 18 von oben belästigt lies belustigt.

„ 71 „ 8 von unten der lies dem.

„ 93 „ 17 von oben seinem lies ihrem.

„ 100 „ 11 von unten jener lies jener erste.

„ 116 „ 5 von oben handelte lies handelt.

„ 134 „ 11 von unten einem lies einen.

„ 172 „ 5 von unten Batilianus lies Betilienus.

„ 175 „ 15 von oben sahen lies sehen.

„ 176 „ 12 von oben Gyades lies Gyndes.

„ 187 „ 7 von unten uns andere erwiesen lies andere erhalten.

„ 192 „ 2 von unten Augen lies Leute.

„ 214 „ 18 von oben geschaut lies geschont.

Einleitung.

Lucius Annaeus Seneca — der Philosoph, wie man ihn im Unterschied von seinem Vater, dem Rhetor Seneca, nennt — wurde um Beginn der christlichen Ära in Corduba in Spanien geboren, wo sein Vater als römischer Ritter ansässig war. Er war der mittlere von drei Brüdern: der ältere, Novatus oder Gallio, wie er nach seiner Adoption durch den dem Vater befreundeten Gallio genannt wurde, zeichnete sich im Staatsdienst aus; der jüngere, Lucius Annaeus Mela, ist bekannt als Vater des Dichters Lucanus. Seine Mutter Helvia war eine begabte und edle Frau, die sich nach Gesinnung und Lebensführung weit über das Mittelmaß der damaligen vornehmen Frauenwelt erhob. Das ersehen wir aus dem schönen Trostschreiben (c. 17), das Seneca aus der Verbannung an die durch ihres Sohnes Unglück tief gebeugte Mutter richtete. Von dem Einfluß, den sein Vater auf seine Erziehung hatte, würden wir gewiß manches Bemerkenswerte erfahren haben, wenn uns die Biographie erhalten wäre, mit welcher der Philosoph das Andenken seines Vaters geehrt hat. Daß er — der Vater — ein Mann „von altertümlicher Strenge" war, sagt uns das eben genannte Trostschreiben des Sohnes an die Mutter. Was uns von des Vaters Schriftstellerei erhalten ist — die Sammlung von Sentenzen und Kontroversen, wie sie in den Rhetorenschulen behandelt wurden —, ist nur ein Teil dessen, was er als Schriftsteller geleistet hat; ein Hauptwerk von ihm war z. B. eine Geschichte der Bürgerkriege, die erst nach seinem Tode durch den Sohn herausgegeben ward. Dieser — der Sohn — war ein schwächlicher Knabe und Jüngling. Seine anhaltende Kränklichkeit drückte ihn dermaßen nieder, daß er sich allen Ernstes mit Selbstmordgedanken trug, von denen ihn nur die Liebe zu seinem Vater abbrachte. Gleichwohl machte er in Rom, wohin er frühzeitig übergeführt ward, und wohin auch sein Vater fortan meist seinen Wohnsitz verlegte, in allen Bildungsfächern rasche Fortschritte. Er genoß neben dem bildenden Umgang mit seinem Vater den Unterricht des Stoikers Attalos, des Zynikers Demetrios und des Alexandriners Sotion, daneben auch des Papirius Fabianus, eines Anhängers der philosophischen Sekte der Sextier. Mehr und mehr regte sich sein philosophisches Interesse, und dieser Umstand, verbunden mit dem steigenden Bewußtsein seiner Begabung für eigenartige, dem Geiste und Geschmack seiner Zeit entsprechende Darstellungskunst, mochte ihm wohl frühzeitig den schriftstellerischen Ruhm als würdiges Ziel seines Strebens erscheinen lassen. Doch des Vaters Wunsch führte ihn zunächst den üblichen Geschäften des Forums zu, wo er es durch seine Umsicht und sein rednerisches Talent bald zu hohem Ansehen brachte und auch die Blicke des Kaisers Caligula, damit aber auch zugleich dessen Neid auf sich zog. Unter ihm scheint er als Quästor in die höhere Staatslaufbahn eingetreten zu sein. Bei Kaiser Claudius stand er in hoher Gunst, die ihn aber nicht vor den Ränken und Verleumdungen der berüchtigten Kaiserin Messalina schützte. Des sträflichen Umgangs mit des Kaisers Nichte Julia, der Tochter des Germanicus, bezichtigt, wurde er nach Corsica ins Exil geschickt.

Acht Jahre mußte er hier ausharren; aber es entspräche nicht seiner Sinnesart, wenn man sagen wollte, er hätte diese Jahre vertrauert. Wir werden Gelegenheit haben, darauf zurückzukommen. Mit dem gewaltsamen Ende der Messalina und der Erhebung der Agrippina zur Kaiserin endete seine Verbannung. Agrippina bewirkte nicht nur seine Rückkehr, sondern vertraute ihm auch die Erziehung ihres damals elfjährigen Sohnes Nero aus ihrer früheren Ehe mit Domitius Ahenobarbus an, den sie auch an Stelle des zunächst berechtigten Britannicus, des eigenen Sohnes des Claudius aus seiner Ehe mit Messalina, zum Thronerben zu machen wußte. Neben Seneca wirkte als militärischer Erzieher des Nero der ernste und erfahrene Afranius Burrus. Als Nero in einem Alter von erst 17 Jahren den Thron bestieg, standen beide Männer bei ihm noch in voller Gunst. Sie waren einige Jahre hindurch die eigentlichen Leiter des römischen Weltreiches, eine Aufgabe, welche die höchsten Anforderungen an ihre Umsicht nicht nur, sondern vor allem auch an ihre Selbstbeherrschung stellte. Einen jugendlichen Herrscher wie Nero, der mit vielseitiger Begabung die gefährlichsten Neigungen und Leidenschaften verband, auf dem rechten Weg zu erhalten, erforderte ebensoviel Mut wie Takt. Man vergegenwärtige sich die Schwierigkeiten der Stellung Senecas, und man wird milder über ihn urteilen als nicht wenige seiner Zeitgenossen und manche der Neueren. Nach Ermordung der Agrippina, zu der er, durch die Umstände gedrängt, schließlich seine Zustimmung gab (59 p. Chr.), sank sein Einfluß auf Nero, dessen zunehmende Eigenwilligkeit mit der Steigerung seiner Begierden und Ausschweifungen gleichen Schritt hielt, mehr und mehr, bis nach dem Tode des Burrus (62 p. Chr.) die Zügel der Regierung seinen Händen völlig entglitten, da die ursprüngliche Zuneigung des Nero zu ihm sich immer entschiedener in das Gegenteil umgewandelt hatte. Nicht

genug, daß sich Seneca von aller amtlichen Tätigkeit
fern hielt: Argwohn und Haß gegen ihn hatten sich
dermaßen in der Seele des Nero festgesetzt, daß er die
Pisonische Verschwörung, an der Seneca gänzlich unschuldig war, dazu benutzte, um ihn (65 p. Chr.) durch
anbefohlenen Selbstmord aus dem Wege zu räumen.
Im 15. Buch seiner Annalen hat uns Tacitus das mann-
hafte und ganz den philosophischen Grundsätzen, zu
denen er sich in seinen moralischen Schriften oft genug
bekannt hatte, entsprechende Ende in ergreifender Weise
geschildert. Seine zweite Gattin, die edle Paulina, hatte
sich, um den Tod mit ihm zu teilen, bereits die Adern
öffnen lassen, als sie durch das Eingreifen des an-
wesenden kaiserlichen Offiziers an der Vollendung ihres
Beginnens gehindert ward.

Dies in kurzem Umriß der Verlauf seines äußeren
Lebens nach seinen Hauptwendepunkten. Was aber den
inneren Gehalt dieses Lebens und die Bedeutung des
Mannes überhaupt anlangt, so stellt sich uns in ihm
eine Vereinigung von geistigen Interessen und Bestrebungen mit erzieherischer und staatsmännischer
Tätigkeit dar, in der man geneigt sein dürfte, eine
Annäherung an das Platonische Ideal der Verschmelzung
von Philosophie und politischer Machtbetätigung zu erkennen. Fehlte doch nicht gar viel, so wäre Seneca
selbst auf den Thron erhoben worden. Nach des Tacitus
(Annal. XV, 65) Bericht nämlich war es nicht ausgeschlossen, daß nach etwaigem Gelingen der Pisonischen
Verschwörung, also nach des Nero beabsichtigter Ermordung, und der darauf zu bewirkenden Beseitigung
des Piso, niemand anders als Seneca auf den Thron
erhoben worden wäre „als ein Schuldloser und durch
die Berühmtheit seiner Tugenden zur Herrscherhoheit
Bestimmter". Allein es kam anders, und er mußte so
gut wie Platon in Sizilien auf jede Hoffnung verzichten,

seinem Herrscherideal eine Stätte der Verwirklichung bereitet zu sehen.

Wenn wir hier Seneca und Platon in e i n e m Atem nebeneinander nennen, so sind wir doch weit entfernt, die Verschiedenheit ihres philosophischen Standpunktes zu verkennen. Senecas philosophische Begabung und Betrachtungsweise hat nichts zu schaffen mit spekulativem Tiefsinn oder überhaupt mit theoretischen Untersuchungen; aber worin er mit Platon sich engstens berührte, das ist die Begeisterung für die ethischen Ideale, deren unverbrüchliche Gültigkeit und Verbindlichkeit er mit derselben unerschütterlichen Uberzeugungstreue anerkennt wie Platon. Sein philosophisches Interesse liegt ganz nach der praktischen Seite hin; der Tugend zum Siege zu verhelfen, sie zur Beherrscherin nicht nur des Einzellebens, sondern womöglich der ganzen staatlichen Gemeinschaft zu machen, das ist das leidenschaftlich von ihm verfolgte Ziel seines Strebens. Von den zu seiner Zeit noch einflußreichen griechischen Philosophenschulen war es vor allem die stoische, die seiner Denkungsart entsprach. Das Bild, das die Stoiker von ihrem Weisen als dem sich vollkommen beherrschenden, durch keinerlei Schicksalsschläge zu beugenden Ehrenmann entwarfen und das die damalige Zeit in Cato verwirklicht sah, galt auch ihm als ein zwar von ihm selbst nicht erreichtes, aber doch an sich nicht unerreichbares Muster. Wenn er neben der Stoa auch dem Epikur ab und zu ein Wort der Anerkennung spendet, so geschieht dies meist mit einem Hinweis darauf, daß Epikur nicht genügend dafür gesorgt habe, sich gegen Mißverständnisse von seiten anderer zu sichern. Seneca war gewiß in der philosophischen Literatur nicht unbewandert; aber diese Kenntnis war ihm nur Mittel zum Zweck: durch die Macht seines Wortes in einer Zeit tiefen sittlichen

Niederganges seinen Landsleuten das Gewissen zu
schärfen und sie zur Selbsterkenntnis zu bringen. Das
Los der Menschheit erträglicher zu machen durch den
nachdrücklichen, von der Stoa gleichsam als Parole
zuerst ausgegebenen Hinweis auf die ursprüngliche
Gleichheit aller Menschen und das darauf zu gründende
Gebot der allgemeinen Menschen l i e b e unter Anerkennung der · allgemeinen Menschen w ü r d e, dieser
ersten und höchsten Forderung jeder höher entwickelten
Ethik — das war der treibende Grundgedanke, der
ihn andauernd beschäftigte und aus dem sich die Stim-
mungen ergaben, die ihn vorwiegend beherrschten.

Die Menschenseele kennenzulernen, dazu waren
ihm die ergiebigste und belehrendste Quelle nicht sowohl Bücher als die Menschen selbst, mit denen er in
Verkehr stand. Und wer hätte reichere Gelegenheit
gehabt, aus dieser Quelle zu schöpfen, als er in seiner
Stellung an dem mächtigsten Herrscherhof, den die
Geschichte kennt, an dem Herrscherhof des römischen
Weltreiches? Schon gleich seit seinem Eintritt in das
geschäftige Leben des Forums hatten sich ihm Beziehungen nach allen Seiten hin eröffnet; nicht bloß
in die Verhältnisse seiner Klienten, sondern auch in
die der höchsten Kreise konnte er Einblicke tun, wie
sie in diesem Umfang nur wenigen verstattet waren.
Seine vielfachen intimen Bemerkungen über Caligula
zeigen, wie nahe Fühlung er schon damals auch mit
den Hofkreisen hatte. Späterhin durch die über-
raschende Wendung seines Geschickes selbst zur höchsten
Stellung berufen, war er in der Lage, nicht bloß Zeuge,
sondern oft genug auch entscheidende Instanz für die
Anliegen der zahllosen Bittsteller und Gunstbewerber
zu sein. Kriecherei und Hochmut, ehrliche Offenheit
und tückische Verstellung, frivoles Glückspiel und
tiefstes Herzeleid — die mannigfachsten Regungen und

Erscheinungen des unerschöpflichen Seelenlebens — traten ihm hier in Hülle und Fülle entgegen. Bei dem großen Vertrauen, das er in weiten Kreisen genoß, wird er für nicht wenige eine Art Beichtvater geworden sein, dem sie die Geheimnisse ihres Herzens anvertrauten. So war er in der Lage, wie selten ein anderer, tiefe Einblicke zu tun in das Labyrinth der Seele. Ihre geheimsten und geflissentlich verborgenen Schwächen entzogen sich seinen Blicken so wenig wie die offen hervortretenden Stürme und Rasereien der Leidenschaft.

Trotz seiner hohen Stellung war er doch nichts weniger als ein Weltmann im gewöhnlichen Sinne dieses Wortes. Sein äußeres Leben mochte noch so bewegt und mannigfaltig sein: sein inneres Leben war doch noch viel reicher. Welche Wärme und Zartheit der Empfindung, welche Tiefe des Gemütes zeigen seine Trostbriefe an Marcia und an seine Mutter Helvia ungeachtet aller Rhetorik.

Dazu kommt folgendes: es hat nicht wenige Männer gegeben, die, was den unmittelbaren Verkehr mit Menschen betrifft, in ähnlich vielseitiger Stellung waren wie Seneca; aber es hat kaum e i n e n gegeben, der in gleichem Maße wie Seneca nicht bloß Beobachter anderer, sondern zugleich Beobachter seiner selbst war. Man lese aus dem dritten Buch der Abhandlung über den Zorn die folgende Stelle (c. 36):

„Alle Sinne sind der Kräftigung bedürftig; sie sind von Natur fügsam, wenn nicht üble Neigung sie verdirbt, die täglich zur Rechenschaft gezogen werden muß. So machte es Sextius. Am Schluß jedes Tages, wenn er sich zur Ruhe begab, fragte er sich: „Welchen Mangel in dir hast du heute gut gemacht? Welchen Fehler hast du bekämpft? In welcher Beziehung hast du dich gebessert?“ Der Zorn wird nachgeben und maßvoller werden, wenn er weiß, daß er täglich vor

den Richter gefordert wird. Was kann es Schöneres
geben als diese Gewohnheit, den ganzen Tag zur Prüfung
an sich vorüber gehen zu lassen? Und was für ein Schlaf
folgt auf diese Selbstschau, wie ruhig, wie tief und frei,
wenn die Seele entweder ihr Lob oder ihre Mahnung
erhalten hat und als ihr eigener geheimer Beobachter
und Richter sich Rechenschaft gegeben hat über ihr
sittliches Verhalten! Ich mache von dieser Fähigkeit
Gebrauch und verantworte mich täglich vor mir selbst.
Wenn das Licht entfernt und meine Gattin, bekannt
mit meiner Gewohnheit, verstummt ist, überschaue ich
meinen ganzen Tag und wäge meine Handlungen und
Äußerungen ab; nichts bleibt mir verborgen, nichts
übergehe ich. Warum sollte ich denn auch vor meinen
Verfehlungen mich fürchten, da ich sagen kann: gib
acht, daß du das nicht wieder tust, für diesmal sei es
dir verziehen? Bei jenem Wortkampf hast du dich von
der Streitlust zu weit fortlassen lassen; laß dich nicht
wieder in ein Gespräch mit Unkundigen ein; diejenigen
sind unbelehrbar, die nie haben Schüler sein wollen.
Jenen hast du mit deiner Mahnung zu scharf angefaßt,
daher hast du ihn nicht gebessert, sondern beleidigt.
Künftig sieh nicht nur darauf, ob es wahr ist, was
du sagst, sondern ob der, dem es gesagt wird, die
Wahrheit auch verträgt. Ein gut Gearteter läßt sich
gern mahnen; je schlechter einer ist, desto barscher ist
sein Auftreten gegen den, der ihn zurechtweist."

Ein so treuer, und man darf gewiß sagen redlicher
Beobachter seiner selbst wird in Beurteilung der Handlungen anderer nach ihren Motiven mit ebensoviel Sach-
kenntnis wie Unbefangenheit zu Werke gegangen sein.
Ich wüßte unter den hervorragenden Männern der Neu-
zeit, was die Anforderung redlicher Selbstprüfung an
sich selbst betrifft, nur e i n e n zu nennen, der mit
Seneca zu vergleichen wäre, nämlich W i l h e l m v o n

Humboldt, der keinen Tag vorübergehen ließ, ohne sich über sich selbst strengste Rechenschaft abzufordern.

Trotz aller Hochachtung und Bewunderung, deren Seneca sich erfreuen durfte, blieben ihm doch Gehässigkeiten und Verleumdungen mancherlei Art nicht erspart. Wie hätte das auch im damaligen Rom, dieser Brutstätte aller Laster, anders sein können. Gewiß hatte er seine Schwächen und war sich ihrer bewußt. Gibt er uns doch wiederholt die Versicherung, er halte sich durchaus nicht für einen Weisen, sondern rechne sich nur unter die Zahl der Fortschreitenden ($\pi\varrho o\varkappa \acute{o}\pi\tau o\nu\tau\varepsilon\varsigma$, wie sie nach der Terminologie der Stoiker genannt wurden), die im Aufstieg nach der steilen Höhe der Weisheit und Tugend begriffen waren. In seinen theoretischen Ansichten über den Kampf des bösen Prinzips mit dem Guten ist er nie zu befriedigender Klarheit gelangt. Bald kann er nicht Worte genug finden, um die radikale und unüberwindliche Macht des Bösen als eigentliche Naturanlage des Menschen zu schildern; bald erklärt er es für eine unbedingte Forderung an die Menschen, alle Leidenschaften bis auf die letzte Spur aus der Seele auszurotten. Er glaubte mit der Stoa an die Notwendigkeit und Möglichkeit einer Radikalkur. Bei ihm nimmt das eine Form an, als könnte der Mensch durch einen kühnen Schwung sich auf seine eigenen Schultern stellen und von diesem erhabenen Standpunkt verächtlich auf sein nunmehriges Piedestal herabblicken. Allein das sind Auswüchse der Antithesensucht, an der er krankte und auf die wir bei der Charakterisierung seiner Darstellungsweise zurückkommen werden.

Was seine tatsächliche Lebensstellung, vor allem sein Verhältnis zu Nero anlangt, so hat man ihm mancherlei Vorwürfe gemacht. Allein, will man gerecht

sein, so darf man nie vergessen, daß es keinen schlüpf-
rigeren Boden gibt als den eines großen Fürstenhofes.
Diplomat und Philosoph vereinigen sich schwer in
e i n e r Person: der erstere kommt ohne Kompromisse
nicht aus; ja diese bilden im Grunde das Wesen seiner
Kunst; der letztere kennt keine Kompromisse. Wollte
Seneca sich seines Einflusses auf den jungen Kaiser
und damit der Möglichkeit einer leidlichen Gestaltung
der staatlichen Verhältnisse nicht begeben, so mußte
er oft genug in die Lage kommen, nach dem Spruche
zu handeln: das Bessere ist des Guten Feind. Und
selbst das Ärgste, was man ihm zum Vorwurfe nicht
nur zu seinen Lebzeiten machte, sondern noch heut-
zutage macht, seine schließliche Einwilligung nämlich
in die Beseitigung der Agrippina, kann Gründe haben,
deren volle Bedeutung zu würdigen wir nicht mehr imstande sind. Gegen andere Vorwürfe, wie den der Habsucht, rechtfertigen ihn die von Tacitus mitgeteilten
Tatsachen. Seinen allerdings sehr stattlichen Reichtum
an barem Vermögen und Landbesitz verdankte er zum
größten Teil der verschwenderischen Freigebigkeit des
Nero, gegen die sich zu wehren für den letzteren be-
leidigend gewesen wäre. Beim Rücktritt von seinen
Ämtern bat er den Nero, sein Geschenk zurückzunehmen,
das Geld zu seinem Vermögen zu schlagen und die
Landgüter für sich durch Prokuratoren verwalten zu
lassen. Nero antwortete aus dem Stegreif in längerer,
wohlgesetzter Rede — wozu die Fähigkeit durch niemand anders als durch Seneca erlangt zu haben er
ritterlich erklärte —, deren Schluß bei Tacitus (Ann.
XV, 56) folgendermaßen lautet: „Nicht deine Enthaltsamkeit, wenn du dein Vermögen zurückgibst, nicht
deine Ruhe, wenn du den Fürsten verläßt, sondern
meine Habsucht, die Furcht vor meiner Grausamkeit,
wird in aller Munde sein. Und wird auch deine Ent-

haltsamkeit hoch gepriesen, so möchte es doch für einen Weisen nicht ehrenvoll sein, daraus Ruhm für sich zu ernten, womit er dem Freunde üble Nachrede bereitet." So schildert Tacitus die bewegte Abschiedsszene. Andere Verleumdungen, wie die der Genußsucht, sind rein aus der Luft gegriffen: lebte doch Seneca eine Zeitlang als reiner Vegetarianer.

Es hat wohl wenige Männer gegeben, die bei so umfassender praktischer Tätigkeit Zeit und Stimmung gefunden haben zu so ausgiebiger Schriftstellerei wie Seneca. Wie hat er, mit Geschäften überhäuft, die innere Sammlung, ja auch nur die Zeit finden können zu so außerordentlichen Leistungen? Gewiß, außergewöhnlich begabte Geister leisten eben auch Außerordentliches. Allein man wird hier zur Erklärung der Sache doch darauf hinweisen dürfen, daß es ihm, für sein äußeres Leben zunächst zum Unglück, für sein inneres Leben aber vielleicht zum Glück, beschieden war, eine große Pause in seiner geschäftlichen Tätigkeit sich auferlegt zu sehen durch die achtjährige Zeit seiner Verbannung. In der Abgeschiedenheit von Corsica wurde sein immer reger Geist ganz auf sich selbst konzentriert. Hand in Hand mit gesteigerter Selbstbeobachtung konnte er hier dem ungestümen Drang nach unbegrenzter Erweiterung seines Wissens und seiner allseitigen Geistesbildung erwünschte Befriedigung schaffen. Neben verständnisvoller Beobachtung der Natur mit der ganzen Mannigfaltigkeit ihrer Erscheinungen hatte er hier volle Zeit, dem Studium der antiken Literatur von einem gegen seine Jugendzeit schon erheblich erhöhten Standpunkt aus obzuliegen. Es war eine Zeit der Sammlung und Vorbereitung. Man könnte sagen, daß mutatis mutandis diese Zeit für seine innere Bildung eine ähnliche Rolle gespielt habe wie für Bismarck die zehnjährige Zeit seiner Stellung als

Landedelmann [1]). Wie viele Entwürfe wird er zu Papier
gebracht, wie viele Gedanken zu dauernder Verwen-
dungsbereitschaft in seinem Gedächtnis aufgespeichert
haben! Einige Beschäftigung mit seinen Werken genügt, um zu erkennen, daß seine Gedächtniskraft keine
geringe war, und wenn man auch alle Ursache hat, in
der Annahme von Vererbung geistiger Eigenschaften
vorsichtig zu sein, so darf doch darauf hingewiesen
werden, daß sein Vater, der Rhetor Seneca, sich eines
ans Wunderbare grenzenden Gedächtnisses rühmen
durfte. War er doch imstande, an die 200 Homerverse
rückwärts wieder herzusagen.

Mag dem sein, wie ihm wolle, jedenfalls ward unser
Seneca anerkanntermaßen der erste Schriftsteller seiner
Zeit, und zwar in einer Richtung, daß man ihn geradezu das Gewissen seiner Zeit nennen könnte. Denn
alle seine Schriften — von den Tragödien ist hier ab-
zusehen, obschon auch sie durch ihren Sentenzen-
reichtum auf die Zeitgenossen einzuwirken geeignet
waren — sind darauf berechnet, einerseits dem Lotter-
leben und der Sündhaftigkeit seiner Zeit den Spiegel
vorzuhalten und sie auf bessere Wege zu bringen, anderseits den unter dem Geiste der Zeit Leidenden und Ver-
zagenden oder durch besonderes Unglück, wie z. B. herbe
Familienverluste, Heimgesuchten durch den beredten
Hinweis auf die Heilmittel der Philosophie den Mut zu
wecken und ihr Vertrauen auf eine höhere Welten-
leitung zu stärken. So ist er der unermüdliche und
dabei immer geistvolle, um Argumente nie verlegene,
die Sache von den verschiedensten Seiten betrachtende
und als tiefer Kenner des Seelenlebens sich erweisende
Sittenprediger, aus dessen Worten bei aller Strenge

---

[1]) Vgl. das Trostschreiben an seine Mutter Helvia und De
providentia c. 3, 2.

der Verurteilung doch immer zugleich die allgemeine Liebe zur Menschheit mit dem Wunsch ihrer Veredelung hervorklingt. Die Schlagfertigkeit und Lebhaftigkeit seiner Beweisführung läßt dabei unschwer immer den geübten Juristen erkennen, der als gewandter Anwalt auf alle etwaigen Einwände gefaßt und um ihre Widerlegung nie verlegen ist. Dies gibt seiner Darstellung ein gewisses dramatisches Gepräge; sie nimmt nicht selten eine Art dialogischer Form an, ohne doch im eigentlichen Sinn Dialog zu sein. Darin mag der Grund liegen, daß die erste Sammlung seiner moralischen Schriften, bestehend aus zwölf Abhandlungen, unter dem Titel Dialoge geht, während die Bücher De beneficiis und De clementia bei ganz gleicher Tendenz und Stilart diesen Titel nicht haben. Der weiteren großen Sammlung moralischer Betrachtungen, die wir von ihm besitzen, hat er selbst den Titel Epistolae gegeben, entsprechend der Form, die er für sie gewählt hat, indem er sie als Briefe an seinen Freund Lucilius gab. Daneben stehen noch die Quaestiones naturales, die naturphilosophischen Untersuchungen, die übrigens auch ihrerseits den Grundcharakter seiner Schriftstellerei nicht verleugnen: auch in ihnen spielt das moralische Element eine nicht geringe Rolle. Die Summe seiner ganzen schriftstellerischen Bestrebungen würde uns vorliegen in der von ihm beabsichtigten und wohl teilweise auch schon ausgeführten Gesamtethik, die er zu schreiben beabsichtigte, an deren Ausführung oder Vollendung indes sein vorzeitiger Tod ihn hinderte. Bedenkt man, daß manche seiner schriftstellerischen Arbeiten verloren gegangen sind, wie namentlich die gewiß höchst anziehende und aufschlußreiche Biographie seines Vaters, so bietet sich uns ein Bild unermüdlichen Fleißes bei vollströmendem Gedankenreichtum.

Tacitus nennt ihn (Ann. XIII, 3) ein ingenium amoenum et temporis sui auribus accommodatum, „ein anziehendes (ansprechendes) und dem Geschmack seiner Zeit entgegenkommendes Talent". Hätte Seneca seine ethischen Heilmittel seinen Zeitgenossen nicht in einer besonderen Art der Zubereitung dargeboten, wäre er in seiner Darstellungsweise etwa einfach den bei aller Fülle doch immer maßvollen Mustern der klassischen Latinität gefolgt — er hätte bei der frivolen und blasierten Lesewelt seiner Zeit wenig oder gar keinen Anklang gefunden. Die ungesunde geistige Atmosphäre seiner Zeit forderte geradezu gewisse Reizmittel, um das Publikum dahin zu bringen, sich überhaupt für irgend etwas Höheres zu interessieren. Seneca war der Ödipus, der das Rätsel löste, das die damalige Zeit an die Schriftstellerwelt stellte. Ausgerüstet mit einer Fülle von Kenntnissen, die den ganzen Wissenskreis seiner Zeit umspannten, kundig der himmlischen und irdischen Dinge, rhetorisch wie juristisch trefflich geschult, dabei erfüllt von Liebe zur Natur und empfänglich für ihre Reize, wußte er seiner Darstellung eine Mannigfaltigkeit zu geben, die durch den Reichtum und Wechsel der Szenerie zugleich fesselt und blendet. Ethische Erscheinungen werden in oft überraschender Weise erläutert durch den Hinweis auf großartige Naturerscheinungen: bald sind es Vulkane, Erdbeben, Blitz und Donner, bald der Zauber der Sternenwelt, bald die Wunder des Meeres, mit denen die Phantasie der Leser beschäftigt wird. Landschaftsbilder, teils lieblich idyllischer, teils erhabener Art, wie Blicke in die eisige Welt des Hochgebirges, werden dem Auge vorgeführt, und wenn es gilt, die Vergänglichkeit alles Menschlichen und Irdischen zu schildern, wird als letzter Trumpf in farbenreichster Ausstattung das stoische Gemälde des Weltunterganges vorgeführt. Vor allem muß

auch die Völkergeschichte und Ethnologie reichlich her-
halten, um den sittlichen Warnungen und Mahnungen
den wirksamen Hintergrund zu geben, wobei man es
ihm angesichts der Gesamttendenz seiner Schriftstellerei
durchaus nicht übelnimmt, wenn ihm ab und zu ein
quid pro quo unterläuft. Für gelegentliche Verschen
dieser Art entschädigen reichlich manche höchst inter-
essante Mitteilungen über merkwürdige Vorgänge seiner
eigenen Zeit. Und welche Einblicke teils erheiternder
und ergötzlicher, teils auch bedenklicher, immer be-
lehrender Art läßt er uns nebenher noch tun in das
Getriebe des täglichen römischen Lebens vom Straßen-
gedränge und den Barbierstuben ab bis hinauf zu den
Salons der vornehmsten Gesellschaft!

Kein Wunder, wenn bei diesem Reichtum an Dar-
stellungsmitteln die Vergleiche bei ihm eine besonders
hervortretende Rolle spielen. Er schüttelt sie förmlich
aus den Ärmeln und kommt einem in dieser Beziehung
zuweilen vor wie ein Zauberer. Diese Zauberkraft war
aber zugleich eine starke Verführerin zu derjenigen
Seite seiner stilistischen Eigenart, die für ihn ganz besonders bezeichnend ist. Es ist dies seine Leidenschaft
— denn so darf man es nennen — für Antithesen. Er
schwelgt förmlich in diesen Redekunststückchen, und
dies wohl in dem vollen Bewußtsein, daß er damit den
Gaumen der Leser besonders kitzele; für sie waren das
wahre Leckerbissen, $\dot{\alpha}\nu\alpha\vartheta\dot{\eta}\mu\alpha\tau\alpha$ $\delta\alpha\iota\tau\acute{o}\varsigma$, mit Homer zu
reden. Ihm selbst aber wurde diese Manier mehr und
mehr zur anderen Natur. So kann das größte Talent
sich selbst zum Feinde werden durch die Überfülle
seiner Gaben. Schon manche bedeutende Vertreter der
unmittelbar folgenden Schriftstellergeneration hielten
nicht zurück mit ihrem Tadel seiner Schreibart. Doch
erkannten die besonnensten unter ihnen daneben seine
großen Verdienste an. Man höre, wie sich der auf

diesem Gebiet besonders zuständige Quintilian mit Beziehung auf frühere von ihm getane Äußerungen über
ihn ausläßt (Instit. orat. X 124): „Mit Fleiß habe ich
den Seneca in allen Gattungen der Beredsamkeit noch
aufgehoben, wegen der fälschlich über mich verbreiteten
Meinung, als ob ich ihn verdammte und persönlich
haßte. In diesen Verdacht bin ich gekommen, indem
ich seinen verdorbenen und durch alle Fehler entstellten
Stil nach einem strengeren Geschmack zu bessern bemüht war. Damals war aber dieser Schriftsteller gerade allein in den Händen der Jugend. Indes war
meine Absicht nicht, ihr denselben gänzlich zu entreißen, sondern ich wollte nur nicht zugeben, daß er
den Besseren vorgezogen werde, die er unablässig angegriffen hatte, da er, seiner grundverschiedenen Schreibart sich bewußt, nicht hoffen konnte, in seinem Stil
denen zu gefallen, welchen jene gefielen. Sie liebten
ihn aber mehr, als sie ihn nachahmten, und fielen ihrerseits ebenso tief unter ihn herab, als er selbst von den
Alten abgefallen war. Denn es wäre nur zu wünschen,
daß sie jenem Manne gleich würden oder wenigstens nahe
kämen. Allein er gefiel nur wegen seiner
Fehler, von welchen ein jeder diejenigen, welche er
gerade kannte, nachzubilden bemüht war; und wenn
er sich dann brüstete, ebenso sich auszudrücken, be-
schimpfte er nur den Seneca. Denn im übrigen besaß
dieser Schriftsteller viele und große Vorzüge: einen ge-
wandten und reichen Geist, viel gelehrtes Studium und
sachliche Kenntnisse, wobei er jedoch bisweilen von
denjenigen getäuscht wurde, welchen er das eine oder
andere zu untersuchen auftrug. Auch hat er so ziem-
lich alle Stoffe wissenschaftlicher Tätigkeit bearbeitet.
Denn man hat von ihm Reden, Gedichte, Briefe und
Gespräche. In der Philosophie ist er zwar weniger
gründlich, aber ein ausgezeichneter Bekämpfer der

Unsittlichkeit. Man findet bei ihm viele und glänzende
Gedanken; auch der Moral wegen ist vieles lesenswert;
allein im Ausdruck ist gar vieles verschroben und um
so verführerischer, als es an leicht sich einschmeichelnden
Fehlern überreich ist. Man möchte wünschen, daß er
zwar mit eigenem Genie, aber mit dem Geschmack
eines anderen geschrieben hätte. Denn wenn er das
Altertümliche nicht verachtet, das Außergewöhnliche [1])
nicht so begierig erstrebt hätte, wäre er nicht in alle
seine Einfälle so verliebt gewesen; hätte er nicht das
Gewicht der Gedanken durch kleine Sinnsprüche ab-
geschwächt, so würde er seine Anerkennung viel mehr
in dem einstimmigen Urteil der Gelehrten als in der
Liebe der Knaben finden. Aber auch so verdient er
von Erwachsenen und in strengerem Stil bereits Er-
starkten schon deshalb gelesen zu werden, weil er den
Geschmack nach beiden Seiten hin üben kann. Denn
vieles, wie gesagt, verdient an ihm Beifall, vieles sogar
Bewunderung; nur bedarf es einer sorgsamen Auswahl;
zu wünschen aber wäre, daß er diese selbst getroffen
hätte. Denn ein solches Genie, das alles, was es nur
wollte, zu schaffen vermochte, war wert, Besseres zu
wollen: was er wollte, das hat er erreicht.“

Man sieht hieraus: Quintilian gibt selbst zu, daß
ein Seneca nicht anders als durch die pikanteste Sprache
und Darstellungsweise hoffen konnte, auf seine Zeitgenossen zu wirken. Seneca war sich dessen voll bewußt, und hatte er sich einmal zum Meister dieses reiz-
vollen Stiles gemacht, so war es kein Wunder, daß er selbst
in ihn verliebt war und nicht mehr davon lassen konnte.

---

[1]) Die Handschriften haben hier si parum non concupisset,
was keinen Sinn hat. Man hat manche Besserung vorgeschlagen;
doch finde ich unter diesen Vorschlägen nicht das graphisch und
sachlich gewiß naheliegende rarum, das Seltene, Außergewöhnliche, was ja bekanntlich dem Seneca so erwünscht war.

Der moderne Leser allerdings wird bei aller Bewunderung seiner Geistesfülle und seiner immer gehobenen und schwungvollen Sprache mit ihren stilistischen Künsten sich doch manchmal vorkommen wie in einem Treibhaus, dessen Reichtum an Prachtexemplaren der Pflanzenwelt ihn entzückt, ihm aber doch den Austritt in die freie Natur, die mit ihren Schätzen weniger verschwenderisch ist, nicht unwillkommen erscheinen läßt.

Was seine Schriften anlangt, so wäre nur noch ein Wort zu sagen über seinen angeblichen Briefwechsel mit dem Apostel Paulus. Wir haben oben kurz gesprochen von den lebhaften Äußerungen des Seneca über die allgemeine Sündhaftigkeit der Menschen. Diese, verbunden mit seinen Mahnungen zu allgemeiner Menschenliebe, zeigen große Verwandtschaft, ja ab und zu sogar wörtliche Übereinstimmung mit Äußerungen seines christlichen Zeitgenossen, des Apostels Paulus. Das führte zu der Annahme eines regen persönlichen Verhältnisses zwischen beiden und zu der Unterschiebung eines angeblichen Briefwechsels zwischen ihnen. Allein die historische Kritik ist längst darüber einig, daß dieser Briefwechsel nichts ist als eine Mystifikation, deren geschichtlicher Rückhalt nur in dem Vorhandensein paralleler geistiger Zeitströmungen lag.

Lucius Annaeus Seneca

Von der göttlichen Vorsehung.
An Lucilius.

Einleitung.

Für die Weltansicht und Religionsphilosophie der Stoiker war kein Begriff bedeutungsvoller und wichtiger als der der Vorsehung *(πρόνοια)*. Aller künstlichen Spekulation abgeneigt wollte Zenon von Kittion, der Begründer der Stoa, nur das Sinnenfällige, nur das Sichtbare und Greifbare als wirklich daseiend gelten lassen. Für die Ausbildung seiner Weltansicht führte ihn dieser Standpunkt zurück auf die Elementenlehre und den Hylozoismus der ionischen Philosophen und zwar auf den anregendsten und geistvollsten unter ihnen, auf Heraklit, dessen Weltansicht er ganz zu der seinigen machte. In dem ewigen Fluß aller Dinge mit dem Gegenlauf der Erscheinungen ist die Einheit und Notwendigkeit bestimmt durch Gott, der nichts anderes ist als das Feuer, das als Weltvernunft und Weltgesetz alles durchdringt. Daher ist der Naturlauf göttlich, das Schicksal Vorsehung, und des Menschen höchste Aufgabe ist demnach die volle Ergebenheit in den Willen Gottes. Es konnte nicht ausbleiben, daß die Stoiker mit dieser Auffassung gegenüber den Tatsachen des Lebens in nicht geringe Verlegenheiten gerieten. Wie vertrug sich mit der Güte Gottes all das Weh, Leid und Übel des Menschenlebens? Wie vertrug sich damit die Zulassung des Bösen, des moralisch Verdammungswürdigen? Und insbesondere, wie vertrug sich damit die Tatsache, daß oft gerade die sittlich Tadellosesten sich den härtesten Schickungen ausgesetzt sahen? Das fordert zu Versuchen einer Theodizee heraus. Ein solcher Versuch liegt in unserer Abhandlung vor, die aber keineswegs den ganzen Fragenkreis einer Theodizee umspannt, sondern sich nur auf den dritten der oben genannten Punkte bezieht. Frisch und temperamentvoll geschrieben wie alles, was aus Senecas Feder stammt, kann der

Aufsatz doch die Schwächen nicht verleugnen, die allen Versuchen, dem Herrgott in die Karten zu blicken, anhaften. Es ist alles gut gemeint, kommt aber nicht auf gegenüber der Unergründlichkeit des Gegenstandes.

Lucilius Junior, an den die Schrift gerichtet ist, ist der nämliche, an den auch die Briefe Senecas und die sieben Bücher Naturbetrachtungen gerichtet sind. Durch Senecas Verwendung war er Prokurator von Sizilien. Er war Stoiker und ein eifriger Freund der Wissenschaften. Vielleicht mit Recht wird ihm ein Gedicht Aetna beigelegt, das uns erhalten ist: es schildert den Ausbruch dieses Vulkans.

Inhaltsübersicht.

Das Weltganze zeugt in seiner herrlichen Ordnung und Schönheit durch sich selbst für einen weisen und gütigen Schöpfer. Wie verträgt sich mit dieser Vorstellung die Härte des Schicksals gegen tugendhafte Männer? Zeigt sich darin nicht eine feindselige Gesinnung der Götter gegen die Guten? Antwort: Die Götter wollen dem Guten nur wohl. Durch das Schwere, was sie ihm auferlegen, stellen sie ihn nur auf die Probe und härten ihn ab. Das sogenannte Unglück ist für sie eine Übungsschule, eine Befestigung in der Tugend, die sich am schönsten da kundtut, wo es zu kämpfen gilt. Den Göttern selbst ist es ein erhebendes Schauspiel, den Tugendhaften im Kampfe aufrecht zu sehen. c. 1, 2.

Das Übel ist für den Guten nur ein scheinbares; den anderen aber wird er zum Vorbild. Ein wirkliches Unglück kann den Tugendhaften nicht treffen, er fühlt sich nicht unglücklich. Die Götter sorgen für das Ganze mit scheinbarer Rücksichtslosigkeit gegen die einzelnen, aber die letzteren fühlen sich nicht verletzt. Das sogenannte Übel wirkt wie eine schmerzhafte Heilung durch den Arzt. Glück und Lust dagegen bergen oft große sittliche Gefahren in sich; das größte und dauerndste Glück wird oft Quelle des Unglücks. Im Unglück dagegen bewährt sich oft Kraft und Würde des Mannes in leuchtender Herrlichkeit. Beispiele: Mucius Scävola, Fabricius, Rutilius, Regulus und vor allen Cato. c. 3, 4.

Die Selbstlosigkeit und der Opfermut der Tugendhaften wirkt läuternd auf die sittliche Bildung der Masse. Der Tugendhafte fühlt sich befriedigt in dem Bewußtsein, dem Willen der Gottheit zu folgen als Glied einer notwendigen Naturordnung, die der Tugend steile Wege anweist, ohne sie doch der Gefahr auszusetzen, etwa dem Bösen zu verfallen. Und um etwaiger Schande zu entgehen, haben die Götter dem Tugendhaften den Ausweg gelassen, durch eigene Hand zu sterben. c. 5, 6.

---

1. Wie kommt es, daß, wenn eine Vorsehung die Welt lenkt, den rechtschaffenen Menschen doch so viel Unheil widerfährt? So lautet die Frage, die du, mein Lucilius, mir vorgelegt hast. Das ließe sich allerdings bequemer im Verfolg eines größeren Werkes abhandeln, wo bewiesen würde, daß eine Vorsehung über dem Weltall walte und daß Gott seine Hand über uns halte. Doch hier gilt es, von dem Ganzen einen kleinen Teil abzuzweigen und sich mit einem einzelnen Einwurf abzufinden, ohne auf die Sache als Ganzes mich einzulassen. So kann ich es mir denn leicht machen, indem ich als Anwalt der Götter auftrete.

Es erübrigt sich für den vorliegenden Zweck, darzutun, daß dieser gewaltige Weltenbau nicht bestehen könne ohne irgend einen Hüter und daß dieses Sternenheer mit seinen mannigfachen Bahnen nicht Wirkung eines zufälligen Anstoßes sei, und daß anderseits, was der Zufall in Bewegung setzt, häufigen Störungen ausgesetzt sei und leicht anstoße, während dieser in ungestörter Schnelligkeit sich vollziehende Sternenlauf, der so große Massen von Erde und Meer, so viele hellstrahlende und nach fester Ordnung leuchtende Lichter mit sich führt, sich nur unter dem Machtgebot eines ewigen Gesetzes vollziehen kann. Diese Ordnung ist unvereinbar mit dem Wesen einer unstät umherirrenden Materie, und was sich nur blindlings zusammengefunden hat, kann unmöglich in so künstlicher Lage bleiben, daß die gewaltige Last der Erde in unbeweglicher Ruhe verharre als Zuschauer der raschen Flucht des sich um sie herumdrehenden Himmels, oder daß die in

die Niederungen eingedrungenen Meere den Boden auf-
weichen, ohne ein Anschwellen durch die Flüsse erkennen zu lassen, oder daß aus winzigen Körnern das
Größte erwächst. Selbst das, was ohne Ordnung und
sichere Regel vor sich zu gehen scheint, nämlich Regengüsse, Gewölk, das Zucken geschleuderter Blitze, die
aus geborstenen Bergesgipfeln sich ergießenden Feuermassen, das Erbeben des wankenden Erdbodens und
was sonst noch an Aufruhrerscheinungen auf dem
Erdenrund sich zeigt, vollzieht sich nicht regellos trotz
seiner Plötzlichkeit; vielmehr hat auch dies seine
Gründe nicht weniger als die Wunderdinge, die man
an fernen Orten bemerkt hat, als da sind warme
Quellen inmitten der Fluten sowie geräumige neue
Inseln, die aus dem weiten Meere emporsteigen. Beobachtet man ferner, wie das Gestade entblößt wird,
wenn das Meer sich in sich selbst zurückzieht, und
wie es nach kurzer Zeit wieder von der Flut bedeckt
wird, soll man dann glauben, es sei eine blindlings
wirkende Strömung, durch welche die Wogen bald
zusammengezogen und in sich selbst zusammengedrängt
werden, bald wieder hervorbrechen und in mächtigem
Andrang sich wieder über ihren alten Platz ergießen,
während sie doch in bestimmtem Maße anschwellen
und pünktlich nach Stunde und Tag sich vergrößern
und vermindern, je nach dem bestimmenden Einfluß
des Mondes, der den Fluten des Ozeans ihr Gesetz
vorschreibt? Das wird alles erst seiner Zeit zur
Sprache kommen und dies um so mehr, weil du an
der Vorsehung nicht zweifelst, sondern dich nur über
sie beschwerst. Ich will dich mit den Göttern versöhnen, die es mit den Besten auch immer am besten
meinen. Denn es wäre wider die Natur, daß je dem
Guten das Gute schade. Zwischen guten Menschen
und Göttern besteht Freundschaft, und was sie ver-

mittelt, ist die Tugend. Und etwa bloß Freundschaft? Nein, auch Verwandtschaft und Ähnlichkeit; denn der Gute ist nur in Beziehung auf die zeitliche Dauer von Gott verschieden [1]), sein Schüler und Nacheiferer und wahrhaftiger Abkömmling, den jener hochherrliche Vater, kein lauer Wächter der Tugend, nach Art gestrenger Väter nicht ohne Härte aufzieht. Bemerkst du also, daß gute und den Göttern wohlgefällige Menschen sich abmühen, sich plagen und mühsam emporklimmen, während schlechte in Schwelgerei und Wollust ihr Leben dahinbringen, so bedenke: auch wir finden Gefallen an dem bescheidenen Auftreten unserer eigenen Söhne, während wir an dem Mutwillen jugendlicher Sklaven nichts auszusetzen haben; jene werden durch strengere Zucht in Schranken gehalten, diese in ihrer Keckheit bestärkt. Ebenso sollst du von der Gottheit denken: den guten Menschen verhätschelt sie nicht, sie läßt ihn harte Proben durchmachen und gestaltet ihn nach ihrem Muster.

2. „Warum begegnen den Guten viele Widerwärtigkeiten?" Dem Guten kann nichts Böses widerfahren: was einander entgegengesetzt ist, verschmilzt nicht zur Einheit. Wie die Menge der Ströme, wie die Masse des vom Himmel fallenden Regens, wie die starke Kraft der Heilquellen den Geschmack des Meerwassers nicht ändert, nicht einmal mildert, so bricht sich der Ansturm von Widerwärtigkeiten an der Sinnesart eines tapferen Mannes. Er, der Tapfere, verharrt in seiner Haltung und läßt kein Ereignis an sich herantreten, das nicht s e i n e Farbe annehmen müßte; ist er doch mächtiger als alles, was von außen kommt. Das soll nicht heißen: er fühlt es nicht, wohl aber: er überwindet es und bietet, sonst ruhig und gelassen, dem, was über ihn hereinbricht, mannhaft Trotz. Alle Widerwärtigkeiten sind in seinen Augen nichts als

Kraftproben. Wer aber, wenn er überhaupt ein Mann und für Ehre empfänglich ist, sehnte sich nicht nach würdiger Anstrengung und nach Erfüllung gefahrvoller Aufgaben? Ist nicht für jeden Tatenfrohen das Nichtstun eine Strafe? Man blicke doch um sich: Athleten, denen es Ernst ist mit der Steigerung ihrer Kräfte, schlagen sich am liebsten immer mit den Tapfersten und verlangen von denen, durch die sie sich zum Wettkampf einüben lassen, daß sie ihre volle Kraft gegen sie selbst einsetzen; sie lassen sich Wunden und Drangsale gefallen, und wenn sich nicht Gegner finden, die einzeln ihnen gewachsen sind, so nehmen sie den Kampf zugleich mit mehreren auf. Es erschlafft die Tapferkeit ohne Gegner; erst dann tritt ihre Größe und ihre Kraft hervor, wenn sie durch geduldiges Beharren ihre Stärke bezeugt. Laß dir gesagt sein: ebenso müssen sich die Guten verhalten: sie dürfen das Harte und Schwere nicht scheuen und dürfen sich nicht über das Schicksal beklagen; was auch kommen mag, sie müssen sich darein schicken, müssen es zum Guten auslegen. Nicht was, sondern wie man es erträgt, darauf kommt es an. Gewahrst du nicht den großen Unterschied in Sachen der Nachsicht zwischen Vätern und Müttern? Jene wollen ihre Kinder frühzeitig zu ernster Arbeit angetrieben sehen, lassen sie auch an Feiertagen nicht müßig gehen, ersparen ihnen keinen Schweiß, ja zwingen sie mitunter sogar zu Tränen. Dagegen wollen die Mütter sie im Schoße hegen, sie im Schatten halten, wollen sie niemals betrübt, niemals weinend, niemals bei strenger Arbeit sehen. Gottes Gesinnung gegen die Guten ist von der väterlichen Art, seine Liebe zeugt von Tapferkeit. „Sie müssen sich", so spricht er, „in Atem erhalten durch werktätige Anstrengung, durch Schmerzen und Verluste, um wahre Kraft zu gewinnen." Was in trägem Behagen aufgefüttert worden ist, das erweist sich als unzulänglich nicht nur für jede Arbeit, sondern auch für die Bewegung und zwar durch seine eigene Last. Unangefochtenes Glück hält keinen Schlag aus. Aber wer in beständigem Kampfe mit Widerwärtigkeiten liegt, der bekommt durch die Unbilden eine harte Haut, er weicht keinem Unglück, und ist er auch zu Boden gefallen, so kämpft er noch auf den Knien. Du wunderst dich, daß Gott, der für alle Guten die höchste Liebe hegt und sie so trefflich und so hervorragend wie möglich zu sehen wünscht, ihnen ein Schicksal auferlegt, mit dem sie hart zu ringen haben. Ich aber wundere mich nicht, wenn die Götter zuweilen sich veranlaßt fühlen, große Männer im Kampfe mit irgendwelchem Mißgeschick zu sehen. Uns macht es zuweilen Vergnügen, wenn ein herzhafter Jüngling ein auf ihn losstürzendes Tier mit seinem Jagdspieße auffängt, wenn er, ohne seine Fassung zu verlieren, dem Ansturm eines Löwen standhält, und das Schauspiel ist um so erfreulicher, je edler derjenige ist, der es uns bietet. Das sind keine Dinge, die der Götter Blicke auf sich ziehen könnten: es ist Kinderspiel in ihren Augen und Kurzweil menschlichen Leichtsinns. Dagegen ein anderes Schauspiel, würdig, den Blick des ernst über seinem Werke wachenden Gottes auf sich zu lenken: Schaue ein Kampfespaar, würdig des Gottes: einen tapferen Mann im Kampfe mit einem widrigen Schicksale, zumal wenn er es selbst herausgefordert hat. Ich wiederhole es: ich wüßte nicht, welches schönere Schauspiel Jupiter auf der Erde haben könnte, wenn anders er darauf achten mag, als einen Cato [2]) zu sehen, wie er nach dem Sturze seiner mehrfach geschlagenen Partei gleichwohl aufrechten Hauptes dasteht inmitten des allgemeinen Ruins. „Mag auch“, so spricht er, „alles

der Gewalt des Einen anheimgefallen sein, mögen die
Länder von Legionen, die Meere von Flotten bewacht
sein, mag Cäsars Soldateska die Tore verrammeln,
gleichviel: Cato findet doch seinen Ausweg; e i n e
Hand wird genügen, der Freiheit eine weite Gasse zu
machen. Dies Schwert, auch im Bürgerkriege rein
und schuldlos erhalten, wird endlich einen guten und
herrlichen Dienst leisten: die Freiheit, die es dem
Vaterlande nicht schaffen konnte, wird es dem Cato
verleihen. Zage nicht, mein Herz, mache dich an das
lange bedachte Werk, wirf die menschlichen Dinge von
dir! Schon haben Petrejus uud Juba miteinander wett-
eifernd den gegenseitigen Tod gesucht und gefunden[3]),
einer von des anderen Hand tödlich getroffen. Eine
tapfere und preiswürdige Todesgemeinschaft, die aber
unserer Größe nicht entspricht. Für einen Cato ist
es ebenso schimpflich, von einem anderen den Tod zu
erbitten als das Leben." — Kein Zweifel: die Götter
haben mit hoher Freude dreingeschaut, wie dieser
Mann, sein eigener entschlossenster Rächer, noch Sorge
trägt für die Rettung anderer und Anordnungen trifft
für die Flucht der Geschlagenen, wie er bis tief in
die Nacht hinein seinen Wissensdrang durch Lektüre
befriedigt[4]), wie er sein Schwert in die unentweihte
Brust stößt, wie er seine Eingeweide herausreißt und
seiner erhabenen Seele, die es nicht verdiente, mit dem
Schwert in Berührung zu kommen, mit der eigenen
Hand zur Freiheit verhilft. Daraus erklärt sich wohl
auch die Tatsache, daß der verwundende Stoß sein
Ziel nicht sicher erreichte: die Götter wollten den
Cato nicht bloß einmal sehen. Seine Seelengröße
mußte noch länger auf Erden verweilen und ward
zurückgehalten, um sich in noch schwierigerer Lage
zu bewähren. Denn der einmalige Todesentschluß
fordert nicht so hohen Mut wie die Wiederholung des-

selben. Warum sollten die Götter sich nicht des Anblickes erfreuen, wie ihr Zögling auf eine so herrliche und denkwürdige Weise abtritt? Der Tod gibt denen die volle Weihe, deren Ende auch diejenigen preisen, die es fürchten.

3. Doch will ich nun im weiteren Verlauf meiner Darstellung zeigen, wie unzutreffend die Vorstellung ist, daß, was ein Übel scheint, es auch wirklich ist. Zunächst behaupte ich, daß das, was du als hart, als widerwärtig und abscheulich bezeichnest, erstens nur zum Besten derer diene, die davon betroffen werden, sodann zum Besten der Gesamtheit, deren Wohl den Göttern mehr am Herzen liegt als das des einzelnen, ferner, daß es in Einklang mit ihrem Willen geschehe und daß sie das Unglück verdienen, wenn das nicht der Fall ist. Dem soll dann der Nachweis folgen, daß dieser Lauf der Dinge ein Werk des Schicksals sei und sich für die Guten nach genau demselben Gesetze vollziehe, nach welchem sie selbst gut sind. Endlich werde ich dir klar machen, daß du niemals einen tugendhaften Mann bemitleiden darfst, denn wohl kann er unglücklich genannt werden, aber sein kann er es nicht.

Von allen genannten Punkten scheint der schwierigste der erstgenannte zu sein, nämlich, daß das Gefürchtete und Beängstigende denen, welchen es zustößt, selbst zum Besten diene. „Zu ihrem Besten soll es dienen, erwiderst du, in die Verbannung gestoßen zu werden [5]), Weib und Kind zu Grabe zu tragen, Schande und Schaden über sich ergehen zu lassen?“ Wenn du dich wunderst, daß dies einem zum Besten dienen soll, dann müßtest du dich auch wundern, daß so manche durch Wasser und Feuer geheilt werden und nicht minder durch Hunger und Durst. Bedenkst du aber, daß zum Zwecke der Heilung Knochen vom Fleische

abgelöst und herausgenommen, Adern hervorgezogen
und manche Glieder abgenommen werden, deren Ver-
bleiben an ihrem Platze das unausbleibliche Verderben
des ganzen Körpers zur Folge gehabt hätte, so wirst
du dir auch den Nachweis gefallen lassen, daß manches
Ungemach zum Besten derer dient, die es trifft: das
genaue Gegenspiel zu der Tatsache, daß manches, was
man preist und leidenschaftlich begehrt, denen zum
Nachteil gereicht, die daran ihr Wohlgefallen gefunden
haben; man denke nur an das Nächstliegende, an
Überladung des Magens und Trunkenheit, die durch
die Lustbegier tödlich wirken. Zu den vielen vor-
trefflichen Aussprüchen unseres Demetrius[6]) gehört
der folgende, der mir noch frisch im Gedächtnis ist;
noch klingt er und rauscht er mir in den Ohren.
„Nichts", sagte er, „kommt mir unglücklicher vor als
ein Mensch, dem nie etwas Widerwärtiges begegnet
ist." Denn er hat keine Gelegenheit gehabt, sich
selbst auf die Probe zu stellen. Mag ihm auch alles
nach Wunsche gegangen, ja seinem Wunsche voraus-
geeilt sein, das Urteil der Götter über ihn war doch
kein günstiges: er schien ihnen nicht würdig, aus
einem Kampfe mit dem Schicksal dereinst als Sieger
hervorzugehen. Das Schicksal weicht gerade den
größten Memmen aus, als spräche es: „Was soll mir
dieser als Gegner taugen? Er wird alsbald die Waffen
strecken; gegen ihn bedarf es nicht meiner vollen
Macht; eine leichte Drohung wird ihn zurückscheuchen;
er kann meinen Blick nicht aushalten. Nach einem
anderen muß ich mich umschauen, mit dem ich mich
auf einen Kampf einlassen kann; es wäre schamlos,
mich mit einem Menschen zu messen, der die Niederlage selbstverständlich findet." Der Gladiator sieht
es als eine Schmach an, mit einem Schwächeren sich
zu messen; er weiß, daß es kein Ruhm ist, den zu

besiegen, der ohne Gefahr zu besiegen ist. Ebenso
hält es das Schicksal: es sucht sich die Tapfersten
heraus, die ihm gewachsen sind; an manchen geht es
verächtlich vorüber. Gerade den Trotzigsten und in
stolzester Haltung Dastehenden greift es an, um seine
Kraft gegen ihn anzustrengen: mit Feuer probiert es
seine Kraft an Mucius, mit Armut an Fabricius, mit
Verbannung an Rutilius, mit Folterqualen an Regulus,
mit Gift an Sokrates, mit dem Tode an Cato. Ein
erhabenes Beispiel ist nur möglich als Folge eines
bösen Schicksals.

Ist Mucius etwa unglücklich, weil seine Rechte
in das Feuer der Feinde greift und sich selbst für
seinen Irrtum [7]) bestraft? Daß er den König, den er
mit bewaffneter Hand nicht in die Flucht schlagen
konnte, mit der verbrannten forttreibt? Wie? Wäre
er etwa glücklicher, wenn er die Hand am Busen einer
Geliebten wärmte?

Ist Fabricius etwa unglücklich, weil er, soweit
er von Staatsgeschäften frei war, sein Ackerland bestellt? Daß er Krieg führt so gut gegen Pyrrhus wie
gegen den Reichtum? Daß er vom eigenen Herde
eben die Wurzeln und Kräuter verzehrt, die er dem
Boden durch eigene Arbeit abgewonnen hat, er, der
greise Triumphator? Wie? Wäre er etwa glücklicher, wenn er seinem Bauche Fische von fernen
Küsten her oder ausländisches Geflügel zuführte, wenn
er mit Austern aus dem adriatischen und tyrrheni-
schen Meer der Trägheit seines überladenen und übel-
gestimmten Magens wieder aufhülfe, wenn er das aus-
gesuchteste Wildbret, die blutreiche Beute der Jäger
mit einem mächtigen Obstkranze umrahmte?

Ist Rutilius [8]) unglücklich, weil diejenigen, die ihn
verurteilt haben, sich der Verantwortung vor allen
Jahrhunderten ausgesetzt sehen? weil er mit größerem

Gleichmut den Verzicht auf das Vaterland über sich ergehen ließ, als die Rückkehr aus dem Exil? Daß er der einzige war, der es wagte, dem Sulla ein Nein entgegenzusetzen und, als er zurückgerufen ward, nahe daran war, seine Flucht noch fortzusetzen und sich noch weiter zu entfernen? „Da magst du", sagt er, „deine Zuschauer finden an denen, die dein Glück mit dir teilen. Mögen sie die Blutströme schauen auf dem Forum, und am Servilianischen See — das ist ja die Mördergrube für Sullas Geächtete — die Häupter der Senatoren und die Mörderbanden, die die Stadt durchstreifen, und die vielen Tausende römischer Bürger, die auf dem einen Platze hingeschlachtet wurden nach empfangener Sicherheitsbürgschaft, nein, vielmehr gerade auf Grund derselben: mögen dem die zuschauen, die es nicht über sich bringen, im Exil zu leben." Wie? Ist also Sulla glücklich, weil ihm, wenn er sich nach dem Forum begibt, mit dem Schwerte Platz gemacht wird, daß er die Köpfe der hingerichteten Konsulare öffentlich ausstellen und den Mörderlohn durch den Quästor und die Staatskasse zahlen läßt? Und das alles tut der Mann, der das Cornelische Gesetz [9]) gab!

Nun mag Regulus an die Reihe kommen. Was hat ihm das Schicksal geschadet, daß es ihn zu einem Muster von Treue, zu einem Muster von Geduld gemacht hat? Nägel durchbohren ihm die Haut, und wo er auch für seinen erschöpften Leib eine Lagerstätte sucht, immer kommt er auf eine Wunde zu liegen, nie senken sich seine Augenlider zum Schlafe: je größer die Qual, um so größer der Ruhm, dessen er teilhaftig werden wird. Willst du wissen, wie wenig es ihn reue, den Preis der Tugend so hoch veranschlagt zu haben? Gib ihm das Leben zurück und schicke ihn in den Senat: er wird nicht anders stimmen.

Du hältst also den Mäcenas für glücklicher, der
von Liebesqualen gepeinigt und in Tränen sich ver-
zehrend über die tägliche Sprödigkeit seiner eigen-
sinnigen Gattin [10]) durch die sanften Melodien der aus
der Ferne erklingenden Musik den Schlaf sucht? Mag
er sich durch stärksten Wein betäuben, mag er durch
das Rauschen von Wasserfällen den Geist ablenken,
mag der durch den Trug von tausend Lustbarkeiten
seine geängstete Seele täuschen: er bleibt auf seinem
Flaumlager ebenso wachend wie jener auf seiner
Marterbank. Aber jener hat den Trost, daß es die
Ehre ist, für die er Hartes erduldet, und er blickt
von dem Leiden zurück auf die Ursache, während
dieser, durch Wollust erschlafft und an dem Übermaß
von Glück leidend, mehr gequält wird durch das, was
er duldet, als durch die Ursache seines Leidens. Noch
haben die Laster nicht dermaßen die Oberhand bekommen über das Menschengeschlecht, daß es zweifel-
haft wäre, ob nicht, wenn der Mensch sein Schicksal
selbst wählen dürfte, er in der Regel lieber zu einem
Regulus als zu einem Mäcenas geboren sein möchte.
Sollte sich aber einer finden, der sich nicht entblödete
zu sagen, er hätte es vorgezogen, als Mäcenas und nicht
als Regulus geboren zu werden, so hat er, mag er es
auch nicht aussprechen, es doch zugleich vorgezogen,
als eine Terentia geboren zu werden.

Meinest du, es sei dem Sokrates schlecht ergangen,
weil er jenen Giftbecher, zu dem ihn der Staat verurteilt hatte, gerade so austrank, als wäre es eine
Arznei für die Unsterblichkeit, und vom Tode sprach,
bis dieser selbst eintrat? Ist es ihm übel ergangen,
daß sein Blut erstarrte und das Pulsieren der Adern
durch die eintretende Kälte allmählich zum Stillstand
kam? Wieviel mehr ist er zu beneiden als jene
Schlemmer, denen mit Gefäßen aus Edelstein aufge-

wartet wird, denen ein elender, sich zu jeglicher Gefälligkeit hergebender Lotterbube von ausgemachter Impotenz oder zweifelhafter Mannheit den auf goldener Schüssel präsentierten Schnee zerrinnen läßt. Was sie trinken, das geben diese Kumpane durch Erbrechen zu ihrem Leidwesen wieder von sich, wobei sie ihre eigene Galle zu kosten bekommen. Dagegen wird jener freudig und gern seinen Giftbecher leeren.

Was den Cato anlangt, so genügt das Gesagte. Die Menschheit wird ihm immer das Zeugnis ausstellen, daß ihm das höchste Glück widerfahren sei.

Ihn hat die Natur auserwählt, um als furchtbare Gegnerin ihn im Kampfe zu erproben. „Mit der Feindschaft der Großen (so spricht die Natur) hat es nicht wenig auf sich: so stelle er sich denn dem Pompejus, Cäsar und Crassus zu gleicher Zeit entgegen. Es will etwas heißen, sich hinter schlechtere Menschen an Ehre zurückgestellt zu sehen: so trete er denn hinter einen Vatinius [11]) zurück. Es ist nichts Geringes, an Bürgerkriegen teilzunehmen: so mag er denn auf dem ganzen Erdenrund für die gute Sache so unglücklich wie beharrlich kämpfen. Es ist keine Kleinigkeit, Hand an sich zu legen: mag er es denn tun. Was will ich damit erreichen? Es soll jedermann wissen, daß das kein Übel sei, dessen ich einen Cato würdig erachtete."

4. Glückskinder zu sein können sich auch Massen- und Alltagsmenschen rühmen: aber schweres Unheil und Schrecknisse, die über die Menschen hereinbrechen, in ihre Schranken zurückzuweisen, das ist das Vorrecht großer Männer. Immer glücklich zu sein und ohne jede Gemütstrübung das Leben zu durchwandern, heißt nur die eine Seite der Natur kennen. Du giltst als großer Mann. Aber woher weiß ich das, wenn dir das Schicksal nicht Gelegenheit gibt, deine

Tugend zu bewahren? Du hast dich nach Olympia zu den Spielern begeben, aber außer dir niemand. So hast du den Kranz, den Sieg hast du nicht. Ich wünsche dir dazu nicht Glück als einem Helden, sondern wie einem, dem das Konsulat oder die Prätur zugefallen ist: du bist um eine Ehre reicher geworden. In gleichem Sinne könnte ich auch wohl zu einem ehrenwerten Mann sagen, wenn ihm kein schwierigerer Fall die unbedingt nötige Gelegenheit bot, die Kraft seines Charakters zu zeigen: „Ich erkläre dich für unglücklich, weil du niemals unglücklich geworden bist. Du bist durchs Leben gegangen, ohne einen Gegner zu haben; niemand kann wissen, was du vermagst, nicht einmal du selbst." Denn zur Kenntnis seiner selbst ist Erprobung unerläßlich. Was man vermag, kann man nicht anders erkunden als durch eigenen Versuch. Daher haben manche, denen das Unglück nicht nahen wollte, es selbst aus freien Stücken aufgesucht und ihrer Tugend, die im Dunkel zu verschwinden drohte, Gelegenheit verschafft, sich zur Anerkennung zu bringen. Es freuen sich, behaupte ich, zuweilen große Männer über eintretendes Unglück, ganz ähnlich wie Soldaten über den Krieg. Den Gladiator Triumphus hörte ich unter dem Kaiser Tiberius Klage führen über den Mangel an öffentlichen Schaustellungen: „Wie schade", sagte er, „um die schöne Zeit". Die Tugend sehnt sich nach Gefahr und denkt an ihr Ziel, nicht an das, was sie zu leiden haben wird; denn auch das, was sie dulden wird, ist ein Teil ihres Ruhmes. Kriegsmännner rühmen sich ihrer Wunden; froh über den glücklichen Erfolg, weisen sie auf die blutenden Stellen hin; wer unversehrt aus der Schlacht zurückkehrt, mag das Gleiche geleistet haben: gleichwohl zieht der die Augen mehr auf sich, der verwundet heimkehrt. Gerade dann, be-

haupte ich, sorgt die Gottheit für die, die sie am
meisten geehrt zu sehen wünscht, wenn sie ihnen Gelegenheit bietet zu mutigen und tapferen Taten. Dazu
bedarf es irgendwelcher schwierigen Lage: den Steuermann lernst du im Sturm, den Krieger in der Schlacht
erkennen. Woher sollte ich wissen, wieviel Wider-
standskraft du gegen die Armut hast, wenn du vor
Reichtum nicht weißt, wohin damit? Woher sollte
ich wissen, welche Beharrungskraft du hast gegen
Schmach, Verleumdung und Volkshaß, wenn du bis
ins Alter hierin nichts als Beifall genießest, wenn dich
unverwüstbare Gunst begleitet, die aus tiefer Neigung
der Herzen dir zuströmt? Woher weiß ich, mit welchem
Gleichmut du den Verlust von Kindern ertragen wirst,
wenn du die deinigen noch alle um dich siehst? Ich
habe dich andere trösten hören; aber zu augenschein-
licher Erkenntnis wäre ich erst dann gekommen, wenn
du dich selbst getröstet, wenn du selbst deinem Schmerze
Schweigen geboten hättest. Um des Himmels willen,
zittert doch nicht vor dem, was die unsterblichen Götter
gleichsam als Sporn für euer Herz euch zuführen! Das
Mißgeschick ist die Schule der Tugend. Diejenigen
kann man mit Recht unglücklich nennen, die durch
des Glückes Überfülle in Schlaffheit verfallen, die wie
auf regungslosem Meere träge Ruhe gefesselt hält.
Was über sie hereinbricht, wird ihnen ein ungewohnter
Schrecken sein. Wer keine Erfahrung hat, der fühlt
sich durch Schicksalsschläge härter getroffen; für den
noch zarten Nacken ist das Joch eine drückende Last.
Der bloße Gedanke an eine Wunde läßt den jungen
Soldaten erblassen: ohne die Miene zu verziehen, schaut
der alte Kriegsmann auf sein fließendes Blut; weiß er
doch, daß der Blutverlust häufig den Sieg zur Folge
hatte. Die also, denen sie wohl will, die sie liebt,
härtet die Gottheit ab, prüft sie, übt sie; diejenigen

dagegen, denen sie scheinbar Gunst und Schonung gewährt, spart sie als Weichlinge für kommendes Unglück auf. Denn ihr irrt, wenn ihr an irgendwelche
Ausnahme glaubt. Auch jener, der so lange glücklich
war, wird sein Teil erhalten. Die scheinbare Frei-
lassung ist nur ein Aufschub. Warum sucht die Gottheit gerade die Besten sei es mit Krankheit sei es
mit Trauer sei es mit sonstigem Ungemach heim?
Aus demselben Grunde, aus dem auch im Kriegslager
mit den gefahrvollen Aufträgen die Tapfersten betraut
werden: die Auserlesensten sendet der Feldherr aus,
um im nächtlichen Hinterhalt den Feind anzugreifen
oder Erkundungen einzuholen über die Marschlinie oder
um einen Posten zu verjagen. Und keiner von den
mit solchem Auftrag Ausziehenden sagt etwa: „der
Feldherr hat es übel mit mir gemeint", sondern: „er
hat richtig geurteilt". Ebenso mögen diejenigen, denen
zugemutet wird, Dinge zu ertragen, die Furchtsamen
und Feigen Anlaß zu Tränen geben, sagen: „die Gottheit hat uns für würdig erachtet, an uns zu erproben,
was die menschliche Natur zu dulden vermöge". Laßt
ab von eurer Sucht nach Verzärtelung, laßt ab von
der Jagd nach dem entnervenden Glück, durch das der
Geist erschlafft und, wenn ihn nicht eine ernste Schick-
salswarnung zur Besinnung auf das Menschenlos hinführt, gleichsam in ununterbrochene Trunkenheit ver-
sinkt. Wen der Schutz der Fenster immer vor jedem
Lufthauch bewahrt hat, wessen Füße beständig warm
gehalten wurden durch Wärmekissen, die durch Wechsel
immer wieder ersetzt wurden, wessen Speisesaal eine
immer gleichmäßig warme Temperatur zeigte durch
an den Wänden verdeckt angebrachte Vorrichtungen,
dem wird auch der leiseste Luftzug nicht ohne gefährliche Folgen für ihn sein. Alles, was das Maß überschreitet, ist schädlich; am gefährlichsten aber ist

maßloses Glück: es erregt das Gehirn, läßt leere Ein-
bildungen im Geiste auftauchen und breitet darüber
ein Dunkel aus, das eine schwanke Mitte hält zwischen
Irrtum und Wahrheit. Sollte es nicht besser sein, an-
haltendes Unglück erträglich zu machen durch den
Beistand der Tugend, als durch unaufhörliche und maßlose Glücksgaben sein Dasein zu untergraben? Leichter
ist der Tod durch Hunger; Überladung zersprengt
den Leib.

Es halten also die Götter mit den tugendhaften
Menschen es so, wie die Lehrer mit ihren Schülern:
sie fordern ein höheres Maß von Leistungen von denen,
die höhere Hoffnungen erwecken. Glaubst du, daß den
Lakedämoniern ihre Kinder nicht lieb seien, deren
Charakterart sie erproben durch Geißelhiebe, denen sie
sich von Staats wegen aussetzen müssen? Die Väter
selbst dringen in sie, die Geißelschläge standhaft über
sich ergehen zu lassen, und bestürmen die Wund-
geschlagenen und Halbentseelten mit Bitten, stand-
zuhalten und sich Wunden auf Wunden gefallen zu
lassen. Was Wunder also, wenn die Gottheit edle
Geister hart prüft? Für die Tugend gibt es kein
weichliches Prüfungsmittel. Das Schicksal spart nicht
mit Schlägen und Verwundungen gegen uns: laßt es
uns dulden! Es ist nicht Grausamkeit, es ist ein Wettkampf; je öfter wir ihn aufnehmen, um so mehr werden
wir an Tapferkeit gewinnen. Der festeste Teil des
Körpers ist der, welcher im Dienste der Berufstätig-
keit fortwährend geübt worden ist. Wir müssen uns
dem Schicksal darbieten, um durch es selbst gegen es
gehärtet zu werden. Allmählich wird es uns dahin
bringen, daß wir ihm gewachsen sind; die beständig
drohende Gefahr wird uns zu Verächtern der Gefahr
machen. So hat der Seemann einen Körper, der den
Unbilden des Meeres gewachsen ist, der Bauer ab-

gehärtete Hände, der Krieger Arme, die stark genug sind, die Geschosse zu entsenden, der Läufer geschmeidige Glieder: was jeder geübt hat, darin liegt auch seine festeste Kraft.

Das Dulden ist für den Geist die Schule, um das Dulden gering achten zu lernen. Wozu es dies bei uns bringen kann, wird man erkennen, wenn man beachtet, wieviel bei Völkern, die von der Natur kümmerlich bedacht und eben infolge ihrer Dürftigkeit zu erhöhter Tatkraft gelangt sind — wieviel bei ihnen die Anstrengung zu leisten vermag. Überschaue alle Völker, die jenseits der Grenzen des römischen Friedensgebietes liegen, ich meine die Germanen und alle die schweifenden Völker [12]), die uns an der Donau begegnen. Ein ewiger Winter, ein trüber Himmel liegt auf ihnen, ein unfruchtbarer Boden nährt sie nur kümmerlich; gegen den Regen wehren sie sich durch den Unterschlupf unter Stroh und Laub, über vereiste Sumpfstrecken eilen sie im Sprung dahin, zur Nahrung fangen sie das Wild. Hältst du sie für beklagenswert? Nichts ist beklagenswert, was Gewohnheit zur Natur gemacht hat. Denn mit der Zeit wandelt sich das zum Vergnügen, wozu man sich anfangs nur aus Not verstanden hat. Sie haben keine Heimstätten, keine Wohnsitze, außer denen, welche eintretende Ermüdung sie Tag für Tag errichten läßt. Elende und nur mit Anstrengung zu erwerbende Nahrung, ein grausam hartes Klima, keine Kleidung für den Leib! Was dir als Unglück erscheint, das ist das Lebenslos so vieler Völker! Und da wunderst du dich noch, daß tugendhafte Menschen vom Schicksal gerüttelt werden, um zu innerer Festigung zu gelangen? Kein Baum ist fest und stark, der nicht häufigen Windstößen ausgesetzt ist; gerade diese Erschütterung gibt ihm inneren Halt und läßt seine Wurzeln sich sicherer in das Erdreich einsenken. Nur

ein kurzes und fragliches Dasein ist den Bäumen beschieden, die im sonnigen Tale aufgewachsen sind. Um
sich also gegen Schrecken zu sichern, liegt es im
eigensten Interesse tugendhafter Menschen, sich vielfach
in gefahrvollen Lagen zu bewegen und mit Gleichmut
zu ertragen, was nur dem ein Übel ist, der mit dem
Ertragen auf übelem Fuße steht.

5. Bedenke ferner: Es liegt im Interesse der Gesamtheit, daß gerade die Besten sich sozusagen dem
Kriegsdienste weihen und Proben ihrer Kraft ablegen.
Gott hat sich, ebenso wie der Philosoph, die Aufgabe
gestellt, darzutun, daß, was die große Masse begehrt
und was sie mit Scheu von sich weist, weder gut ist
noch schlecht. Gut wird etwas sein, wenn er es nur
guten Menschen (als Aufgabe) zuweist, schlecht, wenn
er nur schlechte Menschen damit behelligt. Ein Gegenstand des Abscheus müßte die Blindheit sein, wenn
niemand sein Augenlicht verlöre, außer wer es verdiente, daß man es ihm raubte: daher mag ein Appius
und ein Metellus um sein Augenlicht gebracht werden [13]).
Reichtum ist kein Gut (im strengen Sinne): darum mag
ihn auch ein Hurenwirt wie Elius haben, damit die
Leute das Geld, das im Tempel seine Weihe empfing,
auch im Hurenhaus sehen. Auf keine Weise kann Gott
Dinge, die man mit aller Begier ersehnt, mehr in
Verruf bringen, als wenn er sie den Verruchtesten zuteil werden läßt, von den Besten dagegen fernhält.
„Aber“, sagt man, „es ist doch wider alle Billigkeit,
wenn ein braver Mann verstümmelt oder gekreuzigt
oder gefesselt wird, während Schurken mit heiler Haut
frei und frech umherspazieren.“ Was weiter? Ist's
nicht auch unbillig, daß tapfere Männer zu den Waffen
greifen, im Lager übernachten und sich als Schutz-
wehr vor dem Wall aufstellen mit verbundenen Wunden,
während gleichzeitig in der Stadt Buben, die sich ge-

werbsmäßig zu jeder Wollust und Unzucht hergeben, in voller Sicherheit weilen? Und mehr noch. Ist es nicht unbillig, daß die edelsten Jungfrauen des Nachts geweckt werden zum schuldigen Dienste im Tempel, während lockere Dirnen sich des tiefsten Schlafes erfreuen? Der Ruf zur Arbeit hält die Besten in Atem: der Senat hat oft den ganzen Tag zu tun mit Erledigung geschäftlicher Fragen, während gleichzeitig die verworfensten Gesellen entweder auf dem Marsfelde sich taumelnd herumtreiben oder in einer Garküche stecken oder sich in wer weiß welcher Gesellschaft die Zeit vertreiben.

Die nämliche Erfahrung machen wir in der Menschengemeinschaft überhaupt: die tugendhaften Männer mühen sich ab, bringen Opfer und werden geopfert, und zwar ohne Widerstreben; sie werden vom Schicksal nicht gezogen, sie folgen ihm und halten gleichen Schritt mit ihm; hätten sie's gewußt, so wären sie ihm zuvorgekommen. Auch folgenden herzhaften Ausspruch erinnere ich mich von unserem wackeren Demetrius [14]) gehört zu haben: „Diese einzige Klage", sagte er, „kann ich gegen euch, ihr unsterblichen Götter, vorbringen, daß ihr mir eueren Willen nicht vorher kundgegeben habt. Dann hätte ich mich früher dazu eingefunden, während ich jetzt erst auf eueren Ruf zur Stelle bin. Wollt ihr mir meine Kinder nehmen? Für euch sind sie geboren. Wollt ihr einen Teil meines Körpers? Nehmt ihn; es ist nichts Großes, was ich damit verspreche; die Zeit ist nicht fern, wo ich ihn ganz verlasse. Wollt ihr mein Leben? Warum sollte ich zögern, euch das wieder anheimzustellen, was ihr mir gegeben habt? Was ihr auch bittet, ich gebe es gern. Aber lieber wäre es mir gewesen, ich hätte es meinerseits euch angeboten als es bloß wieder abgeliefert. Was bedurfte es denn eines Entreißens?

Ihr könntet es ja euch entgegenbringen lassen. Aber auch so werdet ihr es nicht entreißen; denn entrissen wird einem etwas nur, wenn man es nicht freiwillig geben will."

Ich lasse mich zu nichts zwingen, ich dulde nichts wider meinen Willen, ich diene nicht Gott, sondern stehe mit ihm in Einverständnis, und dies um so mehr, als ich weiß, daß alles nach einem festen und für alle Ewigkeit gegebenen Gesetze seinen Ablauf nimmt. Das Schicksal leitet uns, und gleich die erste Stunde bei unserer Geburt hat darüber entschieden, wie viel Zeit weiterhin einem jeden noch bleibt. Eine Ursache hängt von der anderen ab, persönliche und öffentliche Angelegenheiten sind in langer Reihe miteinander verkettet: daher gilt es, mutig alles auf sich zu nehmen, weil das Eintreten der Ereignisse nicht, wie wir wähnen, zufällig erfolgt, sondern bestimmungsgemäß. Längst schon im voraus sind deine Freuden, deine Tränen bestimmt, und so mannigfaltig sich auch das Leben der einzelnen zu gestalten scheint, so kommt es doch am Ende auf das eine hinaus: wir empfangen Vergängliches und sind selbst nur vergängliche Wesen. Wozu also unsere Entrüstung? Wozu unser Murren? Dazu sind wir geboren. [15]) Mag die Natur mit unseren Körpern, die ihr gehören, machen, was sie will; wir wollen jederzeit frohen und tapferen Sinnes denken: was wir verlieren, gehört nicht uns. Was ist eines wackeren Mannes Pflicht? Sich dem Schicksal zu ergeben. Es ist ein großer Trost, unsere Vergänglichkeit mit dem Weltganzen zu teilen. Was es auch sein mag, das uns gerade dieses Leben, gerade diesen Tod auferlegt hat, dieselbe Notwendigkeit hält auch die Götter gebunden. Unabänderlich ist die Bahn, der göttliche wie menschliche Angelegenheiten folgen. Jener Gründer und Leiter des Alls hat zwar die Ge-

schicke bestimmt, aber er zeigt sich selbst folgsam
und gehorsam; nur e i n m a l hat er befohlen.

„Warum aber war Gott so unbillig in der Verteilung des Schicksals, daß er tugendhaften Menschen
Armut, Wunden und ein leidvolles Ende zumutete?“
Der Künstler kann den Stoff nicht ändern, dieser hat
nun einmal seine ihm gegebene Beschaffenheit. Manches kann von manchem nicht losgelöst werden, es
hängt zusammen, bildet ein unteilbares Ganzes. Schlaffe
Geister, die zum Schlafe geneigt sind oder zu einem
Wachen, das sich vom Schlafe kaum unterscheidet,
sind aus trägen Elementen geformt; daß ein M a n n
erstehe, der im vollsten Sinne des Wortes diesen Namen
verdient, dazu bedarf es eines gewaltsameren Geschickes.
Es öffnet sich ihm keine ebene Bahn; bergauf, bergab
führt sein Weg, er muß sich hin- und herwerfen lassen
und muß sein Schiff im Sturme lenken. Er muß seinen
Kurs halten gegen das Schicksal. Viel Trübsal, viel
Leid wird über ihn hereinbrechen; aber er hat die
Kraft zu lindern und auszugleichen. Feuer erprobt
das Gold, Ungemach tapfere Männer. Schau hin auf
das hohe Ziel, das der Jugend gesteckt ist, und du
wirst dir sagen, daß es kein bequemer und sicherer
Weg ist, den sie zu wandeln hat.

Steil im Beginn ist der Weg, daß kaum die Rosse, vom Frührot
Frisch gestärkt, ihn erklimmen, am steilsten mitten am Himmel.
Siehe, da graut es mir selbst manchmal, das Meer und die Länder
Anzuschau'n, und es schlägt mir das Herz in zagendem Schauder.
Rasch ab neigt sich das Ende, besonnener Leitung bedarf es.
Oft dann fürchtet für mich, die in wogender Tiefe mich aufnimmt,
Tethys selber, ich möchte hinab jäh stürzen zum Abgrund [16]).

Als der hochherzige Jüngling dieses gehört, erwiderte er: „Er gefällt mir, dieser Weg; ich erklimme
ihn. Es lohnt sich, ihn zu wandeln, auch wenn man
zu Sturz kommen muß.“ Ohn' Unterlaß sucht nun

der Vater den hochgemuten Sohn durch Schreckbilder
einzuschüchtern:

Daß du behaltest den Weg, nicht abgezogen zur Irrfahrt,
Schreiten mußt du hindurch den Hörnern des Stieres vorüber,
Durch des Schützen Geschoß und den Blick des grimmigen
    Löwen. [17])

Darauf jener: „Spann ihn an, den zugesagten
Wagen. Was mich deiner Meinung nach einschüchtern
soll, das reizt mich nur. Dort will ich stehen, wo
die Sonne selbst wankt.“

Der Niedrige und Träge wählt den sicheren Weg:
auf den Höhen wandelt die Tugend. [18])

6. „Warum aber läßt die Gottheit es zu, daß den
tugendhaften Menschen Schlimmes widerfährt?“ Sie
läßt es ja gar nicht zu. Alles wirklich Schlimme hält
sie von ihnen ja fern, Verbrechen, Laster, ruchlose Gedanken, habgierige Anschläge, blinde Lustbegier und
nach fremdem Gute trachtende Habsucht; ihnen selbst
gewährt sie Schutz und Schirm: verlangt etwa jemand
von Gott auch noch dies, daß er sich zum Behüter
ihres Reisegepäcks mache? Sie selbst denken nicht
daran, der Gottheit diese Sorge aufzubürden: sie sind
Verächter alles äußeren Gutes. Demokrit warf seinen
Reichtum von sich, denn er sah in ihm nur ein Hemmnis
für seinen edelen Geist. Was wunderst du dich also,
wenn die Gottheit einem tugendhaften Manne widerfahren läßt, was dem Tugendhaften bisweilen selbst
nur als Erfüllung seines eigenen Wunsches erscheint?
Tugendhafte Männer verlieren Kinder. Warum nicht?
Kommen doch Fälle vor, wo sie selbst ihre Kinder
töten. Sie werden in die Verbannung getrieben.
Warum nicht? Kommt es doch vor, daß sie selbst
ihr Vaterland verlassen, um es nie wiederzusehen. Sie
werden getötet. Warum nicht? Kommt es doch vor,
daß sie selbst Hand an sich legen. Warum haben sie

manches Harte zu erdulden? Damit sie andere dulden lehren; sie sind zum Vorbild geboren. Denke dir also, die Gottheit sage: „Was habt ihr für einen Grund, über mich zu klagen, ihr, die ihr Wohlgefallen habt am Rechten? Andere habe ich mit falschen Gütern ausgestattet und ihre nichtigen Seelen gleichsam durch einen langen und trügerischen Traum zum besten gehabt: mit Gold, mit Silber, mit Elfenbein habe ich sie überschüttet, in ihrem Inneren suchst du vergebens nach etwas Gutem. Siehst du diese Leute, die dir glücklich scheinen, nicht in ihrem öffentlichen Auftreten sondern in der Verborgenheit, so sind sie bedauernswert, schmutzig, häßlich, ähnlich wie ihre Wände nur äußerlich übertüncht. Das ist kein echtes und reines Glück: es ist nichts als eine Kruste, und zwar eine dünne. Solange sie also in der Lage sind, sich aufrecht zu halten und sich das gewünschte Aussehen zu geben, so lange glänzen sie und machen Eindruck: Tritt aber ein störendes Ereignis ein und reißt die Hülle weg, dann zeigt es sich, welchen Abgrund wahrer Scheußlichkeit der erborgte Glanz in sich barg. Euch habe ich sichere und bleibende Güter gegeben, die, je mehr man sie hin und her wendet und von allen Seiten betrachtet, sich als um so besser und höher erweisen. Ich habe es euch möglich gemacht, das Furchtbare zu verachten, euch mit Ekel abzuwenden von den niedrigen Begierden; ihr glänzt nicht von außen, euere Güter haben ihre Richtung nach dem Inneren. So achtet die Schöpfung nicht dessen, was etwa außerhalb ihrer ist, ganz versunken in die Freude an dem Schauspiel, das sie selbst sich gewährt. Ins Innere habe ich alles Gute gelegt; des Glückes nicht zu bedürfen, das ist euer Glück.

,Aber es kommt doch viel Trauriges, Furchtbares, schwer zu Ertragendes.‘ Dies konnte ich euch nicht ersparen, aber dafür habe ich eure Seelen gegen alles gewappnet. Traget es standhaft. Hier habt ihr vor der Gottheit etwas voraus: für s i e gibt es überhaupt kein Dulden von Unglück, ihr seid darüber erhaben. Verachtet die Armut: es lebt niemand so arm, als da er geboren ward. Verachtet den Schmerz: er wird entweder selbst aufgelöst werden oder e u c h auflösen. Verachtet den Tod: er macht entweder ein Ende mit euch oder verpflanzt euch anderswohin. Verachtet das Schicksal: ich habe ihm keine Waffe gegeben, mit der es euern Geist treffen könnte. Und was noch mehr besagen will als alles dies: ich habe Sorge getragen, daß nichts euch (vom Tode) zurückhalte wider eueren Willen. Der Ausweg steht euch offen; wollt ihr nicht kämpfen, so steht es euch frei, zu fliehen. Daher habe ich von allem, was ich für euch als notwendig erachtete, nichts leichter gemacht als zu sterben. Ich habe der Seele eine dem Wunsche entgegenkommende Stellung angewiesen: sie läßt sich ziehen [19]); gebet nur acht und ihr werdet sehen, wie kurz und wie leicht gangbar der Weg ist, der zur Freiheit führt. Ich habe euch den Ausgang kürzer gemacht als den Eingang; sonst würde das Schicksal eine große Gewalt gegen euch in der Hand behalten haben, wenn es mit dem Sterben des Menschen so langsam ginge wie mit der Geburt. Jede Zeit, jeder Ort kann euch zeigen, wie leicht es sei, der Natur den Dienst zu kündigen und, was sie uns geschenkt, ihr wieder anheimzustellen. Ja, auch an den Altären und bei Vollzug der feierlichen Opfergebräuche, inmitten der Gebete und Wünsche, die dem Leben gelten, lernet zugleich den Tod. Die wohlgenährten Körper der Stiere werden durch einen kurzen Stich zu Fall gebracht, und Tiere von gewaltiger Kraft streckt ein Schlag der menschlichen Hand nieder; ein schmales Messer durchschneidet die

Sehnen des Nackens, und, ist jenes Mittelglied, welches Kopf und Hals verbindet, durchschnitten worden, dann stürzt die ganze Körpermasse zu Boden.

Der belebende Hauch hat seine Stätte nicht in der Tiefe, und es bedarf nicht schlechtweg des Schwertes, um ihn herauszuholen. Man hat nicht nötig, durch eine tiefe Wunde die inneren Organe zu erkunden: in nächster Nähe ist der Tod. Keinen bestimmten Punkt habe ich zu diesem Stoße ausgesucht: wähle ganz nach deinem Wunsch, du findest das Ziel. Das, was man „Sterben" nennt, diese Trennung der Seele vom Körper, vollzieht sich mit einer Schnelligkeit, die überhaupt nicht wahrnehmbar ist. Mag nun eine Schlinge den Schlund zuschnüren oder Wasser den Atem absperren, oder mag einer durch Sturz mit dem Kopf auf harten Boden zerschmettert worden sein, oder mag der Andrang der lodernden Flammen einem den Atemzug abgeschnitten haben, was es auch sei, es folgt ein schleuniges Ende. Schämt ihr euch nicht? Was sich so schnell vollzieht, fürchtet ihr wer weiß wie lange."

Von der Unerschütterlichkeit des Weisen

oder

daß dem Weisen das Unrecht nichts anhaben kann.

An Serenus.

Einleitung.

Das bekannte Ideal des Weisen, wie es die Stoiker entwerfen, wird hier nicht in seinem vollen Umfang erörtert, sondern nur nach der Seite seiner Widerstandsfähigkeit gegen Angriffe von außen, sei es durch tätliche Beleidigung oder durch Beschimpfung und Schmähung. Hat man sich einmal mit der Überspanntheit dieses Ideals abgefunden, so wird man den lebendig und geistvoll vorgetragenen Betrachtungen Senecas gern folgen.

Die Schrift ist gerichtet an Annaeus Serenus, denselben, an welchen auch die Abhandlung „von der Gemütsruhe" gerichtet ist. Er war Präfect der Neronianischen Leibwache und mit Seneca eng befreundet. Unter den Vertrauten des Seneca spielte er eine nicht unbedeutende Rolle, wie aus dem hervorgeht, was Tacitus in den Annalen (XIII, 13) über ihn berichtet. Er starb einige Zeit vor Seneca, von diesem aufs tiefste beklagt (ep. 63, 14). Durch Plinius (hist. nat. XXII 23, 96) erfahren wir, daß er nebst allen anderen Tischgenossen durch den Genuß von Schwämmen vergiftet worden sei.

Inhaltsübersicht.

Hinweis auf den männlichen Charakter der stoischen Philosophie im Gegensatz zu den anderen philosophischen Schulen, die, was die Anforderungen an den Menschen hinsichtlich seiner sittlichen Bildung anlangt, weit mildere Saiten aufziehen. Die Stoiker halten fest an dem hohen Ideal ihres Weisen, der, wie über alle Anfechtungen des Schicksals so über alle Zurücksetzungen und Kränkungen durch politische Gegner, wie sie Cato erfahren hat, erhaben ist. Nicht e r, sondern der Staat hatte darunter zu leiden. c. 1, 2.

Der Einwand, der Weise fühle nur diese Beleidigungen nicht, die nichtsdestoweniger Beleidigungen bleiben, wird abgewiesen durch die Bemerkung, auch das Heiligste sei vor Frevel nicht sicher, aber es verliere dadurch nichts an seiner Würde; der Weise gleiche dem Felsen im Meer, der, ohne seinerseits irgendwelchen Schaden zu erleiden, die anschlagenden Wogen von sich abprallen läßt. Unterscheidung zwischen Beleidigung durch Taten (Realinjurien) und Beleidigungen durch Wort (Verbalinjurien). c. 3, 4.

a) Beleidigungen durch Taten.

Der Weise trägt seinen unumschränkten Wert unverlierbar in sich. Für ihn gibt es nur ein Übel, die Schande, die mit der Tugend nichts gemein hat. Alle äußeren Übel kommen für den Weisen nicht in Rechnung, da er sich darüber hinwegzusetzen weiß. Beispiel des Stilpon. c. 5, 6.

Seltenheit, aber nicht Unmöglichkeit des Weisen. Er kann, als der Stärkere, nicht verletzt werden. Was verletzt, muß stärker sein als das, was verletzt wird. Das Schicksal kann dem Weisen nichts anhaben, und Beleidigungen leidet nur, wer sie als solche empfindet. Für den Weisen ist alles das nur Gelegenheit, seine Überlegenheit zu erproben; der Frevel reicht an ihn nicht heran, wenngleich er dadurch auch nicht aus der Welt geschafft wird. c. 7—9.

b) Beleidigung durch Worte.

Gegen Verächter und Spötter ist der Weise gleichgültig oder behandelt sie höchstens wie Kinder. Weder Hoch noch Niedrig kann ihn durch Sticheleien oder Grobheiten beleidigen. c. 10—14.

Unterschied der Stoiker von Epikur, dem zufolge Beleidigungen für den Weisen erträglich sind, während der stoische Weise überhaupt keine Beleidigungen kennt. c. 15.

An der Tugend versuchen sich die Beleidigungen vergebens. Unverdiente Beschimpfung ist keine. Ueberhaupt hat es mit der Beschimpfung gewöhnlich nicht viel auf sich. c. 16, 17. Das Leben sorgt in der Regel schon dafür, daß die Schmäher ihren Rächer finden. Beispiel des Caligula. c. 18.

Freiheit besteht nicht darin, daß man keinen Schmerz erleidet, sondern darin, daß man sein eigenes Innere zur Quelle aller Freude macht. Der Weise wird immer auf alles gefaßt sein. So kann ihm nichts seine Gemütsruhe rauben. c. 19.

1. Zwischen den Stoikern, mein Serenus, und den übrigen Vertretern der Philosophie besteht ein Unterschied, so groß, möchte ich wohl sagen, wie zwischen Männern und Frauen. Denn beide Klassen sind für das gesellige Menschenleben gleich wichtig; aber die eine ist zum Gehorchen, die andere zum Herrschen geboren. Die übrigen Philosophen halten sich an ein weichliches und nachsichtiges Verfahren, ähnlich den Haus- und Familienärzten, die den kranken Körper nicht nach dem besten und wirksamsten Verfahren kurieren, sondern sich nach den Wünschen der Patienten richten. Die Stoiker dagegen schlagen einen männlichen Weg ein, der nicht dazu dasein soll, denen, die ihn betreten, anmutig zu erscheinen, sondern der uns so bald als möglich frei machen und auf jenen Gipfel führen soll, der so hoch über aller Schußweite liegt, daß er über das Schicksal erhaben ist. „Aber der Weg, den wir einschlagen sollen, ist steil und voller Hemmnis." Was soll das? Wird je eine Höhe ebenen Pfades bestiegen? Aber er ist überhaupt nicht so schroff und höckerig, wie manche meinen. Zu Anfang nur hat er Steinblöcke und Felszacken und scheint ungangbar, wie so vieles, aus der Ferne gesehen, steil und massig erscheint, da die Ferne das Auge täuscht; kommt man aber näher heran, so zieht sich, was das irrende Auge für eine Masse gehalten, mehr und mehr in die Breite, und so erweist sich am Ende, was aus der Ferne als schroffer Felshang erschien, als sanft ansteigende Höhe.

Als kürzlich die Rede auf Marcus Cato kam, da sprachest du dich, wie du denn ein abgesagter Feind aller Unbilligkeit bist, entrüstet darüber aus, daß für den Cato sein Zeitalter viel zu wenig Verständnis gehabt, ihn, der über Männer wie Pompejus und Cäsar emporragte, hinter einen Vatinius [1]) zurückgesetzt hätte.

Du warst empört darüber, daß ihm, weil er sich gegen einen Gesetzesvorschlag aussprach, [2]) auf offenem Markt die Toga abgerissen, ja daß er, von der Rednerbühne bis zu dem Triumphbogen des Fabius durch die Masse der wütend erregten gegnerischen Volksmenge gewalttätig hindurchgeschoben, sich die unverschämten Schimpfereien, das Anspucken und die sonstigen Beschimpfungen der tollgewordenen Menge habe gefallen lassen müssen.

2. Da habe ich erwidert, du hättest allerdings allen Grund, was die Republik anlangt, erregt zu sein; denn jeder Schurke durfte sie feil bieten, ein Publius Clodius [3]) einerseits, ein Vatinius anderseits, die von blinder Gier fortgerissen nicht einsehen wollten, daß sie sich mit ihrem Verkaufsgeschäft zugleich selbst verkauften. Was aber den Cato [4]) selbst betrifft, so sagte ich, du könntest ganz beruhigt sein, denn keinem Weisen könne weder ein Unrecht noch eine Schmach zugefügt werden; mit Cato aber haben uns die unsterblichen Götter ein vollgültigeres Muster eines weisen Mannes beschert als den vergangenen Jahrhunderten mit Ulixes und Herkules. Diese nämlich haben unsere Stoiker für Weise erklärt, als jeder Anstrengung gewachsene Helden, als Verächter der Wollust, als Sieger über alle Schrecknisse. Cato hat nicht mit wilden Tieren gerungen, die zu erlegen Sache des Jägers und Landmanns ist; er hat keine Ungeheuer mit Feuer und Schwert verfolgt; er gehört nicht einem Zeitalter an, in dem man noch glauben konnte, daß die Schultern eines einzigen ausreichten, die Last des Himmels zu tragen. Die Zeit des alten Aberglaubens war längst dahin. In einem Zeitalter höchster Aufklärung nahm er den Kampf auf gegen den Ehrgeiz, dies vielgestaltige Übel, sowie gegen die maßlose Machtbegier, die der ganze Erdkreis, verteilt auf drei Män-

ner, nicht sättigen konnte.[5] So stand er allein als
Kämpfer gegen die Lasterhaftigkeit eines entarteten
und durch seine eigene Last immer tiefer herab-
gedrückten Gemeinwesens. So weit es einer einzigen
Hand möglich war, den sinkenden Staat noch zu halten,
harrte er aus, bis er sich notgedrungen mit in den
Strudel des lang hinausgeschobenen Untergangs stürzte.
Mit ihm ging auch zugrunde, was von ihm nicht getrennt werden konnte. Denn weder hat Cato nach
Untergang der Freiheit, noch die Freiheit nach Cato
gelebt. Und ihm, glaubst du, hätte vom Volke Unrecht geschehen können dadurch, daß es ihn um die
Prätur oder die Toga brachte? Daß es dies heilige
Haupt mit seinem Speichel bespritzte? Der Weise ist
gesichert, und es kann ihm weder Unrecht noch Schmach
angetan werden.

3. Ich glaube förmlich mit Augen zu sehen, wie
es in dir siedet und kocht; du kannst dich nicht enthalten, mir zuzurufen: „Das ist's ja eben, was euren
Lehren so schadet: ihr versprecht große Dinge, die
man nicht einmal wünschen, geschweige denn glauben
kann. Erst führt ihr wer weiß was für Reden, und
wenn ihr dargetan habt, daß der Weise nie arm sei,
leugnet ihr doch nicht, es fehle in der Regel dem
Weisen an einem Sklaven, an Obdach und an Nahrung;
erst behauptet ihr, der Weise sei niemals irre, dann
leugnet ihr nicht, der Weise sei nicht recht bei Besinnung, werfe mit unvernünftigen Worten um sich und
erlaube sich alles, wozu ihn der krankhafte Zustand
zwingt; erst leugnet ihr, daß der Weise je Sklave sei,
gleichwohl stellt ihr nicht in Abrede, daß er auch
zum Verkaufe ausgeboten werden könne und daß er
dem Befehle gehorchen und seinem Herrn Sklaven-
dienste leisten werde: so tragt ihr den Kopf sehr hoch
und stellt euch dann doch wieder auf die gleiche Linie

mit den übrigen, nur daß ihr euch anderer Worte bedient. So etwa wird es sich wohl auch mit dem verhalten, was auf den ersten Blick einen schönen und großartigen Eindruck macht, mit den Worten nämlich, dem Weisen werde weder Unrecht noch Schmach angetan werden. Es ist indes ein großer Unterschied, ob du den Weisen hinaushebst über die bloße Empfindung des Unrechts oder über das Unrecht selbst. Denn sagst du, er werde die Sache mit Gleichmut über sich ergehen lassen, so hat er dann kein Vorrecht vor anderen, er hat nur, was alle anderen auch haben können, verbunden mit Geduld, die sich durch das ewige Vorkommen von Unrecht von selbst erlernt. Wenn du dagegen behauptest, es werde ihm nie Unrecht geschehen, das heißt, niemand werde versuchen ihm Unrecht zuzufügen, dann lasse ich alles andere liegen und werde ein Stoiker."

Gut, es ist allerdings nicht meine Absicht, den Weisen durch einen Wortschwall in ein glänzendes Licht zu setzen, sondern ihm eine Stellung zu geben, an die kein Unrecht heranreicht.

„Wie? Also niemand wird ihn reizen, niemand sich an ihn wagen?" Nichts in der Welt ist so heilig, was nicht seinen Schänder fände; aber das Göttliche ist darum nicht minder erhaben, wenn es Leute gibt, die eine weit über ihnen stehende Erhabenheit angreifen, ohne sie doch erreichen zu können. Unverwundbar ist nicht, wonach kein Schlag geführt wird, sondern was nicht verletzt wird. Das ist das Merkmal, nach dem ich dir das Bild des Weisen entwerfen werde. Kann denn ein Zweifel darüber bestehen, daß es eine zuverlässigere Kraft ist, die nicht besiegt, als diejenige, die nicht angegriffen wird? Unerprobte Kraft bleibt doch etwas Unsicheres, während mit Recht für unbedingt sicher dasjenige erachtet wird,

an dem alle Angriffe abprallen. So halte es auch
mit deiner Vorstellung vom Weisen: er ist von besserer Art, wenn ihm kein Unrecht schadet, als wenn
keines gegen ihn gerichtet wird. So nenne ich den
einen Helden, den Kriege nicht zur Unterwerfung
bringen und den die anrückende Feindesmacht nicht
schreckt, nicht den, der inmitten entnervter Völkerschaften ein müßiges Wohlleben führt. Dies also ist
meine Behauptung, daß der Weise sich keinem Unrecht
beugt. Darum macht es nichts aus, wie viele Geschosse gegen ihn geschleudert werden, denn keines
kann ihm etwas anhaben. Wie gewisse Steinarten so
hart sind, daß sie jedem Eisen Widerstand leisten, wie
der Diamant weder zerschnitten noch zerschlagen noch
zerstoßen werden kann, sondern alles, was auf ihn eindringt, seinerseits abstumpft, wie manches vom Feuer
nicht verzehrt wird, sondern inmitten alles Feuer-
schwalles seine Starrheit und Gestalt bewahrt, wie
manche in die hohe See hinausragende Klippen den
Anprall der Wellen brechen und trotz des so viele
Jahrhunderte hindurch abgeschlagenen Angriffs keine
Spur der wütenden Wogenkraft erkennen lassen, so
ist des Weisen Seele fest und hat so viel Kraft ge-
sammelt, daß sie ebenso sicher vor Unrecht ist als
das, was ich eben beispielsweise anführte.

4. „Wie also? Wird sich niemand finden, der
versuchen würde, einem Weisen Unrecht zu tun?“
Versuchen schon, aber er wird ihm damit nichts anhaben; denn er ist durch eine zu große Kluft von der
Berührung dessen, was unter ihm steht, getrennt, als
daß irgendwelche schädliche Kraft ihren Einfluß bis
auf ihn erstrecken könnte. Selbst wenn Gewalthaber,
die mächtig sind durch ihre Feldherrnstellung sowie
durch die einmütige Ergebenheit der ihnen Untergebenen, ihm zu schaden trachten, so werden doch alle

ihre Angriffe zuschanden werden, noch ehe sie den Weisen erreicht haben, ganz ebenso wie die Geschosse, die mit Sehne und Wurfmaschinen in die Höhe geschleudert werden, zwar über unser Gesichtsfeld hinausfliegen, aber sich doch zur Umkehr wenden, ehe sie den Himmel erreicht haben. Wie? Glaubst du, daß, als jener wahnerfüllte König[6]) durch die Masse der Pfeile das Tageslicht verdunkelte, auch nur ein einziger Pfeil in die Sonne eingedrungen sei, oder daß Neptun durch die in die Tiefe versenkten Ketten hätte gefesselt werden können? Wie das Himmlische sich den Menschenhänden entzieht und wie von denen, welche Tempel zerstören und die Götterbilder im Feuer schmelzen, der Gottheit kein Schaden geschieht, so ist jeder Anschlag von Frechheit, Unverschämtheit, Übermut gegen den Weisen vergeblich.

„Aber es wäre doch besser, wenn es niemanden gäbe, der dies versuchen wollte." Da wünschst du etwas, womit es für das Menschengeschlecht seine großen Schwierigkeiten hat: die Unschuld. Daß kein Unrecht geschehe, ist wohl wichtig für die, welche dazu bereit sind, nicht aber für den, der es nicht erleiden kann, selbst wenn es geschieht. Ja, vielleicht wird die Kraft der Weisheit noch in höherem Maße bezeugt durch die Seelenruhe inmitten feindlicher Bedrohungen: so ist der stärkste Beweis für die Kraft eines mit Waffen und Mannschaft versehenen Feldherrn das Gefühl der Sicherheit in Feindesland.

5. Unterscheiden wir, wenn dir's recht ist, Serenus, zwischen Unrecht (Realinjurien) und Beleidigungen (Verbalinjurien); das erstere ist seiner Natur nach schwerer, das andere leichter und nur die feiner Fühlenden tiefer berührend, denn es ist nur ein Angriff, aber keine Verletzung. Gleichwohl ist das menschliche Gemüt so empfindlich und eitel, daß es für manchen

gar keinen schwereren Kummer gibt[7]). So findet man wohl
Sklaven, die sich lieber einen Geißelhieb gefallen lassen
als eine Ohrfeige, und denen Tod und Schläge erträglicher scheinen als Schimpfworte. Die Torheit geht
so weit, daß uns nicht nur der wirkliche Schmerz
Qual macht, sondern schon die bloße Vorstellung des
Schmerzes, wie es bei Kindern vorkommt, daß ihnen
ein bloßer Schatten schon Furcht einjagt oder eine
gräßliche Maske oder ein entstelltes Gesicht; ja Tränen
entlockt ihnen schon ein ihren Ohren widerwärtiger
Name oder eine Fingerbewegung oder wovor sie sonst
infolge eines sie erfassenden Irrwahnes zurückbeben.

Dem Unrecht liegt die Absicht zugrunde, einem
ein Übel zuzufügen. Dem Übel aber bietet die Weisheit keine Stätte — denn für den Weisen gibt es
nur e i n Uebel, nämlich die Schande, die keinen Eingang finden kann da, wo Tugend und Ehre bereits
ihren Sitz haben —: wenn es also kein Unrecht ohne
Übel gibt, das einzige Übel aber die Schande ist und
diese einen ganz dem Dienste der Ehre ergebenen
Mann nicht treffen kann, so ist der Weise unerreich-
bar für das Unrecht. Denn wenn das Unrecht im
Erdulden eines Übels besteht, der Weise aber kein
Dulden eines Übels kennt, so hat der Weise mit dem
Unrecht überhaupt nichts zu schaffen. Jedes Unrecht
ist für den, den es betrifft, ein Abbruch an dem, was
ihm zukommt; es kann keiner ein Unrecht empfangen
ohne irgendwelche Beeinträchtigung seiner Würde,
seines Körpers oder seiner äußeren Güter. Der Weise
aber kann nichts verlieren; er hat alles sicher in sich
geborgen, nichts überläßt er dem Glück, seine Güter
hat er in Sicherheit, zufrieden mit der Tugend, die
der Gaben des Zufalls nicht bedarf. Und eben darum
kann er weder gewinnen noch verlieren; denn was
auf dem Höhepunkt steht, das läßt keine weitere Zu-

nahme zu, und das Schicksal entreißt nichts, was es nicht erst gegeben hat. Die Tugend aber ist kein Geschenk aus seiner Hand, daher ihr auch von seiner Seite kein Abbruch geschehen kann: sie ist frei, unantastbar, unveränderlich, unerschütterlich, gegen jeden Zufall so fest verwahrt, daß sie nicht gebeugt, geschweige denn überwunden werden kann. Gegenüber allen auf ihr Verderben berechneten Zurüstungen bewahrt sie ihren ungestört sicheren Blick, ohne eine Miene zu verziehen, mag es sich dabei um harte Prüfungen handeln oder um Erfreuliches. Er wird also nichts verlieren, dessen Verlust ihm schmerzlich sein könnte. Denn sein einziges Besitztum ist die Tugend, und daraus kann er nimmermehr vertrieben werden; alles übrige hat er nur auf Borg. Wer aber wird durch den Verlust fremden Gutes in Unruhe versetzt? Wenn also das Unrecht nichts von dem verletzen kann, was des Weisen Eigentum ist, so kann dem Weisen kein Unrecht geschehen; denn sein ganzes Heil hängt durchaus von der Tugend ab.

Demetrius, mit dem Beinamen Poliorketes, hatte Megara erobert. Von ihm wurde der Philosoph Stilpo[8]) gefragt, ob er etwas eingebüßt hätte: „Nichts“, erwiderte er; „was mein ist, ist alles bei mir“. Und doch war sein Erbgut ihm als Beute weggenommen worden, und seine Töchter hatte ihm der Feind geraubt und seine Vaterstadt war unter fremde Herrschaft gekommen, und der König selbst war es, der, umgeben von der bewaffneten Macht seines siegreichen Heeres, von hoher Tribüne die Frage an ihn richtete. Aber der Philosoph brachte ihn um den Sieg und erhärtete durch sein Zeugnis, daß er nicht nur nicht besiegt sei durch die Eroberung der Stadt, sondern auch jeden Schadens ledig sei. Hatte er doch in sich die wahren Güter, die niemand mit Beschlag belegen

kann, während er sein verstreutes und als Beute fort-
geschlepptes Hab und Gut nicht für sein Eigentum
hielt, sondern für äußerliches Glücksgut, abhängig vom
Winke des Schicksals. Daher hatte er es auch nicht
geliebt, als wäre es sein Eigentum; ist doch der Besitz von allem, was von außen uns zufließt, schlüpfrig
und unsicher.

6. Erwäge nun, ob ein Dieb oder Verleumder
oder ein jähzorniger Nachbar oder ein reicher Erb-
lasser, dem sein kinderloses Greisenalter einen mächtigen Einfluß verleiht, dem ein Unrecht zufügen könne,
welchem Krieg und Feind, welchem selbst der in seiner
Kunst hochberühmte Städtezerstörer nichts zu entreißen vermochte. Rings umgeben von blinkenden
Schwertern und von dem wüsten Treiben einer raubsüchtigen Soldateska, inmitten von Flammen und Blut-
strömen und den Trümmern einer vernichteten Stadt,
inmitten des Krachens der über ihre Götter zusammen-
stürzenden Tempel gab es doch Einen, der Frieden
hatte. Halte es also nicht für ein zu kühnes Ver-
sprechen, das ich gab. Wenn du mir nicht recht
traust, so kann ich dir in ihm (dem Stilpon) einen Bürgen stellen⁹). Denn du glaubst wohl kaum, daß ein
Mensch über soviel innere Kraft und Seelengröße gebieten könne: aber siehe, da tritt er mitten unter
uns, er, der sich so vernehmen läßt: „Du hast keinen
Grund zu zweifeln, daß, wer als Mensch geboren ist,
sich über das Menschliche zu erheben vermag, daß er
Schmerzen, Verluste, Geschwüre, Wunden und rings
um sich gewaltige Stürme entfesselter Leidenschaften
ruhigen Blickes betrachten und harte Prüfungen er-
gebungsvoll, glückliche Fügungen maßvoll über sich
ergehen lassen könne, weder jenen weichend noch diesen
vertrauend, sondern bei allem Wechsel der Dinge
immer ein und derselbe, fest überzeugt, daß ihm nichts

gehöre als er selbst und er selbst auch nur mit seinem besseren Teil. Hier stehe ich und will euch beweisen, daß unter jenem Zertrümmerer so vieler Städte durch den Anprall des Sturmbockes zwar Festungswerke ins Wanken und hohe Türme durch Minen und verborgene Gräben zum Einsturz gebracht werden und daß aufgeschüttete Dämme bis zu Bergeshöhe heranwachsen, aber daß keine Maschinen erfunden werden können, die ein in sich festgegründetes Menschenherz zu erschüttern vermöchten. Eben bin ich aus dem Schutt meines Hauses hervorgekrochen und habe durch ein Flammenmeer und durch Blutströme hindurch mich gerettet. Welches Schicksal meine Töchter heimgesucht hat, ob ein noch schlimmeres als die Stadt, weiß ich nicht. Vereinsamt, gealtert und, so weit mein Blick reicht, nur unseliges Feindeswerk schauend, verkünde ich doch mit Zuversicht, daß mein Hab und Gut unangetastet und unversehrt ist: ich halte, ich habe, was mein war. Du hast keinen Grund, mich für besiegt, dich für den Sieger zu halten: dein Glücksstern hat über den meinigen gesiegt. Wohin jener Plunder, der den Herren wechselt, geraten ist, weiß ich nicht. Was mein Eigentum betrifft, so ist es bei mir und wird bei mir bleiben. Verloren haben nur jene Reichen ihr Erbgut, jene Wüstlinge ihre Liebschaften und ihre Dirnen, deren Gefälligkeiten sie sich nicht ohne ein großes Opfer an Ehrbarkeit erkauften, jene Ehrgeizigen ihre Kurie, ihr Forum und die Stätten, wo sie ihr Teufelswerk öffentlich betreiben konnten; jene Wucherer ferner haben ihre Geschäftsbücher eingebüßt, in denen sich die an Trug sich erfreuende Habsucht ihre eingebildeten Reichtümer verzeichnet: was mich anlangt, so habe ich alles vollständig und unverkürzt beisammen. So frage denn jene, die da weinen und jammern, die zur Rettung ihres Geldes ihre nackte

Brust den gezückten Schwertern entgegenwerfen und mit zusammengeraffter Habe dem Feinde entwischen." Also laß dir gesagt sein, Serenus: jener vollkommene Mann, jenes vollendete Muster aller menschlichen und göttlichen Tugenden verliert nichts. Seine Güter sind durch feste und unüberwindliche Bollwerke geschützt. Mit ihnen kannst du weder jene babylonischen Mauern vergleichen, in die Alexander eindrang, noch die Mauern von Carthago und Numantia, die von ein und derselben Hand erobert wurden, [10]) noch das Kapitol oder die Burg, welche Spuren zeigen des feindlichen Eindringens. Das, was den Weisen schützt, ist sicher sowohl vor Brand wie vor feindlichem Eindringen; es bietet keinen Zugang, hochragend, uneinnehmbar, göttergleich.

7. Du hast keinen Grund zu deinem oft wiederholten Einwand, unser Weiser sei nirgendwo zu finden. Wir Stoiker erdichten nicht ein leeres Schaustück menschlicher Geistesgröße, wir entwerfen nicht ein großartiges Bild von einer Sache, der nichts Wahres entspricht: nein, wie wir ihn uns vorstellen, so haben wir ihn auch in der Wirklichkeit aufgewiesen und werden ihn aufweisen, als seltene Erscheinung vielleicht und vereinzelt in gewaltigen Zeitabständen hervortretend; denn das Große und das dem üblichen und gewöhnlichen Maß Überlegene tritt nur selten zutage. Vielleicht ist übrigens gerade der Cato, von dessen Erwähnung diese Abhandlung ausging, noch höher zu stellen als unser Musterbild.

Endlich muß das, was verletzt, stärker sein als was verletzt wird. Nun ist aber die Schlechtigkeit nicht stärker als die Tugend: es kann also der Weise nicht verletzt werden. Unrecht gegen Gute wird nur von Schlechten versucht. Unter den Guten herrscht Friede; die Schlechten sind nicht nur den Guten ver-

derblich, sondern auch sich selbst. Kann nun nur der
Schwächere verletzt werden, während der Schlechte
dem Guten unterlegen ist, und kann für den Guten Unrecht nur befürchtet werden von seiten eines, der ihm
nicht gewachsen ist, so kann den Weisen kein Unrecht
treffen. Denn darauf brauche ich dich nicht erst wieder
hinzuweisen, daß niemand gut ist außer dem Weisen.
„Wenn Sokrates" — so erwidert man — „ungerecht
verurteilt worden ist, so ist ihm Unrecht widerfahren."
Hier müssen wir uns darüber verständigen, es könne
der Fall eintreten, daß mir einer Unrecht tut und ich
es doch nicht erleide: wenn z. B. jemand aus meinem
Landgut etwas entwendet hat und es in mein Haus
legt, so hat er einen Diebstahl begangen, ohne mir
doch zu schaden. Und wenn einer seinem Weibe bei-
wohnt in dem Glauben, es sei eine andere, so ist er
ein Ehebrecher, obschon jene keine Ehebrecherin ist.
Oder es gibt mir einer Gift, aber das Gift verliert in
Vermischung mit der Speise seine Kraft, so hat er
durch Darreichung des Giftes sich schuldig gemacht,
auch wenn es keinen Schaden angerichtet hat: ein
Räuber bleibt auch der, dessen Waffe durch den Schutz
des Gewandes wirkungslos gemacht worden ist. Alle
Verbrechen sind schon vor vollzogenem Werk, soweit
genügende Schuld vorliegt, vollendet. Gewisse Zu-
sammenhänge sind von der Art und weisen ein derartiges Wechselverhältnis auf, daß das eine ohne das
zweite bestehen kann, das zweite aber nicht ohne das
erste. Ich kann meine Füße bewegen, ohne doch zu
laufen, aber ich kann nicht laufen, ohne meine Füße
zu bewegen; ich kann im Wasser sein, ohne zu
schwimmen, aber wenn ich schwimme, muß ich auch
im Wasser sein. So steht es auch mit unserer hier
verhandelten Sache: habe ich Unrecht erlitten, so muß
es auch geschehen sein; ist es aber geschehen, so ist es

nicht notwendig, daß ich es auch erlitten habe. Denn
es kann sich mancherlei zutragen, was das Unrecht
nicht in Wirkung treten läßt. So kann ein Zufall die
erhobene Hand sinken machen und abgeschossene Pfeile
ablenken. Ebenso steht es mit dem Unrecht; irgendwelcher Umstand kann es abwenden und abfangen, so
daß es verübt, aber nicht erlitten worden ist.

8. Überdies kann die Gerechtigkeit nichts Un-
gerechtes erleiden, denn Gegensätze vereinigen sich
nicht. Unrecht kann aber nicht verübt werden außer
auf ungerechte Weise: also kann dem Weisen kein Unrecht geschehen. Auch ist es gar kein Wunder, daß
niemand ihm Unrecht tun kann: kann doch auch niemand ihm Nutzen schaffen. Einerseits fehlt dem Weisen
nichts, was er als Geschenk empfangen könnte; anderseits kann der Schlechte dem Weisen nichts geben,
was dessen würdig wäre; muß er's doch erst haben,
ehe er's geben kann; aber er hat nichts, über dessen
Empfang der Weise sich freuen würde. Niemand also
kann dem Weisen schaden oder nützen; denn was göttlich ist, bedarf weder einer Unterstützung noch kann
es verletzt werden; der Weise aber ist den Göttern
benachbart und hat seinen Platz dicht neben ihnen,
ihr Abbild, abgesehen von der Sterblichkeit. Ganz
hingegeben dem Streben nach dem Erhabenen, dem
Geordneten, Unerschütterlichen, in gleichmäßigem und
einträchtigem Flusse Verlaufenden wird er, unanfecht-
bar [11]) vom Schicksal, voll Güte, zum Wohle der Menschheit geboren, sich und den anderen zum Heile nichts
Niedriges wünschen, keine Tränen vergießen. Wer
festgewurzelt in dem Boden der Vernunft, göttlichen
Geistes voll, den bunten Wechsel menschlicher Schicksale durchschreitet, der ist allerorten vor Unrecht gesichert, und meinst du etwa bloß von seiten der
Menschen? Nein, selbst von seiten des Schicksals, das,

so oft es den Kampf mit der Tugend aufnahm, sich
niemals als ebenbürtiger Gegner erwies. Wenn wir
uns mit jener schwersten Prüfung, über die hinaus der
Grimm der Gesetze und die Wut des Tyrannen uns
nichts androhen kann, und mit der das Schicksal seinen
höchsten Trumpf ausspielt, ruhigen und gelassenen
Sinnes abfinden und zu der Überzeugung gelangt sind,
daß der Tod kein Übel sei, und eben deshalb auch kein
Unrecht, so werden wir viel leichter alles andere ertragen, Vermögenseinbuße, Schmerzen, Schmach, Verbannung, Verlust von Kindern, Ehescheidung, die den
Weisen, auch wenn sie insgesamt auf ihn einstürmten,
nicht zum Sinken brächten, geschweige denn, daß ver-
einzelte Angriffe ihm Weh bereiten könnten. Und wenn
ihn die Schicksalsschläge nicht aus der Fassung bringen,
wieviel weniger dann die Wut der Gewalthaber, von
denen er weiß, daß sie nur Handlanger des Schicksals sind.

9. Daher nimmt er alles so hin wie den Frost des
Winters und die Unbilden der Witterung, wie die Anfälle von Fieberhitze und Krankheiten, und was sonst
über einen hereinbricht. Über niemanden urteilt er so
günstig, daß er ihm zutraut, er habe irgend etwas mit
voller Überlegung getan, die allein dem Weisen zukommt. Bei allen anderen ist nicht die Rede von
wohlüberlegten Absichten, sondern von Ränken, Hinterlist und wüsten Leidenschaften, die er nur als Zufällig-
keiten gelten läßt. Das Zufällige aber trifft mit all
seinem Wüten nur unsere Umgebung und das Niedrige.
Bedenke ferner, welches weite Feld für Rechts-
widrigkeiten sich öffne in den Fällen, wo man es darauf
absieht, uns Schlingen zu legen, wenn man z. B. einen
Ankläger anstiftet oder mit falschen Beschuldigungen
kommt, oder den Haß der Mächtigen gegen uns reizt,
oder was es sonst unter den Bürgern für Gaunereien

gibt. Auch jener Fall von Unrecht findet sich häufig, daß einem ein gemachter Gewinn abgeluchst wird, oder eine Belohnung, nach der man längst die Hand gereckt, oder daß einem eine mühsam erstrebte Erbschaft weggeschnappt, oder die Gunst eines reichen Hauses uns abgegraben wird. Dem allen steht der Weise fern, der kein Leben kennt, das auf Hoffnung oder Furcht gegründet wäre. Dazu nimm nun noch, daß niemand Unrecht ruhig hinnimmt, sondern beim ersten Gefühl desselben heftig erregt wird, eine Erregung, von welcher jener Mann völlig frei ist, der über allen Irrtum erhaben sich selbst vollständig in der Gewalt hat, ein Bild tiefer und friedlicher Ruhe. Berührte ihn das Unrecht, so würde es ihn auch beunruhigen und aufregen; allein der Weise ist frei von Zorn, den der Gedanke an Unrecht erweckt; fühlte er sich von Unrecht getroffen, so würde er unbedingt auch von Zorn ergriffen werden. Aber er weiß, daß ihn kein Unrecht treffen kann. Daher seine unbeugsame und frohe Sinnesart, daher seine beständig freudige und gehobene Stimmung. Die Widerwärtigkeiten, die der Lauf der Dinge und die menschliche Bosheit mit sich bringen, verstimmen ihn so wenig, daß im Gegenteil gerade das vermeintliche Unrecht ihm dazu verhilft, sich damit selbst zu erproben und die Kraft seiner Tugend zu ermessen. Ich bitte euch um des Himmels willen: haltet diese Gesinnung in Ehren und laßt es eueren Herzen und Ohren willkommen sein, wenn der Weise des Unrechtes überhoben wird. Dabei habt ihr gar nicht einmal nötig, irgendwie Verzicht zu leisten auf eueren Mutwillen, auf euere raubsüchtigen Begierden, auf eueren blinden Leichtsinn und Übermut: eueren Lastern geschieht kein Abbruch, wenn der Weise diese Freiheit erringt. Unser Abscheu ist nicht darauf gerichtet, daß es euch verwehrt sein sollte, Unrecht zu tun, sondern daß jener alles Unrecht weit von sich wirft und sich wappnet mit Geduld und Geistesgröße. So haben in den heiligen Wettkämpfen so manche dadurch gesiegt, daß sie die Hände der auf sie Losschlagenden mit unverdrossener Geduld ermüdeten. So rechnen die Weisen zu der Gilde derer, die durch lange und treue Ubung sich zu der Kraft verhalfen, jede feindliche Gewalt auszuhalten und müde zu machen.

10. Damit haben wir den ersten Teil abgehandelt und wenden uns nun dem zweiten zu, in dem wir uns mit der Beschimpfung abfinden wollen, und zwar teils nach besonderen, in der Hauptsache aber nach allgemeinen Gesichtspunkten. Die Beschimpfung ist ein minderer Grad von Unrecht; wir können sie mehr beklagen als gerichtlich verfolgen, wie denn auch die Gesetzgebung es nicht für wert erachtete, dafür Ahndung zu fordern. Die durch Beschimpfung hervorgerufene Seelenregung gehört einer kleinlichen Sinnesart an, die sich gekränkt fühlt durch eine unehrerbietige Äußerung oder Handlung: „Dieser Herr hat mich heute nicht vorgelassen, während er die Besuche anderer annahm", oder: „Er hat meine Worte entweder mit Nichtachtung gestraft oder sich vor allen Leuten darüber lustig gemacht", oder: „Er hat mir nicht den Platz in der Mitte, sondern den untersten Platz angewiesen" und dergleichen mehr. Was ist das anderes als Grillenfängerei eines kränkelnden Gemütes? Ein Fehler, in den gewöhnlich verzärtelte und vom Glück verwöhnte Naturen verfallen. Denn wer es mit schlimmeren Dingen zu tun hat, der hat für solche Lappalien nicht Zeit. Es ist die Folge verderblichen Müßiggangs, daß von Natur schwache und weibische und durch die Unbekanntschaft mit wahrer Beleidigung verwöhnte Geister durch solche Dinge aufgeregt werden, die größtenteils auf Mißverständnis beruhen. Wer sich also durch Be-

schimpfung getroffen fühlt, der gibt dadurch zu erkennen, daß er keine Spur, sei es von Klugheit, sei es von Selbstachtung, in sich hat. Denn kein Zweifel: er fühlt sich verachtet, und dieses beißende Gefühl deutet immer auf einen gewissen Tiefstand der Seele hin, die sich selbst beugt und erniedrigt. Der Weise dagegen wird von niemandem verachtet; er kennt seinen Wert und beruhigt sich mit dem Selbstbescheid, daß sich niemand so etwas gegen ihn erlauben dürfe. So hält er es mit allen diesen Dingen, die ich nicht als Seelenschmerzen, sondern als Unannehmlichkeiten bezeichnen möchte: er überwindet sie nicht, nein, er fühlt sie überhaupt nicht. Es gibt andere Dinge, die den Weisen treffen, ohne ihn indes außer Fassung zu bringen, z. B. Körperschmerz und Gebrechlichkeit, oder Verlust von Freunden und Kindern, oder die schwere Not des von Krieg heimgesuchten Vaterlandes: das fühlt der Weise, ich leugne es nicht, denn ich will ihm nicht die Härte von Stein oder Eisen zuschreiben. Das ist keine Tugendkraft, was überhaupt kein Gefühl des Leidens kennt. Wie steht es also? Von manchen Schlägen fühlt er sich getroffen, aber er überwindet den Schmerz, heilt und beschwichtigt ihn. Was aber jene Nichtigkeiten anlangt, so fühlt er sie überhaupt nicht, wendet also gegen sie die ihm eigene Tugendkraft, mit der er die Härten des Schicksals erträgt, nicht an: entweder achtet er ihrer gar nicht oder erklärt sie für lächerlich.

11. Dazu kommt noch folgendes: da die Beschimpfungen meistens ausgehen von übermütigen und unverschämten Gesellen, die ihr Glück nicht zu tragen verstehen, so hat er den besten Dämpfer gegen diese Aufgeblasenheit in sich: es ist dies die herrlichste aller Tugenden, die Hochherzigkeit. Diese läßt alles, was dahin gehört, wie luftige Traumbilder und nächtliche Erscheinungen, an denen nichts Festes und Wahres ist,

an sich vorüberziehen. Dabei denkt er, daß alle jene Leute zu tief stehen, als daß sie sich erdreisten könnten, so viel Erhabenes zu verachten. Beschimpfung steht immer in einem gewissen Zusammenhang mit Verachtung; denn niemand erlaubt sich eine solche Beleidigung gegen einen anderen als einen, den er verachtet; niemand aber verachtet einen Größeren und Besseren, selbst dann nicht, wenn er etwas tut, was der Gewohnheit jener Verächter entspricht. Schlagen doch Knaben die Eltern ins Gesicht; verwirrt und zerzaust doch das Kind die Haare seiner Mutter, bespritzt sie mit Speichel oder entblößt auch vor den Augen der Seinigen, was besser verdeckt blieb, und erlaubt sich unschickliche Ausdrücke. Und bei all dem ist doch nicht von Beschimpfung die Rede. Warum? Weil der, der es tut, nicht fähig ist der Verachtung. Es steht damit ebenso wie mit unseren Sklaven. Ihre Spaßtreiberei mit ihren Herren belästigt uns, und ihre Keckheit gegen die Gäste macht sich erst dann geltend, wenn sie den Anfang mit dem Herren gemacht hat. Je mehr einer verachtet und ein Ziel des Spottes ist, um so zügelloser ist seine Zunge. Es gibt Leute, die sich zu diesem Zwecke mutwillige Burschen kaufen, deren Unverschämtheit sie überdies durch besondere Schulung noch steigern. Diese müssen wohlausgeklügelte Schimpfworte zum besten geben, und das nennt man nicht Schmähungen, sondern Geistesblitze. Was für eine Torheit, das eine Mal an denselben Worten Spaß zu haben, das andere Mal sich dadurch beleidigt zu zu fühlen, und, wird es von einem Freunde geäußert, es Schmähung zu nennen, wenn von einem jämmerlichen Sklaven, dann stichelndes Scherzwort!

12. Wie wir von Kindern denken, so denkt der Weise von allen, die auch nach der Jugend und nach Ergrauen der Haare noch Kinder bleiben. Oder sind

etwa diejenigen auch nur um einen einzigen Schritt
weiter gekommen, die an ihrem inneren Gebrechen unverkürzt weiter leiden und nur in ihren Irrtümern eine
Steigerung aufzuweisen haben, die sich von Kindern
nur durch ihre Größe und Körperform unterscheiden,
im übrigen aber nicht weniger unstät und unsicher
sind, jedem Vergnügen wahllos nachlaufend, zaghaft
und höchstens aus Furcht ruhig [12]), nicht aus Gründen
der Vernunft? Es wird doch wohl niemand einen
Unterschied zwischen beiden darin sehen wollen, daß
die einen nach Würfeln oder Nüssen oder Spielmarken
gierig sind, die anderen nach Gold, Silber und Städten,
daß die Knaben unter sich die Rollen von Beamten
spielen und Amtskleid, Amtsstäbe und Tribunal nach-
äffen, die anderen diese Rollen auf dem Marsfeld, auf
dem Markt und in der Kurie im Ernste spielen, jene
aus aufgeschichtetem Sande am Meeresgestade Häuser
hervorzaubern, diese, als wäre es wer weiß was Großes,
durch geschäftige Zusammenfügung von Steinen, Wänden
und Häusern das, was zum Schutze des Körpers erfunden ward, zu einer Gefahr für ihn machen [13]).
Knaben und weiter Vorgerückte bewegen sich also in
dem gleichen Irrtum, nur daß er bei letzteren andere
und größere Formen annimmt. Mit Recht nimmt daher
der Weise die Beschimpfungen von seiten der letzteren
für bloßen Scherz; ab und zu warnt und straft er sie
auch wie Knaben, nicht als hätte er von ihnen Unrecht
erlitten, sondern weil s i e ein solches ausgeübt haben,
und damit sie es nicht wieder tun. So werden ja auch
unsere Tiere durch Schläge gebändigt, und wir zürnen
ihnen nicht, wenn sie den Reiter abschütteln, sondern
bändigen sie, damit der Schmerz ihren Trotz breche.
Du siehst, damit ist auch die Frage erledigt, die man
uns entgegenhält: „Wenn den Weisen weder Unrecht
noch Beschimpfung trifft, warum bestraft er dann die-

jenigen, die es verübt haben?“ Es handelt sich für ihn nicht um Rache für sich, sondern um Besserung für sie.

13. Warum also solltest du dem Weisen diese Festigkeit der Seele nicht zutrauen, da du doch bei anderen das Nämliche wahrnehmen kannst, wenn auch nicht aus dem nämlichen Grunde? Welcher Arzt zürnt einem Wahnsinnigen? Wer wird die Scheltworte eines Fieberkranken übelnehmen, dem das kalte Wasser verboten ist? Allen gegenüber befindet sich der Weise in der Stimmung des Arztes gegenüber seinen Patienten. Hält doch der Arzt sich nicht für zu gut, um auch die Schamteile, wenn sie der Heilung bedürfen, zu befühlen und den Stuhlgang und Urin zu besichtigen und die Schmähungen der Tobsüchtigen über sich ergehen zu lassen. Der Weise ist sich klar darüber, daß alle die, welche in Toga und Purpur wie Gesunde umherstolzieren, nur übertünchte Kranke seien, die in seinen Augen eben nichts anderes sind als unenthaltsame Kranke. Daher grollt er ihnen auch nicht, wenn sie in ihrer Krankheit sich Ungeziemendes gegen den Arzt herausnehmen, und wie er gleichgültig ist gegen ihre Ehrenbezeugungen, so auch gegen ihre Respektwidrigkeiten. Wie er sich nichts darauf zugute tut, wenn ihn ein Bettler seiner Hochachtung versichert, und es nicht für ehrenrührig halten wird, wenn ihm ein gemeiner Proletarier den Gruß nicht erwidert, so wird er sich nichts darauf einbilden, wenn ihm auch noch so viele Reiche ihre Bewunderung kundgeben. Weiß er doch, daß sie sich von den Bettlern nicht unterscheiden, ja sogar unglücklicher sind, denn jene bedürfen wenig, sie viel. Anderseits wieder wird es ihn völlig kalt lassen, wenn der Perserkönig oder der asiatische König Attalus seinen Gruß nicht erwidern, sondern schweigend mit stolzer Miene an ihm vorüber-

gehen. Weiß er doch, daß ihre Stellung nichts hat,
was beneidenswerter wäre als die des Aufsehers über
eine große Dienerschaft, deren Kranke und Tollköpfe
er in Zucht zu halten hat. Soll ich mich darüber
ärgern, daß mir irgend ein Gesindehändler den Gruß
nicht erwidert, der neben dem Castortempel nichts-
würdiges Sklavenpack kauft und verkauft, und dessen
Bude vollgepfropft ist von elendem Dirnengesindel?
Nein! denke ich. Denn was hat der Gutes, der über
nichts als Schurken verfügt? Wie er also dessen Höf-
lichkeit oder Unhöflichkeit für nichts achtet, so auch
die eines Königs: „Unter deinem Regiment stehen
Parther und Meder und Baktrianer. Aber was will
das heißen? Nur die Furcht hält diese Leute zusammen;
sie zwingen dich, den gespannten Bogen immer in der
Hand zu halten, sie sind deine schlimmsten Feinde,
feiles Gesindel, das immer nach einem neuen Herrn
ausschaut.“ Grund genug, daß der Weise für Beschimpfung völlig unempfänglich ist. Mögen sich die
Leute untereinander noch so sehr unterscheiden, der
Weise hält sie samt und sonders für gleich, weil sie
alle von der gleichen Torheit besessen sind. Vergäße
er sich einmal so weit, daß Unrecht oder Beschimpfung
auf ihn Eindruck machte, dann ist es mit seiner Sorgen-
losigkeit vorbei; Freiheit von Sorge aber macht gerade
das besondere Gut des Weisen aus. Er wird sich niemals dazu hergeben, einzuräumen, daß ihm eine Beschimpfung widerfahren sei; dadurch würde er dem,
der sie verübt hat, nur eine Ehre erweisen. Denn wer
die Verachtung von seiten eines anderen schmerzlich
empfindet, der freut sich auch folgerichtig, sich von
ihm hochgeachtet zu sehen.

14. Manche treiben die Torheit so weit, daß sie
meinen, von einem Weibe könne ihnen Schimpf angetan
werden. Was kommt darauf an, wie es mit seiner Frau

steht, wieviel Sänftenträger sie hat, wie schwere Ohrgehänge, was für einen bequemen Tragsessel? Gleichviel — sie ist an sich ein verstandloses Geschöpf, und wenn ihr nicht Kenntnisse zugeführt und ihre Bildung sorgsam betrieben wird, nichts als ein wildes Tier, das seiner Begierden nicht Meister ist.

Es gibt Leute, welche es übelnehmen, wenn sie vom Haarkräusler unsanft angefaßt werden oder von Beschimpfung sprechen, wenn ein Türhüter ihnen Schwierigkeit macht, oder ein Anmelder sich übermütig gebärdet, oder ein Kammerdiener eine hochfahrende Miene macht. O wie lächerlich nehmen sich diese Lappalien aus! Welche Wonne muß doch das Gemüt dessen durchströmen, der von dem tollen Gewirr dieser Torheiten seinen Blick weg auf die eigene Seelenruhe wendet! Wie also? „Soll der Weise nicht sich den Türen nähern, die ein Grobian von Türhüter bewacht?" Dies doch, wenn eine dringliche Angelegenheit ruft. Er wird's versuchen und wird den fraglichen Gesellen wie einen bissigen Hund durch dargereichte Brocken kirre machen und wird die Kosten nicht scheuen, um über die Schwelle hinwegzukommen, eingedenk des Brückenzolles, mit dem man sich doch hier und da den Übergang erkaufen muß. So verabreicht er denn jenem, der dies Bezugsrecht gegenüber den Besuchern ausübt, mag er nun sein wer er wolle, seine Gabe. Weiß er doch: was für Geld feil steht, ist eben käuflich. Es liegt etwas Kleinliches darin, wenn einer sich darauf etwas einbildet, daß er den Türhüter mit einer derben Antwort abgefertigt oder ihm seinen Stab zerbricht, oder zum Herrn sich Zutritt verschafft und um die Peitsche bittet. Wer sich dies angelegen sein läßt, macht sich zum Gegner, und gesetzt auch, er siege, so hat er sich doch mit jenem auf gleiche Linie gestellt.

„Wenn aber der Weise einen Backenstreich bekommt, was wird er dann tun?" Was Cato tat, als er ins Gesicht geschlagen wurde: er brauste nicht auf, er rächte sich nicht für die Beleidigung, er verzieh sie nicht einmal, sondern erklärte sie für überhaupt nicht geschehen. Es zeugt von größerer Seelenhoheit, daß er sie nicht anerkannte, als wenn er sie verziehen hätte. Das soll uns nicht lange aufhalten, denn wer wüßte nicht, daß nichts von alledem, was man für übel oder gut hält, für den Weisen die nämliche Bedeutung hat wie für die große Menge? Ihn kümmert's nicht, was die Menschen für schimpflich halten oder für ein Unglück, er bewegt sich nicht auf der allgemeinen Straße, sondern wie die Gestirne eine der Welt entgegengesetzte Bahn einhalten, so wandelt er seinen Weg in einer dem allgemeinen Wahne entgegengesetzten Richtung.

15. Laßt also nun ab von eueren Einwürfen, die da lauten: „Geschieht denn dem Weisen kein Unrecht, wenn man ihm Wunden schlägt, wenn man ihm ein Auge ausreißt? widerfährt ihm keine Beschimpfung, wenn man ihn über das Forum dahinjagt unter dem Wutgeschrei ruchloser Gesellen? wenn man ihm zumutet, an eines Königs Tafel den untersten Platz einzunehmen und mit Sklaven zu essen, die zu ehrlosen Diensten bestimmt sind? oder wenn er sonst sich etwas gefallen lassen muß, das sich nicht ausdenken läßt, ohne ein feineres Gefühl tief zu verletzen?" So hoch auch der Zahl oder der Bedeutung nach diese Fälle sich steigern mögen, sie sind alle derselben Art: rührt ihn nicht Kleines, dann auch Größeres nicht; rührt ihn Weniges nicht, dann auch nicht Mehr. Aber ihr macht von eurer Schwachheit den Schluß auf seine erhabene Seele, und wenn ihr den Überschlag gemacht habt über euere Leistungsfähigkeit im Erdulden, dann

rückt ihr die Grenze der Duldungsfähigkeit des Weisen ein Stückchen weiter hinauf. Aber ihm hat seine Tugend ein ganz anderes Gebiet der Welt angewiesen, das nichts mit dem eueren gemein hat. Spüre alles Grausame auf und was zu tragen schwer und zu hören und zu sehen eine Pein ist, und trage es alles zusammen: die Masse wird ihn nicht überwältigen, und wie dem einzelnen, so wird er dem Ganzen Widerstand leisten. Wer da behauptet, für den Weisen sei dieses erträglich, jenes unerträglich, wer seiner Seelengröße bestimmte Grenzen anweist, der faßt die Sache am falschen Ende an: das Schicksal bleibt Sieger über uns, wenn es nicht ganz besiegt wird. Sieh das nicht als stoische Gefühlshärte an. Epikur, den ihr zum Schutzherrn euerer Trägheit macht in dem Glauben, seine Lehre rede der Weichlichkeit, Schlaffheit und Genußsucht das Wort, äußert sich folgendermaßen: „Selten tritt dem Weisen das Schicksal in den Weg.“ Das heißt doch nahezu reden wie ein Mann! Du könntest aber noch kräftiger reden und mit dem Schicksal vollständig aufräumen! Schau da des Weisen bescheidene Wohnung, ohne Pracht, ohne Lärm, ohne Aufwand; sie wird von keinen Türhütern bewacht, welche über den Schwarm der Andrängenden mit feilem Hochmut verfügen; aber über diese leere und von Türstehern unbesetzte Schwelle findet das Schicksal keinen Eingang: es weiß, daß es da nichts zu suchen habe, wo ihm nichts gehört.

16. Wenn selbst Epikur, der für den Körper soviel übrig hat, mit den Beleidigungen so scharfe Abrechnung hält, wie kann man dann unsere stoische Ansicht für unglaublich und alles menschliche Maß überschreitend halten? Er behauptet, Beleidigungen seien für den Weisen erträglich; nach unserer Meinung gibt es für ihn überhaupt keine. Du kannst dem doch nicht entgegenhalten, das sei wider die Natur: wir leugnen nicht,

daß es unbequem sei, sich schlagen oder stoßen zu lassen oder ein Glied zu verlieren, aber alles dies ist unserer Behauptung nach keine Beleidigung; nicht das Gefühl des Schmerzes stellen wir dabei in Abrede, wohl aber die Berechtigung des Namens: der Name der Beleidigung findet da keine Anwendung, wo die Tugend unangetastet bleibt. Wer von beiden sich richtiger darüber ausdrückt, wird sich herausstellen: was aber die Verachtung der Beleidigung anlangt, so stimmen beide überein. Worin besteht also der Unterschied? So fragst du. Der Unterschied ist derselbe wie der zwischen zwei heldenhaften Gladiatoren, von denen der eine seine Verwundung nicht merken läßt und seine Haltung bewahrt, der andere sich dem aufschreienden Volke zuwendet mit der Erklärung, es sei nichts, und sich jedes Einschreiten verbittet. Es hat keinen Sinn, den Unterschied zwischen uns für bedeutend zu halten. Dasjenige, worum es sich handelt und was für euch allein Bedeutung hat, wird durch beide Beispiele uns ans Herz gelegt, nämlich Beleidigungen für nichts zu achten. Und das Nämliche gilt von den Beschimpfungen, die ich nur als Schattenbilder und Ahnungen von Beleidigungen bezeichnen möchte. Sie zu verachten, bedarf es gar nicht des Weisen sondern nur eines Mannes, der seine fünf Sinne recht beisammen hat; er kann sich fragen: „Geschieht mir das mit Recht oder mit Unrecht? Wenn mit Recht, dann ist es keine Beschimpfung, sondern es ist ein Urteil; wenn mit Unrecht, so muß der, welcher Unrecht tut, vor Scham erröten." Und was hat es denn auf sich mit dem, was man Beschimpfung nennt? Man hat sich lustig gemacht über meine Kahlköpfigkeit, über mein Augenleiden, über meine dünnen Beine und über meine Figur. Ist es denn ein Schimpf, zu hören, was jedermann sieht? Wird etwas unter vier Augen gesagt, dann lachen wir

darüber; wird es vor mehreren gesagt, dann sind wir
empört darüber, und wir räumen anderen nicht die
Freiheit ein, über Dinge zu reden, die wir ganz ge-
wohnheitsmäßig zu uns selbst sagen; maßvolle Scherze
machen uns Spaß, maßlose erwecken unseren Zorn.

17. Chrysippus erzählt, es habe sich einer entrüstet, weil ihn irgend wer einen Seewidder genannt
habe. Ich habe es erlebt, daß Fidus Cornelius, der
Schwiegersohn des Ovidius Naso, Tränen vergoß im
Senat, als ihn Corbulo [14]) einen federlosen Strauß genannt hatte; gegenüber anderen verletzenden Äußerungen gegen seinen Charakter und Wandel verzog er
keine Miene, diese Albernheit aber preßte ihm Tränen
aus: soweit geht die Schwäche der Seele, wenn die
ruhige Überlegung schwindet. Was hat es denn für
einen Sinn, sich beleidigt zu fühlen, wenn einer unsere
Sprechweise nachahmt, wenn einer unseren Gang oder
einen Fehler unseres Körpers oder unserer Zunge nach-
äfft? Als ob es bemerkenswerter würde dadurch, daß
ein anderer es nachahmt, als dadurch, daß wir selbst
es tun. Manche nehmen es übel, wenn man von ihrem
Alter oder ihrem grauen Haar und anderen Dingen
spricht, die zu erleben im allgemeinen nur wünschens-
wert ist. Der Vorwurf der Armut brennt manchen tief
in die Seele, und doch hat, wer sie zu verbergen sucht,
sie sich selbst schon zum Vorwurf gemacht. Man entwaffnet also von vornherein die mutwilligen Spötter
und Witzlinge, wenn man selbst aus freien Stücken
und zuerst seine Fehler bekennt. Niemand gibt sich dem
Gelächter preis, der sich selbst verlacht. Vatinius [15]),
ein Mensch wie geschaffen zum Gelächter und Abscheu,
war, wie man weiß, ein feiner und schlagfertiger Witz-
bold. Über seine eigenen Füße erging er sich in
manchem Scherzwort, ebenso über seinen kurzen Hals.
So entzog er sich dem Witze seiner Feinde, deren er

mehr hatte als körperliche Gebrechen, und vor allem
dem des Cicero. Konnte er das durch seine freche
Stirn, er, der durch die beständigen Schmähungen jeden
Anstandsgefühles bar geworden war, warum sollte es
dann ein Mann nicht können, der durch edle Studien
und durch Beschäftigung mit der Philosophie sich erheblich gefördert hat? Zudem ist es eine Art von
Rache, wenn man dem, der eine Beschimpfung verübt
hat, die Freude an dieser seiner Heldentat gründlich
verdirbt [16]). Da hört man denn dann gewöhnlich den
Schmerzensruf: „O weh, ich glaube, er hat mich nicht
verstanden!" Darin liegt das offene Eingeständnis, daß
der Erfolg der Schmähung davon abhänge, ob der Ge-
schmähte sie empfunden und sich darüber geärgert hat.
Übrigens wird sich dereinst schon jemand finden, der
es mit jenem aufnimmt; auch dir wird ein Rächer
erstehen.

18. Zu der Überfülle von Lastern, an denen
C. Cäsar (Caligula) litt, gehörte bekanntlich auch die
Schmähsucht. Er war wie versessen darauf, jedermann
ein Schandmal anzuheften, er, der selbst den reichsten
Stoff zum Lachen bot: eine wahrhaft abschreckende
Blässe, die Zeugin seines Wahnwitzes, der wilde
Blick seiner unter der Altweiberstirn sich bergenden
Augen, der gräßliche Kahlkopf mit dem Aufputz er-
bettelter Haare, dazu sein von Borsten starrender
Nacken, seine dünnen Beine und seine kolossalen Füße.
Ich könnte kein Ende finden, wollte ich all den Unrat
zu Markte bringen, mit dem er seine Eltern und
Großeltern sowie alle Stände bespritzt hat. Ich be-
schränke mich auf das, was ihm seinen Untergang
bereitete. Zu seinen besten Freunden gehörte Asiaticus
Valerius, [17]) ein trotziger Mann, der nicht gewillt war,
ihm angetane Schmach ruhig hinzunehmen: gegen
diesen machte er bei einem Gastmahl, also in zahl-

reicher Versammlung, mit lautester Stimme höhnische Bemerkungen über das Verhalten seiner Frau beim Beischlaf. Beim Himmel, man traute seinen Ohren nicht: dies mußte der Mann sich sagen lassen, dies wußte der Fürst, soweit ging seine Unverschämtheit, daß er, der Fürst, — ich sage nicht dem gewesenen Konsul, ich sage nicht seinem Freunde, sondern nur — dem Gatten nicht nur den Ehebruch erzählte, sondern ihm auch seine Unzufriedenheit kundgab! Dem Chaerea [18]) dagegen, dem Kriegstribun, galten nicht Worte mehr als die Tat, er war matt im Ton und einigermaßen danach angetan Mißtrauen zu erwecken, wenn man keine Kenntnis hatte von seinen Taten. Ihm gab Gaius, wenn er sich in voller Uniform das Losungswort holte, das bald Venus, bald Priapus lautete, auf ein und die andere Weise immer wieder zu verstehen, daß er ihn für einen Weichling hielt. Dabei trat er selbst in flatterndem Gewande, mit Sandalen und von Goldschmuck strahlend auf. So zwang er jenen, zum Schwerte zu greifen, um diesem Einholen des Losungswortes ein Ende zu machen. Er war es, der zuerst unter den Verschworenen die Hand erhob, er trennte ihm mit einem Hiebe den Kopf vom Rumpfe. Dann stürzten sich noch zahlreiche Rächer öffentlicher und persönlicher Beleidigungen mit ihren Schwertern auf ihn; aber er, der am wenigsten danach aussah, trat zuerst als Mann auf.

Aber dieser nämliche Gaius sah selbst alles als Beschimpfung an, wie denn die gierigsten Verleumder sich am wenigsten dazu verstehen Verleumdungen zu ertragen. Er loderte auf im Zorn gegen Herennius Macer, der ihn als Gaius begrüßt hatte, und einem Primipilaren ging es nicht ungestraft durch, daß er ihn Caligula genannt hatte, denn das war der Name, mit dem der im Lager Geborene, der Zögling der

Legionen, benannt zu werden pflegte; unter keinem anderen Namen war er den Soldaten jemals näher getreten; aber nun, da er auf dem Kothurn stand, hielt er Caligula für ein Schimpf- und Schmähwort. Wenn also unsere Nachgiebigkeit von jeder Rache abgesehen hat, so kann es uns doch zum Troste gereichen, daß ein Rächer erstehen werde, der den frechen und übermütigen Beleidiger zur Rechenschaft zieht. Denn diese frevelhaften Triebe haben nie Genüge nur an einem Menschen und an einer Beschimpfung. Blicken wir also hin auf Beispiele solcher, deren Geduld wir preisen, wie bei Sokrates, der die für das Publikum bestimmten, auf ihn berechneten Witze auf die leichte Schulter nahm und nicht weniger darüber lachte. als er von seiner Frau, der Xanthippe, mit schmutzigem Wasser begossen wurde. Dem Antisthenes ersparte man nicht den Vorwurf, daß er eine Barbarin und Thrakerin zur Mutter hätte; er erwiderte, auch die Göttermutter stamme vom Ida her.

19. Zank und Streit muß man meiden. Wir müssen uns fern davon halten und allem, was in dieser Beziehung von Unvernünftigen geschieht — es kann aber nur von Unvernünftigen geschehen —, den Rücken kehren. Ehrenbezeugungen und Beleidigungen des Volkes müssen uns gleich verächtlich sein. Darf man sich über diese nicht betrüben, so über jene nicht freuen. Sonst läßt man aus Furcht oder aus Abscheu vor Beschimpfungen manches Nötige liegen, ja setzt sich zuweilen sogar hinweg über die Erfüllung seiner Pflichten gegen den Staat wie gegen einzelne aus weibischer Besorgnis, etwa eine unliebsame Äußerung in Kauf nehmen zu müssen. Ja zuweilen werden wir im Zorn gegen die Mächtigen diese Gesinnung in unzeitigem Freiheitsdrange zu erkennen geben. Freiheit

aber besteht nicht darin, nichts zu dulden; das ist eine Täuschung. Freiheit heißt, sich innerlich über alle Beleidigungen erheben und sich zu einem Wesen machen, das aus sich selbst alle seine Freuden schöpft, während es alles Äußere nicht auf sich einwirken läßt, um nicht ein unruhiges Leben zu führen in Angst vor dem allgemeinen Gelächter und Geklätsch. Denn wer könnte uns nicht mit Beschimpfungen behelligen, wenn es e i n e r kann? Verschieden aber wird das Heilmittel sein, dessen sich der Weise bedient und der der Weisheit erst Beflissene. Den Unfertigen und noch von dem Urteil der Welt Abhängigen muß man vorhalten, daß sie selbst sich noch inmitten der Beleidigungen und Beschimpfungen bewegen müssen; alles wird denen leichter, die darauf gefaßt sind. Je höher einer steht an Geburt, Ruf und Besitz, um so tapferer muß er sich halten, eingedenk, daß die höheren Stände in der vordersten Schlachtreihe stehen. Beschimpfungen, Schmähworte, Verspottungen und sonst Ehrrühriges muß er über sich ergehen lassen wie das Kampfgeschrei von Feinden und wie Pfeile und Wurfsteine, die ohne zu verwunden um die Helme herumschwirren; mit Beleidigungen aber muß er es halten wie mit Wunden, mögen sie die Waffen oder die Brust treffen: er muß sie ohne zu wanken, ja ohne auch nur einen Schritt zu weichen über sich ergehen lassen. Magst du auch noch so großem Druck ausgesetzt sein und von Feindesgewalt bedrängt werden, weichen darfst du nicht; das wäre eine Schande: du mußt den Posten behaupten, den die Natur dir angewiesen hat. Du fragst, was das für ein Posten sei? Der des Mannes. Der Weise hingegen hilft sich anders, auf ganz entgegengesetzte Art. Ihr nämlich seid noch mitten im Kampfe, er hat den Sieg schon errungen. Macht euch nicht selbst zu Gegnern eures Gutes, nähret vielmehr, bis ihr zur Wahrheit gelangt seid, diese Hoffnung in eurer Seele, lasset freudig das Bessere in euch eingehen und fördert es durch Glauben und Gelübde. Daß es etwas Unbesiegbares gibt, daß es einen Menschen gibt, dem das Schicksal nichts anhaben kann, das ist eine Satzung des allgemeinen Menschenstaates.

Vom Zorn.

An Novatus.

Einleitung.

Wie alle Stoiker war Seneca ein eifriger Verfechter des
Dogmas von der unbedingten Verwerflichkeit aller Affekte. Nicht
bloß bekämpft und gemäßigt werden sollten die Affekte, wie es
die platonische und aristotelische Lehre verlangte: sie sollten vollständig ausgerottet werden. Selbstverständlich bezog sich dies
auch auf den Zorn, dem Platon und Aristoteles bis zu einem gewissen Grade das Wort geredet hatten. Die platonische Psycho-
logie unterscheidet drei Seelenteile, Verstand, Herzhaftigkeit und
Begierde, die dem Range nach so zueinander stehen, daß der Verstand den ersten Platz einnimmt, die Begierde den letzten, die
Herzhaftigkeit oder, wie Platon es meist nennt, das Zornartige
(ϑυμοειδές) den mittleren, aber so, daß es dem Verstande näher-
steht als der Begierde; denn Platon macht dies Zornartige geradezu zum Genossen und Waffenträger des Verstandes. Die
griechische Sprache kam dem halbwegs entgegen, indem sie mit
dem Worte ϑυμός einerseits den reinen, mit der Tapferkeit eng
verwandten Mut bezeichnet, anderseits es als Synonymum nimmt
zu ὀργή, d. i. Zorn. Ähnlich behauptete Aristoteles, der Zorn sei
für die gesunde Gestaltung des tätigen Lebens etwas Unentbehr-
liches; er sei es, der zu frischem und mutigem Handeln, zur Bereitschaft für kriegerische Abwehr des Feindes verhelfe. Aber, fügte
Aristoteles vorsichtig hinzu, er darf nicht unser Befehlshaber,
sondern muß unser folgsamer Soldat sein. Und manche Peripatetiker drückten sich noch viel kräftiger aus, indem sie sagten,
man schneide der Seele geradezu ihre Sehnen aus, wenn man Zorn
und Entrüstung aus ihr tilgen wolle (Philodemos περὶ ὀργῆς bei
Rose, Aristot. fragm. 80). Sie dachten dabei mehr an die Herzhaftigkeit als an den Zorn. Seneca deutet seinerseits zwar selbst
(de ira I, 9) die Möglichkeit einer solchen Unterscheidung an,
hält sich aber bei seiner Polemik gegen Aristoteles lediglich an
die Deutung des Zornes im engeren Sinn. Cicero äußert sich

in seiner Schrift von den Pflichten (de offic. I, 25, 88ff.) dazu
folgendermaßen:

„Diejenigen verdienen keine Beistimmung, die da meinen,
man müßte von heftigem Zorn erfüllt sein gegen die Feinde, und
die darin das Kennzeichen eines hochherzigen und heldenhaften
Mannes sehen. Denn nichts ist lobwürdiger, nichts eines großen
und trefflichen Mannes würdiger als Versöhnlichkeit und Milde.
In freiheitlichen Gemeinwesen und bei gleichmäßig gehandhabter
Rechtspflege herrscht ein gewisses Entgegenkommen, eine gewisse
Behutsamkeit, um nicht gegen Leute, die sich zur Unzeit an uns
herandrängen oder unverschämte Forderungen an uns stellen, in
Zorn auszubrechen und dadurch einem unnützen und unleidlichen
Eigensinn zu verfallen. Gleichwohl verdient Gutherzigkeit und
Milde nur unter der Bedingung Billigung, daß von Staats wegen
Strenge in Geltung bleibt, ohne welche ein Gemeinwesen nicht
in Ordnung gehalten werden kann. Jede Ahndung und Züchtigung aber muß sich freihalten von Ehrenkränkung. Vor allem
muß man sich bei Bestrafungen vor Zorn hüten. Denn niemals
wird, wer voll Zornes zur Strafe schreitet, die richtige Mitte
zwischen dem Zuviel und Zuwenig einhalten, für welche die Peripatetiker eintreten, und dies mit Recht, wenn sie nur nicht die
Zornsucht lobten und erklärten, sie sei eine nützliche Gabe der
Natur." Die einzige Ausstellung, die hier Cicero an den Peripatetikern macht, führt sich im Grunde darauf zurück, daß er auf
die den Peripatetikern geläufige Gleichstellung von Mut und Zorn
($\vartheta\upsilon\mu\acute{o}\varsigma$ und $\acute{o}\varrho\gamma\acute{\eta}$) nicht achtet. Cicero konnte sich also mit den
Peripatetikern noch ganz leidlich abfinden. Dagegen schuf die
schroffe Affektenlehre der Stoiker eine unübersteigliche Kluft
zwischen diesen und den Peripatetikern. Die Erregbarkeit zum
Zorn für eine nützliche Gabe der Natur zu erklären, war in ihren
Augen nichts anderes als eine Sünde wider den heiligen Geist.
Daß sie selbst das Kind mit dem Bade ausschütteten, wenn sie
jede Zorneserregung für Teufelswerk hielten, dafür hatten sie nicht
das mindeste Verständnis. Sie kennen keine Unterscheidung
zwischen edlem und unedlem Zorn, zwischen gerechter Entrüstung
und wütender Rachsucht. Ist es etwas anderes als Zeichen eines
edlen Herzens, wenn einer beim Anblick etwa der Mißhandlung
eines alten, schwächlichen Vaters' durch seinen ungeratenen
kräftigen Sohn dem ersteren voll Zorn zu Hilfe eilt? Dies nur
einer von tausend Fällen, in denen es sich um gerechte Entrüstung handelt. Die Stoiker aber machte ihr Schuldogma taub
gegen alle Überredungskraft der Tatsachen.

Senecas Schrift ist wohl die ausführlichste Behandlung, welche dies Thema im Altertum erfahren hat. Trotz ihrer verfehlten Grundansicht und Grundabsicht ist sie nicht nur in der Darstellung überaus lebendig und unterhaltend, sondern auch vielfach wirklich belehrend. So wird z. B. niemand ohne Nutzen den Abschnitt über Erziehung im zweiten Buch, c. 19 ff., lesen. Hier wie überall zeigt sich Seneca als scharfer Beobachter der Menschen in allen ihren Lebensäußerungen. Daß er gerade unserem Thema eine so eingehende Behandlung zuteil werden ließ, mag seinen Grund zum Teil darin haben, daß es wohl kaum ein Volk gegeben hat, bei dem der Zorn in eindrucksvolleren Formen hervortrat als bei den Römern. Man kann dies noch erkennen an ihren heutigen Nachkommen. Auch bei flüchtigem Besuche Italiens kommt man leicht in die Lage, Zeuge eines sich abspielenden Zornesungewitters zu sein in seiner raschen Entwicklung vom ersten dumpfen Grollen bis zur entfesselten Wut der Leidenschaft, begleitet von den Blitzen der flammenden Augen und dem Donner der gewaltsam gesteigerten Stimme. Seneca hatte das reichste Beobachtungsfeld: Wutausbrüche kaiserlicher Majestät waren ihm nicht minder bekannt wie das gelegentliche Zornesgebahren seiner Sklaven. An Belegen dafür fehlt es in seinem Buche nicht. Natur- und Völkerkunde tragen dazu bei, das Interesse an seinen Schilderungen zu steigern. Was die Form der Darstellung anlangt, so zeigt sie die Eigenart Senecas in ihren Tugenden und Reizen ebenso wie in ihren Untugenden und Unarten.

Die Zeit der Abfassung der Abhandlung läßt sich nicht sicher bestimmen. Sie scheint vor der Rückkehr aus dem Exil abgeschlossen und nicht in einem Zuge geschrieben zu sein. Die Disposition zeigt manche Mängel. Namentlich macht das dritte Buch mehr den Eindruck eines Nachtrages als eines organischen Abschlußgliedes.

Inhaltsübersicht.

Erstes Buch.

Kennzeichnung des Zornes als der abscheulichsten von allen Leidenschaften nach ihren äußeren Merkmalen wie nach ihrem Wesen und ihren Wirkungen. c. 1, 2. Begriffsbestimmung im Gegensatz zu den Definitionen anderer. Gegensatz der Menschen und Tiere in Bezug auf den Zorn. Unterschied von Zorn und Zornsucht. c. 3, 4.

Der Zorn ist etwas Unnatürliches und vor allem fernzuhalten von jedem Einfluß auf den Strafvollzug. c. 5, 6.

Widerlegung der Peripatetiker, die den Zorn als eine nützliche Gabe der Natur ansehen, teils durch Vernunftgründe, teils durch Beispiele. c. 7—11. Auch aus Liebe zu anderen darf man nicht zürnen. Widerlegung des Theophrastos. Gegensatz des Guten, das durch Zunahme besser, und des Zornes, der durch Zunahme schlimmer wird. c. 12, 13.

Jede Einmischung von Zorn in die Strafe ist vom Übel. Der Zorn hat mit Kraft und Geistesgröße nichts zu schaffen. c. 14—16.

Zweites Buch.

I. Von der Natur des Zornes. c. 1—17.

Der Zorn ist ein Erzeugnis unserer Seele, nicht einer mechanischen Einwirkung von außen. Die Vernunft ist also imstande, über ihn Herr zu werden. c. 1, 2.

Definition des Affektes. Unterschied von anderen Gemütszuständen sowie von körperlichen Erregungen. Entwicklung der Zornesleidenschaft, ihr Unterschied von der Grausamkeit, die erst eine Folge des Zornes ist. c. 3—5.

Einwurf: Der Tugend kommt es zu, über die Laster zu zürnen. Widerlegung: Die Natur der Tugend widerstreitet dem Zorn, der sich mit ihrer Würde und ihrem inneren Glück nicht verträgt; sie weiß sich mit dem Anblick des Lasters als einer unvermeidlichen Erscheinung abzufinden; Verirrungen sind etwas Allgemeines und Natürliches, das keinen Grund für den Zorn abgeben kann. c. 6—10.

Widerlegung des Einwurfes, der Zorn sei etwas Großes, weil er imponiere und Furcht erwecke und weil er, wie so vieles in der Natur, unausrottbar sei. c. 11—13.

Der Weise meidet den Zorn und gibt sich höchstens ab und zu den Schein desselben, wo die Trägheit und Unvernunft sich durch keine anderen Mittel bekämpfen läßt. Es folgt die Widerlegung des Einwurfes, daß die kräftigsten und freiesten Nationen die zornsüchtigsten seien. c. 14—17.

II. Mittel gegen den Zorn.

Es muß von früh ab durch wohlerwogene Erziehung gegen das Aufkommen des Zornes angekämpft werden, immer nach Maßgabe der besonderen natürlichen Beschaffenheit der Individuen, wie sie durch jeweilige Zusammensetzung der körperlichen Elemente bestimmt ist. c. 18—22. Man muß alle Anlässe zum Zorn nach Möglichkeit meiden und mit Bedacht allem entgegenarbeiten, was sachlich oder durch persönliche Beziehungen den Zorn nähren

könnte. Ferner muß man sich beizeiten eine klare Vorstellung
von dem bilden, was überhaupt seinem Wesen nach nicht Gegenstand unseres Zornes sein kann und darf. Um bei Widerwärtig-
keit gelassen zu bleiben, wird es bei ruhigem Durchdenken der
Sachlage nicht an Trostgründen fehlen. c. 23—31.

Das Verlangen nach Wiedervergeltung ist nicht berechtigt.
Man muß lernen, Beleidigungen zu verachten. Gegen Mächtigere
rechthaberisch aufzutreten ist unklug. Gegen Gleiche ist Rache
unsicher, gegen Schwächere ehrlos. c. 32 - 34. Auch zur Verteidigung ist der Zorn ein schlechtes Mittel; er bleibt häßlich in
jeder Beziehung und schadet am Ende nur uns selbst. c. 35.

Drittes Buch.

Die Vergleichung des Zornes mit anderen Leidenschaften
zeigt, daß er mit besonderer Behutsamkeit bekämpft werden muß.
Erfaßt er doch nicht bloß einzelne, sondern ganze Volksmassen,
und zwar im Augenblick, und reißt sie mit sich fort zu sinnlosem
Beginnen. Und ist ihm in Aristoteles ein Anwalt erstanden, so
tut es um so mehr not, auf alles zu achten und vor allem zu
warnen, was danach angetan ist, ihm Vorschub zu leisten, wie
z. B. Überhäufung mit schwierigen Geschäften, körperliche oder
geistige Überanstrengung, Verkehr mit mürrischen oder wider-
spenstigen Menschen und dergleichen mehr. c. 1—9. Es gilt,
genau acht zu haben auf die Symptome seiner Annäherung, und
alles zu tun, um seinem Ausbruch vorzubeugen, auch sich nicht
zu scheuen, die Hilfe der Freunde zu diesem Ende in Anspruch
zu nehmen, vor allem auch sich das Beispiel hervorragender
Männer gegenwärtig zu halten, wie das des Platon und Pisistratus,
die die Regungen des Zornes durch strenge Selbstbeherrschung
siegreich zu bekämpfen vermochten. c. 10—13.

Dem vernichtenden Zorne der Mächtigen, wie dem eines
Cambyses, Darius, Xerxes, Sulla, Caligula, muß man vorsichtig
auszuweichen versuchen, im schlimmsten Falle durch den mit
eigener Hand herbeigeführten Tod. Den Beispielen unmenschlicher Grausamkeit werden solche von edler Mäßigung entgegengesetzt: Antigonus, Philippus, Augustus. c. 14—24.

Weitere Betrachtungen über die Mittel zur Mäßigung des
Zornes, der, wenn er sich gehen läßt, sich selbst zur Strafe wird.
Man mache sich klar, daß das meiste, was den Zorn der Menschen
erregt, des Zornes nicht wert ist. c. 25—35.

Das wirksamste Besänftigungsmittel ist die tägliche Einkehr
in sich selbst. Man lasse keinen Tag vorübergehen, ohne sich

des Abends vor dem eintretenden Schlummer die genaueste und
unnachsichtigste Rechenschaft abgefordert zu haben. Dann wird
man auf alles gefaßt sein. c. 36—40.

Das Buch schließt mit Ratschlägen zur Stillung des Zornes
anderer und der nochmaligen Betonung der Notwendigkeit der
gänzlichen Ausrottung des Zornes. c. 41, 42.

Erstes Buch.

1. Du hast mich aufgefordert, mein Novatus, zur
Abfassung einer Schrift über die Mittel, durch die
man den Zorn beschwichtigen könne, und du hast, wie
mir scheint, auch allen Grund dazu, gerade diese
Leidenschaft zu fürchten, die unter allen die wider-
wärtigste und rasendste ist. Die anderen nämlich
haben doch immerhin noch etwas Ruhiges und Ge-
lassenes; diese aber ist ganz nur Aufregung und
Schmerzenssturm, rasend in unmenschlicher Begier nach
Waffen, Blut und Todesstrafe, nur erpicht darauf, dem
anderen zu schaden, und dabei die Achtung vor sich
selbst vergessend, sich mitten hineinstürzend in den
Pfeilregen und schnaubend nach Rache, die den Rächer
selbst mit ins Verderben zu ziehen droht. Es hat
daher Philosophen gegeben, die den Zorn einen zeit-
weiligen Wahnsinn nannten; denn ähnlich wie dieser
ist er nicht Herr über sich selbst, setzt sich über
allen Anstand hinweg, vergißt alle Verwandtschafts-
bande, hält starr und steif an seinem Vorsatz fest,
verschließt sich jeder vernünftigen und heilsamen
Überlegung, läßt sich durch nichtige Ursachen zur
Flamme entfachen, hat kein Auge für Billigkeit und
Wahrheit: so gleicht er dem einstürzenden Gebäude,
welches über dem Untergrund, auf den es stürzt, in
Trümmer zerschellt. Um aber zur Gewißheit zu gelangen, daß die vom Zorn Besessenen nicht recht bei
Verstande sind, wirf nur einen prüfenden Blick auf
ihr äußeres Gebaren. Denn wie für Tobsucht sichere

Kennzeichen sind der freche und drohende Blick, die
düstere Stirn, der hastige Gang, die zuckenden Hände,
die auffallende Gesichtsfarbe, das häufige und krampf-
hafte Atemholen, so finden sich die nämlichen Kennzeichen auch an den Zornigen: die Augen flammen und
blitzen, das ganze Antlitz ist hochgerötet durch den
Andrang des aus dem tiefsten Herzen emporquellenden
Blutes, die Lippen zittern, die Zähne pressen sich zusammen, die Haare richten sich starrend empor, der
Atem ist schwer und geräuschvoll, man hört förmlich,
wie sich die Glieder in den Gelenken drehen, dazu
ihr Stöhnen und Brüllen und ihre stoßweise hervor-
geschleuderten, unverständlichen Worte, das häufige
Zusammenschlagen ihrer Hände, das Stampfen der
Füße auf den Boden, das Beben des ganzen Körpers und seine furchtbar drohende Haltung, das
ganze schauerliche und entsetzliche Aussehen solcher
sich selbst entstellenden und zur Unkenntlichkeit an-
schwellenden Menschen — man fragt sich: ist ein
solcher Zustand mehr verabscheuungwürdig oder häßlich? Andere Leidenschaften lassen sich verdecken
und im Verborgenen nähren: der Zorn tritt offen
hervor und gibt sich dem Blicke preis, und je heftiger
er ist, um so sichtbarer braust er auf. Beobachte nur
die Tiere: sobald sie sich in schädlicher Absicht erheben, kann man gewisse Vorzeichen wahrnehmen:
ihr ganzer Körper legt seine gewöhnliche, ruhige
Haltung ab und läßt erkennen, daß es ihnen auf Anspannung ihrer wilden Triebe ankommt: dem Eber
steht der Schaum vor dem Rachen und die Zähne
werden durch Reiben geschärft, der Stier bohrt mit
den Hörnern in die Luft und wühlt mit den Beinen
den Sand auf, der Löwe knurrt, die Schlange bläht
den gereizten Hals auf, und angstvoll ist der Anblick
wütender Hunde: kein Tier ist so furchtbar und von

Natur so verderblich, daß sich nicht, sobald der Zorn
sich seiner bemächtigt, ein weiterer Zuwachs von
Wildheit zu erkennen gäbe. Ich weiß recht wohl:
auch die übrigen Leidenschaften lassen sich kaum verbergen, die Wollust, die Furcht und die Kühnheit
haben ihre Merkmale und lassen sich voraus erkennen;
denn jede auch nur einigermaßen heftig auftretende
innere Erregung spiegelt sich unfehlbar irgendwie auf
dem Gesicht ab. Worin besteht also der Unterschied?
Die anderen Leidenschaften lassen sich erkennen, der
Zorn aber drängt sich den Augen auf.

2. Willst du sodann den Blick auf die Wirkungen
und verheerenden Folgen des Zornes richten, so kannst
du kein Unheil finden, das dem menschlichen Geschlecht
mehr Opfer abgefordert hätte. Da zeigen sich dem
Blick Szenen von Mord und Vergiftung, von gegenseitigen schmutzigen Beschuldigungen; da schaust du
die Niederlagen von Städten, den Untergang ganzer
Völker, die öffentliche Versteigerung der Köpfe von
Fürsten, die Brandfackeln, die in die Häuser geschleudert werden, und das Feuermeer, das sich über
die Mauern der Städte hinaus ergießt und ganze un-
geheuere Länderstrecken grauenvoll erleuchtet. Blicke
hin auf die berühmtesten Staaten, deren Anfänge sich
in das Dunkel der Vergangenheit verlieren: der Zorn
hat sie zertrümmert. Blicke hin auf die meilenweit
sich hinziehenden Einöden: der Zorn hat sie entvölkert.
Blicke hin auf die geschichtlich bekannten Feldherren
als auf Beispiele unheilvollen Geschickes: den einen
hat der Zorn auf seinem Ruhelager mit dem Schwert
durchbohrt, den anderen hat er am geheiligten gast-
lichen Tische gemordet, den einen hat er inmitten
seiner der Gesetzgebung dienenden Tätigkeit und
unter den Augen des zahlreich versammelten Volkes
zerfleischt, den anderen unter der Hand seines vater-

mörderischen Sohnes umkommen lassen, dem einen die königliche Kehle mit dem Dolch durch Sklavenhand durchbohren lassen, den anderen seine Glieder an das Kreuzesholz ausspannen lassen. Doch ich will dich nicht aufhalten mit der Herzählung der Todesstrafen einzelner: du kannst, wenn du von diesen auf einzelne bezüglichen Fällen absiehst, ganze Volksversammlungen durch das Schwert hingemordet sehen, du kannst einen ganzen Menschenhaufen von Soldatenhänden niedergemacht, ganze Völker zu unterschiedslosem Verderben verurteilt sehen [1] . . . . . . als ob sie sich unserer Fürsorge entzögen oder unsere Macht nicht anerkennen wollten. Wie? Warum zürnt denn das Volk den Gladiatoren, und zwar so unbilligerweise, daß es sich beleidigt glaubt, wenn jene nicht freudig sich dem Tode preisgeben? Es sieht darin eine Rücksichtslosigkeit gegen sich und bleibt nicht Zuschauer, sondern wandelt sich durch Miene, Haltung und leidenschaftliche Erregung zum Gegner um. Was es damit auch auf sich haben mag, Zorn ist das nicht, sondern nur ein scheinbarer Zorn, wie bei Knaben, die, wenn sie hingefallen sind, den Boden dafür mit Schlägen gezüchtigt sehen möchten; dabei wissen sie überhaupt gar nicht, warum sie zürnen, sondern zürnen eben ohne Ursache und ohne Beleidigung, indes doch nicht ganz ohne einen Schein von Beleidigung, und nicht ohne wirkliche Rachbegier. Man macht ihnen also etwas weis, indem man durch Vorspiegelung von Prügeln den angeblichen Missetäter unter Tränen Abbitte leisten läßt; dabei beruhigen sich die Knaben, und der Scheinschmerz wird durch die Scheinrache abgetan.

3. „Wir zürnen", wirft man uns ein, „oft nicht denen, welche uns wehe getan haben, sondern denen, welche uns wehe tun wollen; woraus doch folgt, daß der Zorn nicht seinen Ursprung in uns widerfahrenem

Unrecht habe." Allerdings, wir zürnen denen, die uns
beleidigen wollen, aber sie beleidigen uns schon durch
die bloße Absicht: wer den Willen hat, uns zu beleidigen, der beleidigt uns schon.

Man wirft uns ferner ein: „Der Zorn ist keine
Begierde nach Strafe, denn häufig zürnen die
Schwächsten den Mächtigsten, ohne dabei doch auf
Bestrafung auszugehen, auf die sie überhaupt keine
Hoffnung haben."

Zunächst haben wir den Zorn bezeichnet als Begierde nach zu vollziehender Rache, nicht aber als
Vermögen dazu; die Wünsche der Menschen sind
aber auch auf Dinge gerichtet, die sie nicht erreichen
können. Ferner ist kein Mensch so unbedeutend, daß
er die Bestrafung auch des Höchstgestellten nicht
hoffen könnte. Schaden zu tun steht in unserer Macht.
Des Aristoteles Begriffserklärung weicht von der
unseren nur wenig ab. Er sagt nämlich, der Zorn
sei die Begierde nach Erwiderung der Beleidigung [2]).
Den Unterschied zwischen dieser und unserer Definition
zu erläutern würde zu weit führen. Gegen beide
Definitionen wendet man ein, daß ja auch die Tiere
dem Zorn zugänglich seien, ohne durch Unrecht gereizt zu sein und ohne die Absicht, andere mit Strafe
oder Leid heimzusuchen. Denn gesetzt auch, sie täten
dies, so ist es doch nicht ihre Absicht. Vielmehr liegt
die Sache so: wilde Tiere sind des Zornes nicht fähig,
und dies gilt von allen lebenden Wesen außer dem
Menschen. Denn der Zorn steht zwar in feindlichem
Verhältnis zur Vernunft, entsteht aber nur da, wo
Vernunft ihre Stätte hat. Triebe finden sich bei den
Tieren, Wut, Wildheit, Losstürmen, Zorn dagegen
ebensowenig als Schwelgerei, mögen sie auch gewissen
Lüsten zügelloser hingegeben sein als der Mensch. Man
braucht dem Dichter nicht zu glauben, welcher sagte [3]):

> Da vergißt der Eber zu zürnen, nimmer dem Schnellauf
> Trauet die Hindin, der Bär rennt nicht aufs kräftige Zugvieh.

Zürnen heißt hier so viel wie angereizt, angestachelt werden. Zürnen können sie ebensowenig wie verzeihen. Die sprachlosen Tiere haben keine menschlichen Leidenschaften, wohl aber haben sie gewisse diesen ähnliche Triebe. Anders kann es nicht sein. Hätten sie Liebe, dann auch Haß, hätten sie Freundschaft, dann auch Zwist, wenn Zwietracht, dann auch Eintracht. Davon finden sich auch bei ihnen gewisse Spuren, aber Gutes und Böses im eigentlichen Sinn gehört nur der Menschenbrust an. Nur der Mensch darf sich des Besitzes der Klugheit, der Voraussicht, der Gewissenhaftigkeit und Überlegung rühmen; die Tiere teilen weder die menschlichen Vorzüge, noch die menschlichen Fehler. Ihre ganze äußere und innere Gestaltung ist der menschlichen unähnlich. Jener königliche und leitende Seelenteil ist anders gebildet. Wie sie zwar eine Stimme haben, die aber undeutlich und verworren und der Wortbildung nicht fähig ist, wie sie eine Sprache haben, die aber gebunden und keiner freigestaltenden Mannigfaltigkeit fähig ist, so ermangelt auch der leitende Seelenteil bei ihnen der Schärfe und Genauigkeit. Er empfängt also zwar Eindrücke und Vorstellungen der Dinge, durch die er zu Trieben angeregt wird; allein diese Vorstellungen sind trübe und verworren. Daher das Ungestüm, mit der die Triebe hervorbrechen und sich austoben. Es ist aber nicht Furcht, Bekümmernis, Traurigkeit und Zorn, sondern nur etwas dem Ähnliches. Daher das rasche Verschwinden und die Verwandlung ins Gegenteil: sie mögen noch so sehr in Wut und angstvoller Erregung gewesen sein, gleich kann man sie wieder ruhig beim Futter sehen, und dem tollen Brüllen und Hin- und Herlaufen folgt alsbald Ruhe und tiefer Schlaf.

4. Damit ist das Wesen des Zornes hinreichend
dargelegt. Der Unterschied des Zornes von der Zornsucht (*iracundia*) ist klar: es ist derselbe wie der
zwischen einem Betrunkenen und einem Trunkenbold,
zwischen einem, der sich fürchtet, und einem Furchtsamen. Die weiteren Artunterschiede des Zornes, für
welche die Griechen ihre besonderen Namen haben,
werde ich übergehen, weil wir keine bestimmten Be-
zeichnungen dafür haben, obschon wir von reizbaren
und barschen Menschen reden, nicht weniger auch von
verdrießlichen, auffahrenden, lärmenden, unhöflichen
und groben Menschen, was alles unter die Artunterschiede des Zornes gehört; darunter kann man auch
den Mürrischen rechnen, eine Art entnervter Zornsucht.
Es gibt nämlich gewisse Arten von Zorn, die es beim
bloßen Lärmen belassen, andere, die ebenso hartnäckig
wie häufig sind, wieder andere, die sich weniger in
Worten als in Handgreiflichkeiten betätigen, noch
andere, die sich in bitteren Schmäh- und Schimpfreden
äußern, während andere es bei Klagen und abschlägigen
Bescheiden bewenden lassen; wieder andere sind tief und
ernst und nach innen gekehrt; und so gibt es noch
tausend andere Arten des vielgestaltigen Übels.

5. Soviel über das Wesen des Zornes sowie über
die Fragen, ob er irgend einem anderen Geschöpfe zu-
komme als dem Menschen, wie er sich von der Zornsucht unterscheide und wieviele Arten desselben es gibt.
Nunmehr gilt es, zu untersuchen, ob der Zorn der Natur
gemäß sei und nützlich, und ob er in irgendwelcher
Hinsicht Befürwortung verdiene.

Ob er naturgemäß sei, wird sich herausstellen,
wenn wir den Menschen scharf ins Auge fassen. Gibt
es etwas Milderes als ihn, so lange seine Seele in der
richtigen Verfassung ist? Was aber wäre grausamer
als der Zorn? Was ist liebevoller gegen andere als

der Mensch? Was feindseliger als der Zorn? Der Mensch ist zu gegenseitiger Hilfeleistung geschaffen, der Zorn zielt auf Vernichtung; der Mensch wünscht Gemeinschaft, der Zorn Trennung; der erstere will nützen, der andere schaden; der erstere will auch den Unbekannten hilfreich sein, der andere auch die ihm Nächststehenden behelligen; der eine ist bereit, sich selbst aufzuopfern zum Besten anderer; der andere scheut keine Gefahr für sich selbst, wenn er nur andere mit hinreißen kann. Wer also verkennt mehr das naturgemäße Verhältnis der Dinge als der, der dem besten und vollkommensten Erzeugnis der Natur dieses wilde und verderbliche Laster beilegt? Der Zorn, wie gesagt, ist erpicht auf Strafe, und doch steht es keineswegs in Einklang mit der Natur des Menschen, daß seinem friedlichen Herzen dieses Verlangen innewohne. Das menschliche Leben gründet sich auf werktätiges Entgegenkommen und Eintracht und wird nicht durch Schrecken sondern durch gegenseitige Liebe zum Bunde und zu gegenseitiger Hilfeleistung zusammengefaßt.

6. „Wie also? Wäre nicht ab und zu eine Züchtigung nötig?“ Warum nicht? Aber das ist nicht Sache des Zornes sondern der Vernunft; geht doch die Züchtigung nicht auf Schaden aus sondern auf Heilung, mag sie auch dem Scheine nach schaden. Wie wir verkrümmte Pfähle, um sie gerade zu richten, bisweilen mit Feuer und Keilen behandeln, nicht um sie zu zerbrechen, sondern um sie zu strecken, so legen wir die bessernde Hand auch an die der Sünde verfallenen Geister, indem wir dem Körper und der Seele Schmerz bereiten. Wie macht's denn der Arzt? In leichteren Fällen sucht er zunächst, ohne tiefere Eingriffe in die tägliche Gewohnheit, für Speise, Trank und Bewegung eine feste Ordnung einzuführen und der Gesundheit nur durch eine veränderte Lebenshaltung aufzuhelfen.

An nächster Stelle soll dann das rechte Maß seine
Dienste leisten; wenn Mäßigkeit und Ordnung nicht
hilft, so entzieht er dies und jenes und läßt Be-
schränkungen eintreten; und führt auch das nicht zum
Ziel, so untersagt er die Speisen überhaupt und ent-
lastet den Körper durch Fasten; versagen die gelinderen
Mittel, so schlägt er eine Ader und legt Hand an die
Glieder, wenn sie durch ihren Zusammenhang schädlich
wirken und die Krankheit weiter verbreiten: kurz,
kein Heilverfahren scheint hart, wenn der Erfolg heilsam ist. So ziemt es dem Gesetzeshüter und Lenker
des Staates, so lange wie möglich durch den Einfluß
des Wortes, und zwar des sanfteren Wortes, auf die
Geister bessernd zu wirken in der Weise, daß er sie
auf ihre Pflichten hinweist und die Herzen erfüllt mit
lebhaftem Eifer für Recht und Billigkeit und das
Laster verhaßt, die Tugend aber preiswürdig macht.
Dann erst geht er zu ernsteren Vorhaltungen über, die
sich aber noch auf Mahnung und Tadel beschränken;
so spät als möglich schreite er zu Strafen, und auch
diese seien zunächst noch leicht und widerrufbar; die
Todesstrafen, als die äußersten, wende er nur für die
allerschwersten Verbrechen an; denn niemand soll dem
Tode verfallen außer dem, für den der Tod selbst ein
Gewinn ist. Nur in e i n e r Beziehung wird er dem
Arzte nicht ähnlich sein: der Arzt macht dem, dem
er das Leben nicht schenken kann, das Ende leicht;
dieser dagegen läßt die Verurteilten unter Schmach
und öffentlicher Beschimpfung aus dem Leben scheiden,
nicht als ob er Freude hätte an irgend jemandes Bestrafung — eine so unmenschliche Rohheit liegt dem
Weisen ganz fern —, nein, sie sollen allen zur War-
nung dienen, und da sie im Leben unnütze Glieder der
menschlichen Gesellschaft waren, so soll ihr Tod
wenigstens dem Staate einigen Nutzen schaffen.

Von Natur also verlangt der Mensch nicht nach Strafe; daher ist auch der Zorn nicht der Natur des Menschen gemäß; denn gerade er verlangt ja nach Strafe. Ich kann mich auch auf Platons[4]) Urteil berufen — denn was schadet es, fremde Meinungen zu benutzen, soweit sie auch die unseren sind? — „Der Tugendhafte", sagt er, „tut niemandem ein Leid an." Die Strafe tut ein Leid an: also paßt sie nicht für den Tugendhaften, ebensowenig also auch der Zorn, denn Strafe und Zorn gehören zusammen. Wenn der Tugendhafte an der Strafe keine Freude hat, so wird er auch keine Freude haben an der Leidenschaft, welcher die Strafe eine Wonne ist: folglich ist der Zorn nicht naturgemäß.

7. Mag nun auch der Zorn nicht naturgemäß sein, muß man ihn doch nicht gelten lassen, weil er sich häufig als nützlich erwiesen hat? „Er gibt dem Geist einen gewissen Schwung und Sporn; ohne ihn richtet im Kriege die Tapferkeit nichts Großartiges aus, ohne ihn fehlt das begeisternde Feuer und die lebendige Triebkraft, welche die Beherzten sich den Gefahren entgegenwerfen läßt." Daher erscheint es manchen als das beste, den Zorn zu mäßigen, nicht aber zu tilgen, und nach Abzug des Überschüssigen ihn auf ein heilsames Maß zu beschränken, immer aber soviel beizubehalten, als hinreicht, um die Tätigkeit nicht erlahmen und Kraft und Frische der Seele nicht verschwinden zu lassen.

Erstens ist es leichter, Verderbliches auszuschließen als es sich gefügig zu machen, und es nicht zuzulassen, als, wenn dies geschehen, es in Schranken zu halten. Denn hat sich dies Verderbliche einmal als unentbehrlicher Besitz in uns eingenistet, so wird es mächtiger als der, der es zu leiten hat, und läßt sich nicht mehr beschneiden oder mindern. Sodann aber ist die Ver-

nunft selbst, welche die Zügel zu führen hat, nur so
lange mächtig, als sie sich von den Leidenschaften fernhält; hat sie sich mit ihnen vermischt und sich dadurch verunreinigt, dann vermag sie nicht mehr sie
im Zaume zu halten, während sie doch imstande gewesen wäre sie von vornherein zu entfernen. Denn
ist die Seele einmal in Bewegung gesetzt und aus dem
Gleichgewicht gekommen, so wird sie zur Dienerin
dessen, der auf sie einwirkt. Bei manchen Dingen
liegen die Anfänge noch in unserer Hand; im weiteren
Verlaufe aber reißen sie uns mit sich fort und machen
den Rückzug unmöglich. Wie der einmal in jähen
Sturz geratene Körper keine Verfügungskraft mehr
über sich hat, so daß an keinen Widerstand und kein
Aufhalten mehr zu denken ist, wie vielmehr dieser
unwiderrufliche Zug nach unten jede Besinnung und
Reue abschneidet und man nun unbedingt dahin gelangen muß, wohin man überhaupt nicht seine Schritte
hätte zu wenden brauchen, so ist es der Seele, wenn
sie einmal sich der Liebe und anderen Leidenschaften
preisgegeben hat, nicht mehr verstattet den Ansturm
zurückzuweisen; sie wird notwendig fortgerissen und
in die Tiefe gestürzt durch ihr eigenes Gewicht und
durch die in den Abgrund führende Natur der Laster.

8. Der beste Rat ist es, die erste Regung des
Zornes auf der Stelle von sich zu weisen und seine Angriffe gleich im Keime zu ersticken und alles daran-
zusetzen, nicht in die Gewalt des Zornes zu kommen.
Denn hat er einmal angefangen uns vom rechten Wege
abzuziehen, so ist es übel bestellt um die Rückkehr
zum Seelenheil, weil die Vernunft nichts mehr zu sagen
hat, wo die Leidenschaft einmal ihren Einzug gehalten
hat, und wo ihr mit unserer Einwilligung ein gewisses
Recht eingeräumt worden ist. Er, der Zorn, wird von
nun ab nur seinem Willen folgen, nicht deine Erlaubnis

abwarten. Unmittelbar an den Grenzen, behaupte ich, muß man den Feind abweisen; denn hat er einmal den Fuß im Lande und ist er durch die Tore eingedrungen, so läßt er sich von den Gefangenen keine Mäßigung auferlegen. Denn die Seele hat keinen abgesonderten Platz und beobachtet die Leidenschaften nicht von außen her, um ihnen ein ungehöriges Fortschreiten zu verwehren, sondern sie wandelt sich selbst in Leidenschaft um und ist deshalb außerstande jene ihre nützliche und heilsame, aber nun schon preisgegebene und geschwächte Kraft wieder zu voller Geltung zu bringen. Denn, wie gesagt, diese beiden — Seele und Leidenschaften — haben nicht getrennte und voneinander abgesonderte Sitze, sondern sie sind nur Umgestaltungen der Seele nach der besseren oder schlechteren Seite hin. Wie soll nun die an mannigfachen Fehlern leidende Seele sich wieder erheben, wenn sie einmal dem Zorne nachgegeben hat? Oder wie soll sie sich freimachen von der Mischung, in der die schlechteren Elemente vorherrschen?

„Aber manche“, sagt man, „halten doch im Zorn die Grenzen ein.“ Was soll das heißen? Sollen sie überhaupt nichts tun von dem, was der Zorn ihnen gebeut, oder doch etwas? Tun sie nichts, so ist klar, daß der Zorn, den ihr als eine der Vernunft gleichsam überlegene Kraft zu Hilfe rufet, zur Durchführung großer Pläne nicht nötig ist [5]). Schließlich frage ich: ist er stärker oder schwächer als die Vernunft? Wenn stärker, wie kann ihm dann die Vernunft Zügel anlegen, da doch nur das Schwächere zu gehorchen pflegt? Ist er aber schwächer, so reicht die Vernunft für sich ohne ihn zur Vollbringung der Taten aus und bedarf nicht der Hilfe des Schwächeren. „Aber manche Zornige bleiben sich gleich und wissen sich in Schranken zu halten.“ Aber wann denn? Wenn der Zorn schon im

Schwinden ist und von selbst entweicht, nicht, wenn
er noch in voller Hitze ist; denn dann ist er mächtiger.
„Je nun. Läßt man nicht zuweilen auch im Zorn die
Gehaßten unversehrt und hütet sich, ihnen Schaden
anzutun?“ Das kommt vor. Aber wann? Wenn eine
Leidenschaft als Gegnerin der anderen auftritt, oder
wenn Furcht oder Begierde entscheidenden Einfluß gewinnen. Dann ist es nicht das Verdienst der Vernunft, durch welches der Zorn zum Schweigen gebracht ist, sondern die Leidenschaften sind es, die
einen unsicheren und übelen Frieden zustande gebracht
haben.

9. So ergibt sich denn, daß der Zorn nichts in sich
hat, was Nutzen schafft; auch für kriegerische Taten
taugt er nichts zur Erhöhung des Mutes. Denn niemals darf die Tapferkeit sich das Laster zum Bundesgenossen erwählen: sie ist sich selbst genug. Gilt es,
ihre Kraft zur Wehr einzusetzen, so zürnt sie nicht,
sondern rafft sich selbst auf und läßt je nach Ermessen
Anspannung und Nachlassen wechseln, ein Vorgang
ganz ähnlich dem, welcher sich beim Abschleudern von
Geschossen aus Wurfmaschinen abspielt: es liegt in
der Hand des Absenders, die Schleuderkraft zu regeln.

„Der Zorn“, sagt Aristoteles [6]), „ist unentbehrlich:
es kann kein Kampfeserfolg ohne ihn erzielt werden;
er muß die Seele erfüllen und den Geist anfeuern; doch
darf er nicht die Rolle des Feldherrn spielen sondern
die des Soldaten.“ Das ist nicht richtig. Denn wenn
er auf die Vernunft hört und ihrer Führung folgt, so
ist er eben nicht mehr Zorn, dessen wesentliches Merkmal der Trotz ist. Widersetzt er sich aber und hält
er auf gegebenen Befehl nicht Ruhe, sondern stürmt
er in seiner Leidenschaft und Wildheit weiter, so ist
er für die Seele ein ebenso unbrauchbarer Diener wie
ein Soldat, der nicht auf das Rückzugssignal achtet.

Läßt er sich also zügeln, dann gebührt ihm ein anderer
Name; er hört auf, Zorn zu sein, denn unter diesem
verstehe ich nur etwas Zügelloses und Unbändiges;
läßt er sich aber nicht zügeln, so ist er verderblich
und darf nicht als Hilfsmacht gelten. So ist er also
entweder nicht Zorn oder überhaupt nutzlos. Denn
wenn einer Strafe verhängt, nur weil es nötig ist und
nicht aus Strafbegier, so darf man ihn nicht unter die
Zornigen rechnen. Ein brauchbarer Soldat ist der,
welcher vernünftiger Anordnung Folge leistet. Die
Leidenschaften sind ebenso schlechte Diener wie Führer.

10. Darum wird die Vernunft niemals blinde und
stürmische Triebe zu Hilfe nehmen, gegen die sie selbst
ihr Ansehen nicht wahren und die sie niemals in
Schranken halten kann, sie müßte ihnen denn gleiche
und ähnliche Triebe entgegensetzen [wie z. B. dem Zorn
die Furcht, der Schlaffheit den Zorn, der Angst die
Begierde] [7]). Bleibe der Tugend dies Unglück erspart,
daß die Vernunft jemals ihre Zuflucht zu Lastern
nehme! Eine solche Seele kann niemals zu sicherer
Ruhe gelangen. In einem wahren Meer von Unruhe
muß derjenige leben, der seine Sicherheit nur in seinen
Fehlern und Gebrechen sucht, der nicht tapfer sein
kann, ohne zu zürnen, nicht tätig, ohne den Begierden
zu dienen, nicht ruhig, ohne zu fürchten. Wer sich
zum Sklaven einer Leidenschaft macht, der ist sein
Lebtag ein Tyrannenknecht. Schämt man sich nicht,
die Tugenden zu Schützlingen der Fehler zu machen?
Dann hat die Vernunft nichts mehr zu sagen, wenn
sie nichts mehr vermag ohne Leidenschaft; das ist der
Anfang zu völliger Gleichheit und Ähnlichkeit mit ihr.
Denn was macht es für einen Unterschied, wenn einerseits die Leidenschaft eine unbedachte, der Vernunft
bare Sache ist, anderseits die Vernunft ohne Leidenschaft nichts ausrichten kann? Beides kommt auf eins

hinaus, wenn eines ohne das andere nicht bestehen kann. Wer aber möchte so vermessen sein, die Leidenschaft der Vernunft gleichzustellen? „Die Leidenschaft", entgegnet man, „ist dann nützlich, wenn sie maßvoll ist." Nein, nur, wenn sie ihrer Natur nach nützlich ist. Wenn sie aber eine Gegnerin von Herrschaft und Vernunft überhaupt ist, so wird sie durch ihre Mäßigung nur das erreichen, daß sie, je geringer sie ist, um so weniger s c h a d e t: eine maßvolle Leidenschaft ist also nichts anderes als ein maßvolles Übel.

11. „Aber dem Feinde gegenüber", sagt man, „ist der Zorn doch notwendig". Nirgends weniger; müssen doch gerade hier die stürmischen Triebe sich mäßigen und gehorchen. Denn wie steht es denn mit den Barbaren, die körperlich so viel kräftiger und Anstrengungen gewachsener sind? Was beeinträchtigt ihre Macht und Kraft? Nichts anderes als der Zorn, der sein eigener, größter Widersacher ist. Auch die Gladiatoren schützt ihre Kunst, während der Zorn sie entwaffnet. Und schließlich, was bedarf es überhaupt des Zornes, wenn Vernunft das Nämliche ausrichtet? Meinst du etwa, der Jäger habe einen Zorn auf das Wild? Und doch fängt er's auf, wenn es anrennt, und verfolgt es, wenn es flieht, und all das vollzieht die Vernunft ohne Zorn. Was war es, was die Tausende und Abertausende der Cimbern und Teutonen, deren Flut sich über die Alpen ergossen hatte, dermaßen zunichte machte, daß kein Bote die Nachricht davon zu den Ihrigen brachte sondern nur das Gerücht? Was war es anders als der Umstand, daß der Zorn an die Stelle der Tapferkeit trat? Mag der Zorn auch mitunter Hindernisse wegräumen und beseitigen, häufiger bereitet er sich selbst das Verderben. Germanen — was überträfe sie an Mut? Was wäre heftiger im Ansturm? Was begieriger nach

Waffen, diesen ihren beständigen Begleitern von Geburt und Kindheit an, denen ihre ganze Sorge gewidmet ist unter Zurückstellung alles anderen? Wo gäbe es Proben größerer Abhärtung als bei ihnen, die großenteils der nötigen Körperbedeckung ermangeln sowie des Schutzes gegen die beständige Rauheit des Klimas? Gleichwohl werden sie, noch ehe sie eine römische Legion zu sehen bekommen haben, geschlagen von Spaniern, Galliern und den entnervten Kriegern Asiens und Syriens. Und was war es anderes als die Zornesleidenschaft, die sie zu so leicht überwindbaren Gegnern machte? Frisch denn ans Werk! Gib diesen Körpern, gib diesen Seelen, die von Wollust, Üppigkeit, Reichtum nichts wissen, gib ihnen vernünftige Einsicht, gib ihnen regelnde Zucht — ich will nichts weiter sagen: es bleibt uns dann wohl nichts übrig, als die alte römische Sittenzucht wieder zu Ehren zu bringen. Wodurch anders hat Fabius den geschwächten Kräften des Reiches wieder aufgeholfen als dadurch, daß er zu zaudern, zu zögern und zu warten wußte, alles Dinge, von denen die Zürnenden nichts wissen? Vorbei war es mit dem Reich, das damals völlig auf der Kippe stand, wenn Fabius sich zu dem hergegeben hätte, was der Zorn anriet. Maßgebend für seinen Entschluß war die Rücksicht auf das Wohl des Ganzen, und in richtiger Schätzung seiner Kräfte, die er alle beisammen halten mußte, wenn das Ganze nicht zugrunde gehen sollte, ließ er jeden Gedanken an Schmerz und Rache fahren, einzig und allein bedacht auf das Nützliche und auf die Gunst der Gelegenheit. Erst ward er seines Zornes Meister, dann Sieger über Hannibal. Und Scipio? Hat er nicht den Hannibal und das punische Heer und alles, dem sein Zorn gelten mußte, sich selbst überlassen und den Krieg nach Afrika hinübergespielt, so zögernd, daß

er sich in den Augen der Übelwollenden der Genuß-
sucht und Lässigkeit verdächtig machte? Und der
andere Scipio? Hat er nicht immer wieder und lange
vor Numantia gelegen und den für ihn wie für den
Staat so schmerzlichen Umstand, daß der Sieg über
Numantia mehr Zeit in Anspruch nahm, als der über
Karthago, mit Gleichmut über sich ergehen lassen?
Indem er die Feinde mit Wall und Graben umschloß,
brachte er sie dahin, daß sie durch ihre eigenen
Schwerter fielen.

Also der Zorn bringt keinen Nutzen, selbst in
Schlachten und Kriegen nicht; denn er neigt zur
Überstürzung und hütet sich nicht vor Gefahren,
während er andere damit bedroht. Die zuverlässigste
Tapferkeit ist die, welche lange und vielfältige Um-
schau hält und sich in der Gewalt hat und sich be-
dachtsam und planmäßig dem Ziele nähert.

12. „Wie?" wendet man ein, „wird der Tugendhafte nicht zürnen, wenn er sieht, daß sein Vater
getötet, seine Mutter fortgeschleppt wird?" Zürnen
wird er nicht, wohl aber als Rächer und Schützer
auftreten. Was läßt dich aber befürchten, die kindliche Liebe sei kein hinreichend starker Sporn auch
ohne den Zorn? Oder fahre in demselben Tone fort:
„Wie also? Wenn er sieht, daß sein Vater oder sein
Sohn in Stücke zerschnitten wird, wird dann der
Tugendhafte nicht in Tränen ausbrechen und alle
Fassung verlieren?" Das sind Anfälle, wie wir sie
bei Weibern sehen, wenn eine entfernte Ahnung von
Gefahr sie befällt. Der brave Mann wird seine Pflicht
erfüllen, unbeirrt und ohne Zagen; und er wird, was
eines tugendhaften Mannes würdig ist, so tun, daß
jedes unmännliche Gebaren dabei ausgeschlossen ist. [8])
Mein Vater soll getötet werden: ich werde ihn ver-
teidigen. Er ist getötet worden: ich werde ihn rächen,

weil es sich so gehört, nicht weil es mir wehe tut. „Tugendhafte Männer zürnen, wenn den Ihrigen ein Unrecht zugefügt wird" [9]). Wenn du diese Behauptung aufstellst, Theophrastus [10]), so suchst du damit mannhafteren sittlichen Lehren den Weg zu versperren und wendest dich, den berufenen Richter vermeidend, an die große Menge. Weil jedermann bei einem solchen Erlebnis der Seinigen in Zorn gerät, so glaubst du, die Menschen würden es für ihre Pflicht und Schuldigkeit erklären, es damit so zu halten, wie es tatsächlich geschieht; denn fast jeder hält die Leidenschaft für berechtigt, der er huldigt. Aber ebenso zürnen sie, wenn ihnen das warme Wasser nicht in der gehörigen Weise gereicht wird, oder wenn ihr Trinkglas zerbrochen ist, oder wenn ihr Schuh mit Schmutz bespritzt ist. Nicht Liebe gegen die Ihrigen ist es, die jenen Zorn erregt, sondern Schwäche ist es, wie bei Kindern, die beim Verluste von Nüssen ebenso weinen wie beim Verluste von Eltern. In Zorn geraten für die Seinigen ist nicht Zeichen der Liebe sondern der Schwäche. Dagegen ist es schön und würdig, für Eltern, Kinder, Freunde und Mitbürger als Verteidiger aufzutreten, dem Gebote der Pflicht selbst folgend, gestützt auf unseren Willen, unser Urteil und unsere Voraussicht, nicht in blinder Leidenschaft und Wut. Denn keine Leidenschaft ist rachbegieriger als der Zorn; aber eben deshalb taugt er nichts zur Rache: vorschnell und kopflos, wie fast jede Begierde, macht er sich selbst zum Hindernis für Erreichung dessen, worauf er es abgelegt hat. Daher hat er denn auch weder im Frieden noch im Kriege jemals Gutes zur Folge gehabt; denn den Frieden macht er zu einer Art Krieg, unter den Waffen aber vergißt er, daß der Kriegsgott es bald mit diesem, bald mit jenem hält, und so kommt er in fremde Gewalt, weil er sich selbst nicht zu beherrschen wußte. Ferner verdienen Fehler nicht etwa darum für die Praxis des Lebens zugelassen zu werden, weil man ihnen ab und zu einen Erfolg verdankt; werden doch auch gewisse Arten von Krankheiten durch Fieber gelindert, ohne daß es darum nicht besser wäre, dieses Heilmittel wäre überhaupt nicht vorhanden: fort mit solcher Heilmethode, der zufolge man seine Gesundheit der Krankheit verdanken muß! Ähnlich steht's mit dem Zorn: mag er auch zuweilen unverhofft Nutzen gebracht haben wie Gift, Absturz oder Schiffbruch, so ist er doch deshalb nicht überhaupt für heilsam zu erachten. Die Fälle sind eben nicht selten, wo an sich Verderbliches zur Rettung führte.

13. Ferner ist das wirklich Begehrenswerte um so besser und wünschenswerter, je größer es ist. Wenn die Gerechtigkeit etwas Gutes ist, so wird niemand behaupten, sie würde dadurch besser, daß man an ihr irgendwelche Verminderung vornimmt; wenn die Tapferkeit etwas Gutes ist, so wird niemand sie in ihrem Bestand auch nur im geringsten geschmälert zu sehen wünschen: also wäre auch der Zorn je größer desto besser; denn handelt es sich um irgendetwas Gutes, wer wird sich da einer Vermehrung widersetzen? Nun ist doch eine Verstärkung des Zornes vom Übel; also ist sein Dasein überhaupt vom Übel. Was durch Zunahme sich verschlimmert, ist nichts Gutes [11]).

„Nützlich", sagt man, „ist der Zorn, weil er kampfmutiger macht." Das paßt auch auf die Trunkenheit; denn sie macht frech und keck, und viele taugen mehr zum Kampf, wenn sie etwas angetrunken sind. So müßte man denn auch behaupten, Wahnsinn und Verrücktheit sei für unsere Krafterhöhung untentbehrlich, weil die Tollwut oft stärker macht. Ja, macht nicht zuweilen einen sogar die Furcht aus einem Hasenfuß zu einem Helden, und hat nicht die Todesfurcht auch die Schlaffsten zu tüchtigen Kämpfern gemacht? Aber Zorn, Trunkenheit, Furcht und dergleichen sind verwerfliche Reizmittel und leisten der Tapferkeit keine Dienste — denn diese bedarf keiner Laster —, sondern regen nur den trägen und schlaffen Mut etwas an. Niemand wird durch Zürnen tapferer, abgesehen vom dem, bei dem ohne Zorn von Tapferkeit überhaupt nicht die Rede gewesen wäre. So ist der Zorn nicht ein Verstärkungmittel der Tapferkeit sondern ein Ersatzmittel. Wäre der Zorn etwas Gutes, müßte er dann nicht eine Mitgabe gerade der vollkommensten Menschen sein? Allein die Zornsüchtigsten sind Kinder, Greise und Kranke, und alles Schwächliche ist von Natur zu Klage (und Zorn) geneigt.

14. „Es kann nicht anders sein," sagt Theophrastus, „als daß der Tugendhafte über die Schlechten in Zorn gerät." Das hätte zur Folge, daß, je tugendhafter einer ist, er um so zornsüchtiger sein wird. Nein, umgekehrt: um so friedfertiger wird er sein, frei von Leidenschaften und von jedem Haß gegen andere. Die sich aber eines Vergehens schuldig machen, was hätte er für einen Grund, diese zu hassen, da es doch nur ein Irrtum ist, der sie zu dergleichen Vergehungen treibt? Wer einsichtig ist, der haßt nicht den Irrenden; sonst wird sich sein Haß auch gegen ihn selbst richten. Bedenke er doch, wie oft er selbst gegen die gute Sitte verstößt, wie viele seiner Handlungen auf Nachsicht Anspruch machen: dann müßte er gegen sich selbst auch zornig werden. Denn kein billig denkender Richter wird in eigener Sache anders urteilen als in fremder Angelegenheit. Niemand, behaupte ich, wird sich finden, der sich selbst von jeder

Schuld freispricht; wer sich schuldlos nennt, der tut
dies nur in Rücksicht auf etwaige Zeugen, nicht auf
sein eigenes Gewissen. Wie viel menschlicher ist es,
den Fehlenden gegenüber eine milde und väterliche
Gesinnung zu zeigen und ihnen nicht auf dem Nacken
zu sitzen, sondern sie auf bessere Wege zu bringen!
Wenn einer aus Unkunde des Weges auf deinem
Grundstück umherirrt, dann ist es besser, ihm den
richtigen Weg zu zeigen als ihn fortzujagen.

15. Bessern also muß man den Fehlenden, hier
durch Mahnung, dort durch fühlbare Mittel, hier durch
Milde, dort durch Strenge, und diese Besserung, die
ebensowohl ihm wie anderen zugute kommt, soll erreicht werden nicht ohne Züchtigung, aber ohne Zorn.
Denn wer zürnt dem, den er heilt?

„Aber sie lassen sich nicht bessern; es findet sich
in ihnen kein Ansatz zur Milde, kein Anhalt zu guter
Hoffnung.“ Gut denn! So mögen sie aus der menschlichen Gesellschaft ausgeschieden werden, sie, die alles
besudeln was sie berühren; mögen sie ihrer Schlechtigkeit ledig werden auf die einzig mögliche Weise, aber
auch dies ohne Haß. Denn was hätte ich für einen
Grund, den zu hassen, dem ich den größten Nutzen
erweise dadurch, daß ich ihn von sich selbst befreie?
Haßt jemand seine eigenen Glieder, wenn er sie abschneidet? Damit hat der Zorn nichts zu schaffen,
es ist eine schmerzvolle Kur. Tolle Hunde schlagen
wir tot, einen wilden und unbändigen Stier töten wir,
sieches Vieh schlachten wir, damit es die Herde nicht
anstecke, Mißgeburten schaffen wir aus der Welt,
selbst Kinder ertränken wir, wenn sie schwächlich
und mißgestaltet zur Welt gekommen sind, und es ist
nicht Zorn sondern Vernunft, Untaugliches von Ge-
sundem zu scheiden. Nichts ziemt dem Strafenden
weniger, als im Zorn zu handeln, da die Strafe um so

wirksamer ist für die Besserung, wenn sie mit unbefangenem Urteil verhängt worden ist. Daher das Wort des Sokrates, das er an einen Sklaven richtete: „Du würdest meine Faust zu fühlen bekommen, wenn ich nicht im Zorn wäre." Es war klug von ihm, die Zurechtweisung des Sklaven auf andere Zeit zu verschieben; für den Augenblick wies er sich selbst zurecht. Wer in aller Welt wird der Leidenschaft ein Maß setzen, wenn Sokrates es nicht wagte sich dem Zorn hinzugeben?

16. Um Irrende und Verbrecher im Zaume zu halten, bedarf es also keines zornigen Zuchtmeisters; denn da der Zorn ein Fehler der Seele ist, so darf man nicht Fehler verbessern dadurch, daß man selbst sich eines solchen schuldig macht. „Wie? soll ich einem Räuber nicht zürnen? Und folglich auch nicht einem Giftmischer?" Nein: zürne ich doch auch mir selbst nicht, wenn ich Blut lassen muß. Jede Art von Strafe wende ich als Heilmittel an: „Du bewegst dich noch auf der ersten Stufe der Verirrungen und vergehst dich nicht schwer, aber häufig: so wird zunächst ein Verweis unter vier Augen, sodann vor der Öffentlichkeit als Besserungsmittel in Anwendung kommen. — Ist es schon zu weit mit dir gekommen, um noch durch Worte geheilt zu werden, dann reicht eine Ehrenstrafe nicht aus: du mußt einen kräftigeren und fühlbaren Druck auf dich ausüben lassen; du mußt es dir also gefallen lassen ins Exil und in unbekannte Gegenden geschickt zu werden. Fordert aber deine schon völlig verhärtete Niederträchtigkeit noch kräftigere Heilmittel, dann werden Ketten und Kerker in Anwenduug kommen. Nimm vollends an, du habest eine unheilbare Seele, die Verbrechen an Verbrechen reiht, nimm an, du würdest gar nicht erst durch Gründe angetrieben, an denen es einem Schurken nie

fehlen wird, sondern die Sünde selbst sei dir genug-
samer Grund zum Sündigen; nimm an, du hättest die
Niederträchtigkeit dermaßen in dich eingesaugt und
mit deinen inneren Organen vermischt, daß sie nur im
Verein mit ihnen dich verlassen kann; nimm an, du
wünschtest bald eines elenden Todes zu sterben: so
werden wir uns sehr um dich verdient machen; wir
werden dich befreien vom Wahnsinn, mit dem du dich
und andere peinigst, und werden dir, nachdem du dir
selbst und anderen zur Qual und Marter gelebt hast,
das einzig dir noch übrig bleibende Gut gewähren:
den Tod." Warum soll ich dem zürnen, dem ich den
größten Dienst erweise? Zuweilen kann man sein
Mitleid mit einem nicht besser zum Ausdruck bringen
als dadurch, daß man ihn tötet. Gesetzt, ich beträte
als erfahrener Sachverständiger das Lazarett eines
Heeres [12]) oder eines reichen Hauses, so würde ich
nicht allen den verschiedenen Kranken das Nämliche
vorschreiben. Ich stehe im Dienste des Staates und
soll ihn gesund erhalten; da sehe ich in so vielen
Gemütern gar mannigfach verschiedene Fehler: für
eines jeden Leiden muß ein Heilmittel gesucht werden,
den einen heile Beschämung, den anderen ein Aufent-
halt in der Fremde, den einen Schmerz, den andern
Armut, noch einen anderen das Schwert. So werde
ich denn, auch wenn ich als leitender Beamter das
unheilkündende Gewand anzulegen und das Signal
für die Versammlung des Volkes zu geben habe, das
Tribunal nicht mit wütender Miene und in feindseliger
Stimmung betreten [13]); nein, in meiner Miene soll sich
das Gesetz spiegeln, und jene feierlichen Worte werde
ich mehr mit gelassener und ernster als mit vor
Wut bebender Stimme sprechen, und den Befehl, daß
dem Gesetze nun sein Lauf gelassen werde, werde ich
nicht im Zorn, aber mit Strenge geben. Und wenn

ich den Befehl gebe, den Schuldigen zu enthaupten
oder den Vatermörder in den Sack einzunähen, oder
wenn ich an einem Soldaten die Todesstrafe vollziehen
lasse oder einen Landesverräter oder Staatsfeind auf
den Tarpejischen Felsen stelle, so wird dies ohne Zorn
mit derselben Miene und in derselben Stimmung geschehen, mit der ich Schlangen und giftigen Tieren
den Garaus mache.

„Die Zornsucht ist nun einmal nötig zum Strafen,“
sagst du. Wie? Meinst du etwa, das Gesetz zürne
Menschen, die es gar nicht kennt, die es nie gesehen
hat, die es, wenn es auf s e i n e Hoffnung ankommt, [14]
überhaupt nie geben wird? Des Gesetzes Gesinnung
also mußt du dir zu eigen machen, das nicht zürnt,
sondern befiehlt. Denn gesetzt, es zieme dem Tugendhaften, wegen böser Taten zu zürnen, dann wird es ihm
auch zustehen, über das Glück böser Menschen sich zu
ärgern. Denn was ist empörender, als daß Schurken [15]
in Saus und Braus leben und daß Leute die Gunst
des Glückes mißbrauchen, für die auch das härteste
Schicksal noch zu gut wäre? Aber er wird ebenso
auf ihr Wohlleben ohne Neid hinblicken, wie auf ihre
Schandtaten ohne Zorn. Was er nicht billigen kann,
verurteilt der gute Richter, aber er haßt es nicht.

„Wie also? Wenn ein Weiser es mit dergleichen
Dingen zu tun bekommt, wird dann sein Herz ganz
unberührt bleiben, wird sich nicht ein lebhafteres Gefühl in ihm regen als im gewöhnlichen Zustand?“ Ich
gebe es zu: er wird eine leichte und gelinde Bewegung
in sich verspüren; denn wie Zenon sagt, auch in des
Weisen Gemüt bleibt, selbst wenn die Wunde geheilt
ist, noch eine Narbe zurück. Er wird also gewisse
Ahnungen, er wird noch einen Schimmer der Leidenschaften in sich wahrnehmen; von ihnen selbst aber
wird er frei sein.

17. Aristoteles behauptet, gewisse Leidenschaften seien, ihre richtige Behandlung vorausgesetzt, eine Art Waffen. Das wäre richtig, wenn sie wie kriegerisches Rüstzeug angelegt und abgelegt werden könnten ganz nach dem Belieben des Inhabers. Diese Waffen, die Aristoteles der Tugend verleiht, sind selbsttätige Kampfesmittel; sie warten nicht auf die führende Hand, sind Herren, nicht Knechte. Es bedarf keiner derartigen Hilfsmittel; die Natur hat uns hinreichend mit Vernunft ausgerüstet. Mit ihr hat sie uns eine Waffe gegeben, stark, dauerhaft, folgsam, nicht schwankend, nicht von der Art, daß sie sich möglicherweise auch gegen den Inhaber wenden könnte. Die Vernunft genügt für sich allein nicht nur zum vorschauenden Entwurf sondern auch zur tatkräftigen Ausführung. Kann man sich etwas Törichteres denken, als daß die Vernunft ihren Schutz bei der Zornsucht suche, sie, die unwandelbare, bei der schwankenden, sie, die treue, bei der treulosen, sie, die gesunde bei der kranken? Und ist nicht auch für die Handlungen, die doch, wie es scheint, allein in Betracht kommen, wenn es sich um die Hilfe des Zornes als um eine (angebliche) Notwendigkeit handelt, die Vernunft für sich eine weit wirksamere Kraft? Hat sie sich einmal ihr Urteil gebildet über die Notwendigkeit eines Unternehmens, so bleibt sie auch dabei. Denn wer oder was könnte sie denn zu einer Änderung veranlassen? Sie selbst ist sich ihr bester Ratgeber: hat sie also einmal ihren Entschluß gefaßt, so steht dieser auch unwiderruflich fest. Der Zorn läßt sich nicht selten vom Mitleid verdrängen; denn er hat keine haltbare Kraft in sich, sondern besteht in einem hohlen Anschwellen; er kündigt sich durch stürmische Bewegung an, ganz ähnlich den Winden, die sich von der Erde erheben und von Flüssen und Sümpfen auf-

gefangen in heftiger Bewegung sind, doch ohne Dauer: er, der Zorn, nimmt einen gewaltigen Anlauf, dann ermattet er und verzagt vor der Zeit, und hatte er vorher mit nichts als mit grausamen Drohungen und unerhörten Strafmartern um sich geworfen, so ist er jetzt, wo es die Ausführung der Strafe gilt, bereits gebrochen und kleinlaut. Die Leidenschaft läßt schnell nach, die Vernunft bleibt sich gleich. Doch auch wo der Zorn beharrlicher ist, ist es schon vorgekommen, daß, wenn zwei oder drei von mehreren, die zum Tode verurteilt waren, ihr Blut gelassen hatten, er von dem Morden abließ. Seine ersten Schläge sind scharf: sie richten Schaden an wie das Gift der Schlangen, wenn sie eben aus ihrer Lagerstätte herauskriechen; aber ihr Gebiß wird unschädlich, wenn das häufige Beißen den Giftvorrat erschöpft hat. So kommt es, daß Gleichschuldige nicht Gleiches leiden, und oft muß der minder Schuldige mehr leiden, weil der Zorn, dem er begegnete, noch zu frisch war. Und überhaupt kennt er keine Gleichmäßigkeit: bald schießt er über das Maß hinaus, bald macht er vorzeitig halt; gegen sich selbst übt er alle mögliche Nachsicht, urteilt nach Laune, ist taub für andere, duldet keine Fürsprache, hält fest in der Hand, was er einmal gefaßt hat, und duldet keinen Widerspruch gegen sein Urteil, mag es auch noch so verkehrt sein.

18. Die Vernunft läßt beiden Parteien die nötige Zeit; dann sucht sie auch für sich einen Beistand, um das Feld freizumachen für volle Enthüllung der Wahrheit: der Zorn hat es eilig. Die Vernunft will ein Urteil fällen, das der Billigkeit entspricht; der Zorn will das als billig angesehen wissen, was er als Urteil gefällt hat. Die Vernunft sieht nur auf die Sache selbst, um die es sich handelt; der Zorn läßt sich durch nichtige und nicht zur Sache gehörige Umstände beeinflussen.

Ihn kann eine etwas zuversichtliche Miene, eine heller
tönende Stimme, ein freieres Wort, eine erhöhte Sorge
für das Äußere, ein ehrgeiziger Rechtsbeistand, die
Gunst beim Volk in die bitterste Stimmung versetzen;
oft verdammt er den Angeklagten, weil er den Verteidiger haßt; auch wenn ihm die Wahrheit sichtbar
vor Augen gerückt wird, liebt und schützt er den Irrtum; um keinen Preis will er sich widerlegen lassen,
und bei verfehltem Beginnen scheint ihm Beharrlichkeit
ehrenvoller als Reue.

Ich habe den Cnejus Piso noch gekannt, einen
Mann, der von vielen Fehlern frei war, aber von der
schroffen Art unserer Urgroßväter [16]), dem starre Härte
über Beharrlichkeit ging. Er hatte im Zorn den Befehl zur Hinrichtung eines Soldaten gegeben, der ohne
seinen Begleiter vom Urlaub wieder zurückgekehrt war.
Piso war nämlich der Meinung, der Soldat hätte seinen
Begleiter, den er nicht wieder zur Stelle brachte, umgebracht. Der Soldat bat um eine kurze Frist, um
seinen verlorenen Kameraden wieder aufzusuchen. Piso
schlug es ab. Der Verurteilte ward über den Wall
hinausgeführt, und schon bot er seinen Nacken dar,
als plötzlich jener angeblich ermordete Kamerad erschien. Da befahl der die Hinrichtung leitende Centurio
dem diensttuenden Soldaten, das Schwert in die Scheide
zu stecken, und führte den Verurteilten zum Piso, um
dem Piso wieder zur Unschuld zu verhelfen; denn dem
Soldaten hatte das Schicksal dazu verholfen. Unter
gewaltigem Zulauf werden die beiden Kameraden unter
lebhaftem Jubel des Lagers zur Stelle gebracht. Wut-
entbrannt betritt Piso das Tribunal und gibt den Befehl, beide hinzurichten, sowohl den, der sich keines
Mordes schuldig gemacht, wie den, der nicht um-
gekommen war. Gibt es etwas Empörenderes? Weil
sich einer als unschuldig erwiesen hatte, mußten zwei

den Tod über sich ergehen lassen. Und Piso fügte noch einen dritten hinzu. Eben den Hauptmann, der den Verurteilten zurückgebracht hatte, ließ er hinrichten. Auf der nämlichen Stätte wurden drei zum Tode bestimmt um der Unschuld eines Einzigen willen. O welche Erfindsamkeit steht der Zornsucht zu Gebote, um Anlässe zu ihrer Wut zu erdichten. „Dich", sagt er, „lasse ich hinrichten, weil du verurteilt worden bist; dich, weil du für deinen Kameraden die Ursache seiner Verurteilung warst; dich, weil du dem Befehl des Feldherrn zur Ausführung der Todesstrafe nicht Folge geleistet hast": es gelang ihm, drei Verbrechen herauszuklügeln, wo er kein einziges gefunden hatte.

19. Der Zornsucht, meine ich, haftet folgender Übelstand an: sie will sich nicht leiten lassen; sie ist voll Zorn gegen die Wahrheit selbst, wenn diese ersichtlich mit seinem Willen in Widerspruch steht; mit Schreien, Poltern und rasendem Beben des ganzen Körpers stürzt sie sich auf die, auf welche sie es abgelegt hat, und läßt es an Schmähungen und Schimpfreden nicht fehlen. Das tut die Vernunft nicht; gegebenen Falles aber macht sie, dem Gebot der Notwendigkeit folgend, ganzen Hausgenossenschaften den Garaus und vernichtet Familien, die für den Staat eine tödliche Gefahr sind, mit Weib und Kind, reißt selbst die Häuser nieder und macht sie dem Erdboden gleich und rottet die Namen aus, deren Klang den Tod der Freiheit bedeutet; aber das tut sie nicht knirschend und den Kopf hin und her werfend oder in einer dem Richter irgendwie unziemlichen Haltung, dessen Miene gerade dann am ruhigsten und gelassensten sein muß, wenn er besonders wichtige Dinge zu verkünden hat. „Was brauchst du denn", sagt Hieronymus [17]), „erst die Lippen zusammenzubeißen, wenn du einen schlagen willst?" Was würde er gesagt haben, wenn er einen

Prokonsul hätte vom Tribunal hinabspringen und dem
Liktor das Rutenbündel wegreißen und s e i n e Kleider
zerreißen sehen, weil die des anderen zu langsam abgerissen wurden? Wozu die Tische umwerfen? Wozu
die Becher zerschlagen? Wozu mit dem Kopf gegen
die Säulen rennen? Wozu die Haare ausraufen,
Schenkel und Brust mit Schlägen bearbeiten? Was
für ein maßloser Zorn muß das sein, der sich gegen
sich selbst kehrt, weil er nicht schnell genug gegen
einen anderen losbrechen kann. Solch einen Rasenden
halten die Nächststehenden fest und bitten ihn, doch
wieder mit sich selbst eins zu werden. Von all dem
tut der nichts, der frei von Zorn einem jeden die ge-
bührende Strafe auferlegt. Oft läßt er einen, den er
über einem Vergehen ertappt hat, ungestraft. Wenn
Reue über die Tat für die Zukunft Besserung ver-
spricht, wenn er sieht, daß die Schlechtigkeit nicht aus
der Tiefe kommt, sondern, wie man zu sagen pflegt,
nur an der Oberfläche der Seele haftet, dann wird er
Straflosigkeit gewähren, die weder dem Empfänger
noch dem Geber zum Schaden gereichen wird. Mitunter
wird er schwere Verbrechen leichter ahnden als geringere, wenn jene infolge eines bloßen Fehltrittes,
nicht aus Grausamkeit, begangen worden sind, diese
aber ihren Grund in einer verborgenen und versteckten
und fest eingenisteten Durchtriebenheit haben. Ein
und dasselbe Vergehen wird er bei zweien nicht mit
derselben Strafe belegen, wenn es der eine aus Leichtsinn begangen hat, der andere aber nichts verabsäumt
hat, um sich zum Missetäter zu machen. Bei jeder Bestrafung wird er sich der doppelten Bedeutung der
Strafe bewußt bleiben: in dem einen Falle soll sie angewendet werden, um die Übeltäter zu bessern, in dem
anderen, um sie aus der Welt zu schaffen. In beiden
Fällen wird er seinen Blick nicht auf die Vergangen-

heit richten sondern auf die Zukunft — denn, wie Platon sagt [18]), kein Vernünftiger straft, weil gefehlt worden ist, sondern um zu verhüten, daß nicht weiter gesündigt werde; denn das Vergangene kann nicht rückgängig gemacht werden, das Zukünftige läßt sich verhindern —, und diejenigen, die als warnende Beispiele für die schlimmen Folgen der Schlechtigkeit dienen sollen, wird er vor den Augen der Menge hinrichten lassen, damit sie nicht nur selbst den Tod über sich ergehen lassen, sondern auch andere durch diesen ihren Tod abschrecken. Du siehst, in welchem Maße derjenige, der dies alles zu erwägen und abzuschätzen hat, von jeder leidenschaftlichen Erregung frei sein muß, wenn ihm eine die größte Umsicht fordernde Befugnis in die Hand gelegt wird: die Macht über Leben und Tod. Es führt zu schlechtem Ende, wenn einem Zornigen das Schwert in die Hand gegeben wird.

20. Auch ist es eine irrige Meinung, daß der Zorn etwas zur Seelengröße beitrage, denn von Größe ist hier nicht die Rede; es handelt sich nur um ein Anschwellen. Auch beim Körper, der durch ein Übermaß schädlicher Säfte aufgetrieben wird, ist die Krankheit nicht Wachstum, sondern verderbliche Überfülle. Alle, die der Wahnwitz hinaushebt über das Niveau des menschlichen Denkens, glauben in sich etwas Hohes und Erhabenes zu verspüren; tatsächlich aber fehlt es an jeder haltbaren Grundlage, und was ohne eine solche emporgeschossen ist, das ist eines baldigen Einsturzes sicher. Der Zorn hat keinen festen Stützpunkt. Er hat seinen Ursprung nicht in etwas Festem und Bleibendem, sondern ist windig und leer und steht von der Seelengröße ebenso weit ab wie die Keckheit von der Tapferkeit, der anmaßende Stolz von dem edlen Selbstvertrauen, die Trübseligkeit von dem tiefen Ernst, die

Grausamkeit von der Strenge. Ein ganz erheblicher Unterschied, behaupte ich, besteht zwischen erhabener und stolzer Sinnesart. Die Zornsucht hat nichts zu schaffen mit großen und edlen Zielen. Dagegen ist es meiner Ansicht nach das Kennzeichen einer schlaffen, unglücklichen und ihrer Schwäche sich bewußten Sinnesart, der Trübseligkeit nachzuhängen, ähnlich den mit Geschwüren und Krankheiten behafteten Leuten, die bei den leisesten Berührungen aufseufzen. So ist der Zorn eine Untugend, die sich vor allem bei Frauen und Kindern findet. „Aber er findet sich doch auch bei Männern.“ Ja, es finden sich auch Männer, die kindische und weibische Seelen haben.

„Wie aber? Hört man nicht aus dem Munde von Zornigen zuweilen Worte, die von einer hohen Sinnesart zu zeugen scheinen?“ Nein, ganz im Gegenteil; sie kommen aus dem Munde von Menschen, die von wahrer Größe nichts wissen, wie jenes entsetzliche und abscheuliche Wort: „Mögen sie hassen, wenn sie nur fürchten!“ Das stammt bekanntlich aus Sullas Zeiten. Ich weiß nicht, welcher der beiden Wünsche für ihn der verderblichere war, daß man ihn hassen oder daß man ihn fürchten sollte. „Mögen sie hassen!“ Er konnte dabei wohl an die Gefahr denken, daß man ihn verfluche, daß man ihm nach dem Leben trachte, daß man ihn stürzen würde. Was fügt er hinzu? Was für ein Heilmittel wünscht er sich gegen den Haß? Mag ihn des Himmels Fluch treffen! „Mögen sie hassen!“ — und was nun? Etwa, wenn sie nur gehorchen? Nein. Oder wenn sie sich nur einverstanden erklären? Nein. Nun, was denn? „Wenn sie mich nur fürchten.“ Unter solcher Bedingung möchte ich nicht einmal geliebt werden. Das soll der Ausspruch eines großen Geistes sein? Du bist im Irrtum: das ist nicht Größe, sondern Unmenschlichkeit.

Traue nicht den Worten der Zornigen: sie machen gewaltigen Lärm und werfen mit Drohungen um sich, aber innerlich sind sie die größten Feiglinge. Auch hast du keinen Grund, das Wort des Livius, dieses Meisters der Rede, für wahr zu halten: „ein Mann von mehr Geistesgröße als von sittlicher Tadellosigkeit". Hier ist keine Trennung möglich: groß kann nur sein, was zugleich auch sittlich tadellos ist; denn Seelengröße ist meines Erachtens unerschütterlich und von festem Kern und von Grund aus sich gleich und unbeugsam, alles Dinge, die einem sittlich verwahrlosten Geist völlig fern liegen. Denn dieser kann wohl furchtbar, kann verwirrend und verderblich sein, aber Größe, deren Schutz und Stärke die Tugend ist, kann er nicht haben. Allerdings, im Umgangston, im Auftreten, in der ganzen äußeren Haltung kann er den Eindruck einer gewissen Größe machen. Leute dieser Art werden wohl manche Äußerung von sich geben, die man für geistreich hält. Man denke an C. Caesar (Caligula), der, dem Himmel zürnend, weil seine Ballettvorstellungen, bei denen er lieber selbst Mitwirkender als Zuschauer war, unter dem Groll des Himmels litten, und weil eine seiner festlichen Veranstaltungen durch Blitze — die doch nichts weniger als mit Sicherheit den Schuldigen treffen — sich zu einer Schreckensszene wandelte, den Jupiter zum Kampfe herausforderte und zwar auf Tod und Leben. Er tat dies mit den Worten Homers (Il. 23, 724):

Hebe mich oder ich dich!

Welcher Wahnsinn! Als ob selbst von Jupiter ihm kein Schaden zugefügt werden, oder er sogar dem Jupiter etwas anhaben könne. Irre ich nicht, so hat dieses sein Wort nicht wenig dazu beigetragen, die Verschworenen in ihrer Absicht zu bestärken. Denn das schien doch eine alles Glaubliche überschreitende

Geduldprobe, wenn man den noch länger als Herrn
über sich dulden sollte, der den Jupiter nicht über sich
dulden wollte.

21. Mag also der Zorn noch so gewaltig erscheinen
und Götter und Menschen verachten, etwas Großes,
etwas Edles ist er nicht. Legt einer dem Zorn die
Macht bei, Seelengröße hervorzubringen, so muß er sie
auch der Prunksucht zuschreiben — denn diese will mit
Elfenbeinsesseln prunken, will sich mit Purpurkleidern,
mit Gold bedecken, will Länder versetzen, Meere ab-
dämmen, Wasserfälle bilden, schwebende Lustgärten
anlegen —. Auch der Geiz könnte dann den Schein der
Seelengröße erwecken: Gold- und Silberhaufen sind
seine Lagerstätte, sein Grundbesitz ist groß genug, um
als Provinz zu gelten, und die einzelnen Verwalter
haben Gebiete unter sich, größer als die Konsuln sie
erlosen. Auch die Wollust dürfte dann als Seelengröße
erscheinen: sie durchschwimmt Meerengen, sie entmannt
Scharen von Jünglingen, sie bietet sich mit Todes-
verachtung dem Schwerte des Gatten dar. Ja, auch
der Ehrgeiz kann sich für Seelengröße ausgeben: er
ist nicht zufrieden mit den jährlichen Ehrenstellen, er
will womöglich seinen e i n e n Namen den ganzen Ka-
lender füllen sehen und will über den ganzen Erdkreis
mit seinen Inschriften sich bemerklich machen. Dies
ganze Treiben, mag es sich auch noch so glänzend entfalten und steigern, ist doch beschränkt, armselig und
niedrig; hehr und erhaben ist allein die Tugend, und
nichts ist groß, was nicht auch frei von Leidenschaft ist.

Zweites Buch.

1. Das erste Buch, mein Novatus, behandelte einen
gefälligeren Stoff; denn das Abgleiten unserer Fehler
auf schiefer Ebene ist ein Thema, das der Behandlung

keine Schwierigkeiten bereitet. Jetzt gilt es, einen
magereren Stoff zu behandeln. Die Frage nämlich, um
die es sich hier handelt, ist die, ob der Zorn seinen
Ursprung habe in unserem urteilenden Verstande oder
in einem heftigen Anstoß von außen, das heißt, ob er
ganz von selbst in Bewegung komme oder ob, wie sonst
meist, auch der Verstand daran seinen Anteil habe [19]).
Die Untersuchung darf die Mühe, in die Tiefe zu graben,
nicht scheuen; nur so kann sie sich dann auch zu jenen
höheren Betrachtungen erheben. Auch bei unserem
Körper handelt es sich ja doch zunächst um die richtige
Fügung von Knochen, Nerven und Gelenken, als den
sichernden Grundlagen und Lebenselementen für das
Ganze, die dem Auge wenig Reizvolles bieten; daran
erst schließt sich dasjenige, was die Bedingung ist für
den ästhetischen Eindruck der äußeren Erscheinung,
und nach alledem erst ergießt sich, wenn der Körper
bereits fertig ist, als letztes der das Auge entzückende
Zauber der Farbe über das Ganze.

Was den Zorn anlangt, so ist kein Zweifel, daß
er durch die sich unmittelbar aufdringende Vorstellung
des Unrechts erregt werde; aber ob der Zorn selbst
sich sofort zugleich mit der Wahrnehmung einstellt
und ohne Hinzutritt einer Seelentätigkeit hervorbricht,
oder ob er unter Zustimmung der letzteren erregt
werde, das ist eben die Frage. Unsere Ansicht geht
dahin, daß der Zorn für sich nichts unternehme, sondern
nur unter Zustimmung der Seele; denn die Vorstellung
erlittenen Unrechts in sich zu bilden und die Rache
dafür lebhaft zu begehren und beide Vorstellungen zu
verbinden, nämlich einerseits, daß man nicht hätte beleidigt werden dürfen, anderseits, daß man sich rächen
müsse, das ist nicht Sache eines Antriebes, der ohne
unseren Willen sich geltend macht. Der Antrieb selbst
ist einfach; aber wie er hier erscheint, ist er zusammen-

gesetzt und enthält mehreres. Man hat etwas wahr-
genommen, ist darüber entrüstet gewesen, hat sein Verdammungsurteil darüber ausgesprochen und schreitet
zur Rache: all dies kann nicht geschehen, ohne daß
die Seele zu diesen Eindrücken ihre Beistimmung ge-
gegeben hat.

2. „Was willst du“, fragt man, „mit dieser Untersuchung?“ Daß wir uns eine deutliche Vorstellung
von dem Wesen des Zornes bilden. Alle unwillkürlichen Erregungen nämlich sind unüberwindlich und
unvermeidlich, wie z. B. der Schauder, wenn wir mit
kaltem Wasser bespritzt werden, unser Widerwille bei
gewissen Berührungen; bei schlimmen Nachrichten
richten sich uns die Haare auf; bei schamlosen Worten
legt sich eine gewisse Röte über unser Antlitz, und
der Blick in einen jähen Abgrund macht uns schwindlig.
Alles dies steht nicht in unserer Gewalt, und darum
unterbleibt auch jeder Versuch der Vernunft, es zu
hindern. Der Zorn dagegen wird durch vernünftige
Vorstellungen und Mahnungen zum Weichen gebracht,
denn er ist ein von unserem Willen abhängiger Fehler
der Seele und gehört nicht zu dem, was man als unvermeidliche Folge unseres Menschenloses hinnehmen
muß und was darum auch den Weisesten begegnet.
Dazu gehört auch jener gewaltsame Eindruck, der uns
bei der Vorstellung des Unrechtes in Aufregung versetzt. Dieser Eindruck zeigt sich sogar bei den szenischen
Darstellungen des Theaters sowie beim Lesen alter Ge-
schichten. Es ist, als würden wir von Zorn ergriffen
gegen den Clodius, wenn er den Cicero in die Verbannung treibt, und gegen Antonius, wenn er ihn um-
bringt. Wer fühlt sich nicht von Ingrimm erfaßt über
den Bürgerkrieg des Marius, über die Proskriptionen
des Sulla? Wer grollt nicht dem Theodotus und
Achillas und jenem Knaben, der eine Ruchlosigkeit ver-

übte [20]), die alles andere, nur nicht knabenhaft war?
Bisweilen regt uns ein Gesang auf und das rasche
Tempo eines Musikstückes sowie der Schall der Kriegs-
trompete. Auch ein schauerliches Gemälde sowie der
traurige Anblick von Hinrichtungen, mögen sie auch
noch so gerecht sein, verfehlt nicht eines erschütternden
Eindruckes auf unser Gemüt, daher auch das Mitlachen
beim Lachen anderer und die unwillkürliche Mittrauer
in einem Kreise von Trauernden, sowie unsere leidenschaftliche Teilnahme an den Wettkämpfen anderer.
Das alles sind nicht Zornesausbrüche, ebensowenig
wie es Traurigkeit ist, wenn der Anblick eines auf
der Bühne dargestellten Schiffbruches unser Antlitz
verfinstert, ebensowenig auch, wie es Furcht ist, was
des Lesers Gemüt durchschüttert, wenn Hannibal nach
der Schlacht von Cannä die Mauern der Hauptstadt
umlagert; sondern all dies sind unwillkürliche Gemütserregungen, sind nicht Leidenschaften, sondern nur Anfänge und Vorspiele von Leidenschaften. So läßt mitten
im Frieden einen Krieger, der längst schon die Toga
wieder angelegt hat, der Schall der Trompeten scharf
aufhorchen, und Soldatenpferde spitzen beim Geräusch
der Waffen das Ohr. Alexander, sagt man, habe,
wenn Xenophantus Flöte blies, mit der Hand nach dem
Schwert gegriffen.

3. Nichts von dem, was zufällig unser Gemüt erregt, darf Leidenschaft genannt werden. Die Seele ist
dabei sozusagen mehr leidend als tätig. Wenn man
also beim Eintreten von Sinneseindrücken erregt wird,
so ist das noch nicht Leidenschaft; zu dieser kommt es
erst dann, wenn man sich jenen Eindrücken überläßt
und dieser zufälligen Erregung weiter nachgibt. Denn
wenn einer Erbleichen der Gesichtsfarbe oder den Erguß
von Tränen oder eine unanständige geschlechtliche
Regung oder tiefes Atemholen und plötzliches Auf-

blitzen der Augen oder ähnliche Erscheinungen für ein
Zeichen von Leidenschaft und dauernder Gemüts-
stimmung hält, so täuscht er sich und begreift nicht,
daß dies nur körperliche Erregungen sind [21]). So kommt
es denn, daß oft genug der tapferste Held, wenn er
sich die Waffen anlegt, von Blässe befallen wird, und
daß beim Ertönen des Kampfsignals dem unerschrocken-
sten Soldaten die Kniee ein wenig zittern, und auch
einem großen Feldherrn, ehe die Kampfeslinien aufeinander stoßen, das Herz pocht, und daß es auch den
geübtesten Redner, wenn er sich anschickt zu reden,
kalt überläuft. Der Zorn will nicht nur erregt sein,
er will auch vorstürmen, denn er ist Angriff; Angriff
aber ist undenkbar ohne Zustimmung des Verstandes,
denn von Rache und Strafe kann überhaupt nicht die
Rede sein, ohne daß die Seele davon weiß. Setze den
Fall: es hält sich jemand für beleidigt und will sich
rächen, doch irgend ein Grund spricht dagegen, und
siehe da, seine Erregung legt sich : das nenne ich nicht
Zorn, sondern Gemütserregung, die sich der Vernunft
fügt; von Zorn ist nur da die Rede, wo die Schranken
der Vernunft übersprungen und niedergerissen werden.
Jene erste Erregung des Gemütes also, die durch die
Vorstellung des Unrechts in uns veranlaßt ward, ist
ebensowenig Zorn wie die Vorstellung des Unrechts
selbst. Erst jener darauf folgende Angriffsdrang, der
die Vorstellung des Unrechts nicht nur in sich aufnahm, sondern ihr auch Beifall schenkte, ist Zorn, eine
Erregung des Gemütes, die mit vollem Willen und Bewußtsein zur Rache schreitet. Kein Zweifel: die Furcht
hat immer die Flucht im Auge, der Zorn immer den
Angriff. Laß also ab von dem Glauben, daß irgend
etwas erstrebt oder gemieden werden könne ohne die
Zustimmung des Verstandes.

4. Und nun eine Belehrung darüber, wie die Leidenschaften anfangen oder wachsen oder ins Kraut schießen! Die erste Erregung ist nicht freiwillig, sie ist nur eine Vorbereitung der Leidenschaft, gleichsam eine Androhung derselben. Die dann folgende steht in Verbindung mit dem Willen, der aber nicht hartnäckig darauf besteht, als müßte ich mich rächen, da ich beleidigt sei, oder als ob der andere gestraft werden müßte, da er sich vergangen habe; die dritte Erregung hat bereits die Macht über sich verloren, denn sie verlangt nach Rache nicht nur wenn es sein muß sondern unter allen Umständen, also eine völlige Beseitigung der Vernunft. Jenem ersten heftigen Eindruck auf das Gemüt können wir uns nicht durch vernünftige Überlegung entziehen, so wenig wie bei jenen körperlichen Erscheinungen, von denen die Rede war: wenn andere gähnen, müssen wir auch gähnen; wenn einer plötzlich mit dem Finger nach meinem Auge fährt, dann muß ich es zudrücken: das sind Dinge, wo die Vernunft keine entscheidende Rolle spielen kann, wo höchstens die Gewohnheit und beständige Aufmerksamkeit eine Abschwächung bewirken hann. Die weitere Erregung, wie sie sich in der zweiten und dritten Stufe darstellt, hängt vom Urteil ab, sowohl was ihre Entstehung als was ihre Überwindung anlangt. [22])

5. Ferner drängt sich noch die Frage auf, ob die gewohnheitsmäßigen Wüteriche, die ihre Freude haben am Menschenblut, in Zorn sind, wenn sie Menschen ums Leben bringen, von denen sie weder ein Unrecht erlitten haben noch etwa ihrerseits glauben, daß sie es erlitten hätten, wie Apollodorus oder Phalaris. [23]) Das ist nicht Zorn, es ist tierische Roheit. Denn sie schadet nicht, weil ihr Unrecht widerfahren ist, sondern, um nur selbst schaden zu können, ist sie sogar bereit sich Unrecht gefallen zu lassen; ihre Geißelhiebe und

Zerfleischungen dienen nicht der Rache, sondern der
Lust. Wie steht es also damit? Der Ursprung dieses
Übels liegt im Zorn. Wenn diesem die Bahn frei-
gelassen wird zur Übung und Sättigung, so schwindet
jeder Gedanke an Milde und Gnade; jedes Gefühl für
Zusammengehörigkeit mit den übrigen Menschen wird
aus der Seele ausgerottet, und so wandelt sich schließlich der Zorn in Grausamkeit. Diese Unmenschen
lachen also, haben ihre Freude und unbändige Lust
an dem grausamen Spiel und tragen eine Miene zur
Schau, die von allem anderen eher zeugt als von Zorn,
grausam zum Zeitvertreib. Als Hannibal einen mit
Menschenblut gefüllten Graben sah, soll er ausgerufen
haben: „O herrlicher Anblick!" Wie viel schöner noch
würde er es gefunden haben, wenn er einen Fluß oder
einen See damit hätte füllen können! Was Wunder,
wenn dich ein solcher Anblick besonders entzückt.
Geburt und Kindheit sind dir ja ganz inmitten von
Blut und Mord verlaufen. Zwanzig Jahre hindurch
wird dir die Glücksgöttin als Begünstigerin dieser
Grausamkeit lächelnd zur Seite stehen, überall wirst
du dein Auge an dem erwünschten Schauspiel weiden
können; du wirst es schauen am Trasimenischen See,
bei Cannae und zuletzt bei deinem Carthago. Volesus [24]),
der vor einiger Zeit unter dem seligen Augustus
Prokonsul in Asien war, ließ an einem Tage dreihundert
Menschen mit dem Beile hinrichten. Als er darauf
mit stolzer Miene zwischen den Reihen der Toten ein-
herschritt, stieß er, als hätte er wer weiß welche
Großtat vollzogen, in griechischer Sprache die Worte
hervor: „O welch königliche Tat!". Was würde dieser
Elende als König getan haben? Das war nicht Zorn,
sondern ein größeres, ein unheilbares Übel.

6. „Die Tugend", sagt man, „muß, wie sie alles,
was ehrenhaft ist, begünstigt, so auch voll Zorn sein

gegen alles Schändliche". [25]) Klingt das nicht, als müßte die Tugend zugleich niedrig und groß sein? Und doch sagt das der, der sie erhoben und erniedrigt zu sehen wünscht; denn die Freude an einer guten Tat ist rühmlich und herrlich, der Zorn über den Frevel eines anderen dagegen ist verwerflich und kleinlich. Niemals wird sich die Tugend dazu hergeben, Laster nachzuahmen, während sie Laster bekämpft; der Zorn selbst muß ihrer Züchtigung anheimfallen, denn er ist um nichts besser, ja häufig sogar schlimmer als die Vergehen, gegen welche er zürnt. Froh und heiter zu sein ist eine selbstverständliche und natürliche Beigabe der Tugend; zu zürnen, steht nicht in Eiņklang mit ihrer Würde, ebenso wenig wie traurig zu sein; dagegen hat die Zornsucht zur Begleiterin die Traurigkeit, und diese ist es, in die sich schließlich aller Zorn auflöst, sei es infolge eintretender Reue oder infolge erlittener Niederlage. Ferner: wenn es im Wesen des Weisen liegen soll, über Vergehen zu zürnen, dann müßte er über größere Vergehen mehr zürnen und müßte häufig zürnen; folglich müßte der Weise nicht nur zornig sein sondern geradezu zornsüchtig. Allein wenn wir des Glaubens sind, daß in der Seele des Weisen weder großer noch häufiger Zorn seine Stätte habe, warum wollen wir ihn dann nicht lieber gänzlich von dieser Leidenschaft frei haben? Denn wo wäre Maß und Grenze zu finden, wenn er je nach der Schwere eines jeden Vergehens zürnen müßte? Entweder wird er unbillig sein, wenn er über ungleiche Vergehen in gleichem Grade zürnt, oder er muß ein wahrer Ausbund von Zornsucht werden, wenn er so oft, als Verbrechen den Zorn herausfordern, damit losbricht.

7. Und was wäre unwürdiger, als daß die Seelenregung des Weisen von der Schlechtigkeit anderer

abhänge? Soll Sokrates nicht mehr imstande sein mit
der nämlichen Miene in sein Haus zurückzukehren, mit
der er es verlassen hatte? Soll wirklich der Weise
über Schandtaten zürnen und über Verbrechen sich
aufregen und betrüben, dann gibt es nichts Bedauerns-
werteres als den Weisen: sein ganzes Leben wird
nichts anderes sein als eine Kette von Anlässen zu
Zorn und Trauer. Denn wann wird es einen Augenblick geben, wo ihm nicht etwas Mißfälliges unter die
Augen käme? So oft er das Haus verläßt, führt ihn
der Weg vorbei an verdächtigen Gestalten aller Art,
an Verbrechern, an Geizhälsen, an Verschwendern, an
Schamlosen und ihrer Laster Frohen; er wende sein
Auge, wohin er will, überall trifft es auf Dinge, die
seinen Unwillen erregen: seine Kraft muß versagen,
wenn er so viel Zorn aufbieten soll, als es der jedes-
malige Anlaß erfordert. Diese Tausende von Menschen,
die bei Tagesanbruch nach dem Forum eilen, was für
schändliche Händel, was für noch schändlichere Advo-
katen sind es, mit denen sie es zu tun haben! Der
eine beschwert sich über die Entscheidungen seines
Vaters, [26]) die er besser demütig über sich hätte ergehen lassen, ein anderer tritt gegen seine Mutter auf,
ein dritter erhebt Klage wegen eines Verbrechens,
bei dem er ersichtlich selbst der eigentlich Schuldige
ist; und zum Richter wird einer gewählt, der verdammen muß, was er selbst getan hat, und die Umstehenden nehmen Partei für die schlechte Sache, be-
stochen durch die Redekunst des Verteidigers.

8. Doch wozu auf alle Einzelheiten eingehen?
Wenn du das Forum gefüllt siehst von der Menschen-
masse und den Komitienplatz besetzt von der zu-
strömenden Menge und den Zirkus dort, wo fast das
ganze Volk beisammen ist, so glaube mir: so viel
Menschen da sind, so viele Laster. Was du da von

Bürgern siehst, das lebt alles in Unfrieden miteinander: eines winzigen Vorteils wegen geht der eine auf das Verderben des anderen aus; jeder sucht seinen Gewinn durch die Schädigung des anderen; den Glücklichen hassen, den Unglücklichen verachten sie; gegen den Höheren bäumen sie sich auf, den Geringeren ducken sie; von den verschiedensten Begierden werden sie angestachelt; ein bißchen Vergnügen, ein Stückchen Beute zu erschnappen, scheint ihnen kein Opfer zu groß. Ihr Leben verläuft wie ein Fechterspiel: sie trinken [27]) und kämpfen mit den Nämlichen. Es ist eine Ansammlung von wilden Tieren, nur daß diese untereinander Frieden halten und sich nicht gegenseitig beißen, während jene sich gegenseitig zerfleischen und sich aneinander sättigen. Überhaupt unterscheiden sie sich von den sprachlosen Tieren nur dadurch, daß diese gegen ihre Ernährer zahm werden, während die Raserei der Menschen sich schonungslos auch gegen die wendet, von denen sie ernährt wurden.

9. Fängt der Weise einmal an zu zürnen, so wird er kein Ende finden. Alles starrt von Schandtaten und Lastern; keine Strafgewalt ist imstande der Masse der Frevel Einhalt zu tun; ein wahrer Wettkampf der Niederträchtigkeit spielt sich in gewaltiger Ausdehnung vor unseren Augen ab; täglich wächst die Lust am Frevel, und in gleichem Maße schwindet die Scheu dahin. Von irgendwelcher Rücksicht auf das Bessere und Billigere ist nicht mehr die Rede, und die Zügellosigkeit kennt keine Schranken mehr für ihr Gelüsten. Die Verbrechen halten sich nicht mehr verborgen: vor unseren Augen gehen sie vor sich. Die Niederträchtigkeit ist so sehr Gemeingut geworden und sitzt allen so im Blute, daß die Unschuld nicht etwa nur eine Seltenheit, nein, völlig geschwunden ist. Denn sind es etwa bloß einzelne oder wenige, die dem Ge-

setze Hohn sprechen? Von allen Seiten, wie auf ein
gegebenes Signal, stürzt alles herbei, um Recht und
Unrecht durcheinander zu wirren: [28])

> kein Gastfreund schonet den Gastfreund,
> Noch der Eidam den Schwäher; auch liebende Brüder sind selten,
> Meuchlerisch stellet das Weib dem Gemahl nach, dieser der Gattin,
> Und Stiefmütter bereiten aus falbem Kraute den Gifttrank,
> Selber auch späht voreilend der Sohn nach den Jahren des Vaters.

Und das sind doch nur aus der Masse heraus-
gegriffene einzelne Schandtaten, die der Dichter uns
hier vorführt. Er hat nicht geschildert die feindlich
einander gegenüber lagernden Heeresmassen derselben
Nation, den Kampf zwischen Vätern und Söhnen, welche,
die einen dieser, die anderen der Gegenpartei den
Fahneneid schworen, nicht wie durch Bürgerhand die
Brandfackel in die Vaterstadt geworfen wird. Er sagt
nichts von den feindlichen Reiterschwadronen, die im
Fluge alle Schlupfwinkel der Verbannten durchspüren,
nichts von der Vergiftung der Brunnen, von der künstlich erzeugten Pestkrankheit, nichts von den Belage-
rungsgräben, mit denen man die Väter und Mütter
umschließt, nichts von den überfüllten Kerkern, von
den Bränden, die ganze Städte in Asche legen, von
dem verderblichen Wechsel der Gewaltherrschaft, nichts
von den geheimen Umtrieben zum Sturze von König-
reichen und Gemeinwesen, nichts von der Lobpreisung
und Verherrlichung dessen, was eine elende Schandtat
war, so lange man noch die Gewalt hatte, es zu unter-
drücken, von Raub, Unzucht und Wollust, bis zur wider-
natürlichsten Befriedigung des Geschlechtstriebes. Dazu noch das staatliche Sündenregister: die Meineide
im Völkerverkehr, die Bundbrüchigkeiten, die rück-
sichtslose Beutesucht des Stärkeren, die keine andere
Grenze kennt als die etwaige Kraft des Widerstandes,
die listigen Vorspiegelungen, die Diebstähle, Betrüge-

reien, Veruntreuungen, wofür verdreifachte Gerichtshöfe noch nicht ausreichen. Wenn der Weise in dem Maße sich erzürnen soll, wie es die Ruchlosigkeit der Verbrecher erfordert, dann kann von Zorn nicht mehr die Rede sein sondern nur noch von Tollheit.

10. Weit besser ist es, sich klar zu machen, daß man über Verirrungen nicht zürnen darf. Denn was soll es, wenn man einem zürnt, der in der Dunkelheit unsicher umhertappt? Oder daß man einem Tauben zürnt, der unsere Anweisungen nicht versteht? Was hat es für einen Sinn, wenn man Knaben zürnt, die, statt auf Erfüllung ihrer Pflichten bedacht zu sein, sich dem Spiel und den kindischen Neckereien mit ihren Altersgenossen hingeben? Was soll es, wenn man Leuten zürnt, weil sie krank, weil sie alt oder schwach werden? Zu den übrigen Mängeln der Sterblichen gehört auch dieser, diese Umnebelung des Verstandes, die sich im Irrtum kundgibt, gehört die Notwendigkeit des Irrtums nicht nur, sondern auch die Tatsache, daß wir ihn lieb haben. Um sich des Zornes gegen einzelne zu erwehren, ist es ratsam, von vornherein allen zu verzeihen; dem ganzen Menschengeschlecht ist man Nachsicht schuldig. Zürnst du jungen Männern und Greisen, weil sie stehlen, dann mußt du auch den Kindern zürnen, denn es kommt die Zeit, wo auch sie fehlen werden. Zürnt man den Knaben, die bei ihren Jahren noch kein Unterscheidungsvermögen für die Dinge haben? Weit mehr besagen will doch und gerechter ist doch die Entschuldigung, daß man Mensch sei, als daß man Knabe sei. Das ist nun einmal unser Los von Geburt ab: wir sind Geschöpfe, die ebenso zahlreichen geistigen wie körperlichen Krankheiten ausgesetzt sind, zwar nicht stumpf und dumpf, aber schlechte Ausnutzer unseres Scharfsinns, einer dem anderen ein Beispiel von Fehlern. Wer den Voraus-

gehenden folgt, die einen falschen Weg eingeschlagen haben, sollte der nicht Verzeihung verdienen, da er seinen Irrtum mit allen anderen teilt?

Den einzelnen trifft die volle Strenge des Feldherrn; aber wenn das ganze Heer davongelaufen ist, dann ist Verzeihung vonnöten. Was entwaffnet den Zorn des Weisen? Die Massenhaftigkeit der Fehlenden. Er sagt sich, daß es ebenso unbillig wie gefährlich sei einem Fehler zu zürnen, den alle teilen. Heraklit brach jedesmal in Tränen aus, wenn er ausging und allerseits so viel Menschen sah, die ein elendes Dasein führten oder vielmehr elend zugrunde gingen, und bedauerte alle, die ihm begegneten, wenn sie froh und glücklich waren. Eine Mildherzigkeit, die zur Schwäche wurde! Er selbst gehörte zu den Beklagenswerten. Dagegen zeigte sich Demokrit, wie man sagt, unter den Leuten nie anders als mit lachender Miene; so wenig ernsthaft erschien ihm alles, was in vollem Ernst betrieben wurde. Wo bleibt da für den Zorn noch Raum? Alles ist ja danach entweder zu belachen oder zu beweinen. Der Weise wird den Fehlenden nicht zürnen. Warum? Weil er weiß, daß niemand von Geburt ein Weiser ist, sondern es erst wird. Weiß er doch, daß im ganzen Verlaufe der Zeit nur verschwindend wenige weise werden; denn er weiß genau Bescheid über die Beschränktheit des Menschenlebens; kein Vernünftiger aber zürnt der Natur. Sollte er sich etwa wundern, daß am Dornstrauch im Walde kein Obst hängt? Sollte er sich wundern, daß Hecken und Gebüsch keine Fülle nützlicher Frucht tragen? Niemand zürnt, wo die Natur der Anwalt des Fehlers ist. Also friedlich gestimmt und nachsichtig gegen Verirrungen, kein Feind der Fehlenden, sondern als Führer zum Besseren verläßt der Weise täglich sein Haus mit dem Gedanken: „Es wird mir gar mancher

Trunkenbold begegnen, gar mancher Wollüstling, gar mancher Undankbare, gar mancher Geizhals, gar mancher von den Furien des Ehrgeizes Verfolgte." Alles dies wird er so gelassen und freundlich ansehen wie der Arzt seine Kranken. Zürnt etwa der, dessen Schiff durch die ringsum entstandenen Fugen viel Wasser eindringen läßt, darob den Schiffsleuten und dem Schiff selbst? Er sucht vielmehr nach Abhilfe, sperrt hier dem Wasser den Zutritt, schöpft es dort aus, verstopft die sichtbaren Löcher, gegen die versteckten und unbemerkt Bodensatz ansammelnden setzt er sich in unverdrossener Anstrengung zur Wehr und läßt sich nicht irre machen dadurch, daß an Stelle des ausgepumpten immer neues Wasser eindringt. Zäh ausharrender Hilfe bedarf es gegen andauernde und sich immer verjüngende Übel, nicht um sie auszutilgen, wohl aber um sie nicht Herr werden zu lassen.

11. „Der Zorn", sagt man dagegen, „ist nützlich, weil er die Frechlinge verscheucht, weil er die Bösen abwehrt." Für's erste: wenn der Zorn eine Kraft hat, die seiner Drohung gleichkommt, so ist er eben deshalb, weil er furchtbar ist, auch verhaßt. Es ist aber gefährlicher, gefürchtet als verachtet zu werden; ist er aber kraftlos, so ist er in höherem Grade der Verachtung ausgesetzt und entgeht nicht dem Schicksal, verlacht zu werden, denn was wäre schaler als die ins Blaue hineintobende Zornsucht? Zweitens ist so manches nicht darum wirkungsvoller, weil es schrecklicher ist, und schwerlich darf man dem Weisen mit dem Spruche kommen: „Was des wilden Tieres Waffe ist, das ist auch die des Weisen, nämlich die Furcht vor ihm". Wie? Fürchtet man nicht Fieber, Gicht und böse Geschwüre? Ist etwa darum etwas Gutes daran? Ist daran nicht vielmehr alles verächtlich, abscheulich und häßlich, und wird es nicht eben des-

halb gefürchtet? [29]) So ist der Zorn an und für sich häßlich und keineswegs furchtbar, aber er wird von vielen gefürchtet, wie eine häßliche Larve von Kindern. Kein Zweifel: die Furcht fällt immer zurück auf den, von dem sie ausgeht, und niemand wird gefürchtet, der selbst nichts zu fürchten braucht. Hier mag dir die Erinnerung aufsteigen an jenen Vers des Laberius [30]), der, mitten im Bürgerkrieg im Theater gesprochen, bei dem ganzen Volk solchen Widerhall fand, daß es schien, als wäre dies Wort dem Volke unmittelbar aus der Seele gesprochen:

Wen viele fürchten, den bedrohen viele auch.

So hat es die Natur gewollt: wer seine Größe der Furcht anderer vor ihm verdankt, der ist selbst von Furcht nicht frei. Wie schreckhaft ist das Herz der Löwen bei manchem ganz leichten Geräusch. Ein Schatten, eine Stimme, ein ungewohnter Geruch genügt, um die grimmigsten wilden Tiere in Aufregung zu versetzen. Alles, was Schrecken erweckt, das zittert auch selbst. Kein Weiser also hat Grund zu dem Wunsche, gefürchtet zu werden, und zu dem Glauben, der Zorn sei etwas Großes, weil er Furcht erweckt. Werden doch auch die verächtlichsten Dinge gefürchtet, wie z. B. Gift, stinkende Knochen und Bisse. Und das ist nichts Wunderbares. Hält doch auch ein mit Federn bestecktes Netz die größten Herden wilder Tiere beisammen und führt sie ins Verderben. Vogelscheuche (Popanz) ist der Name dieses Schreckmittels. Dem Nichtigen ist das Nichtige schreckhaft. Das wechselvolle Bild sich rasch umdrehender Wagenräder scheucht Löwen in ihre Höhle zurück, Elefanten geraten in Schrecken durch das Grunzen eines Schweines. Die Furcht vor dem Zorn gleicht also der Angst von Kindern vor dem Schatten oder des Wildes vor einer roten Feder. In sich selbst hat der Zorn nichts Festes und Kraftvolles; nur auf schwache Seelen macht er Eindruck.

12. „Man müßte“, wendet man ein, „die Niederträchtigkeit aus der Welt schaffen, wenn man den Zorn los werden will; das eine ist aber so unmöglich wie das andere.“

Fürs erste: Es ist nichts Unmögliches, daß einer nicht friert, obschon es Winter ist, und nicht schwitzt trotz der Hitze der Sommermonate, sei es, daß er durch die Gunst der Ortslage gegen die Unbilden des Klimas gesichert ist, sei es, daß er durch Abhärtung und Gewöhnung seines Körpers sich dagegen unempfindlich gemacht hat. — Sodann nimm einmal das umgekehrte Verhältnis an und sage: man muß zunächst die Tugend aus der Seele verbannen, ehe man der Zornsucht Eintritt gewährt; denn mit den Tugenden lassen sich die Laster nicht vereinigen, und es ist ebenso unmöglich, daß einer zu gleicher Zeit zornig und tugendhaft sein kann, wie daß er zugleich krank und gesund ist.

Dagegen wendet man ein: „Es ist unmöglich, allen Zorn aus der Seele zu tilgen; das läßt die Natur des Menschen nun einmal nicht zu.“ Es ist nichts so schwer nnd so unzugänglich, das der menschliche Geist nicht überwinden und mit dem er sich nicht durch unablässig wachsame Besonnenheit vertraut machen könnte. Es gibt keine noch so wilden und selbstherrlichen Leidenschaften, die sich nicht durch strenge Zucht bändigen ließen. Wozu der Geist sich zwingt, das setzt er auch durch. Manche haben es dahin gebracht, daß nie ein Lächeln über ihre Züge glitt; manche haben dem Weine, manche dem Liebesgenuß, einige sogar jeglichem Getränke entsagt. Manche haben, zufrieden mit kurzem Schlaf, sich an eine unermüdliche Wachsamkeit gewöhnt. Es gibt Leute, die

es dahin gebracht haben sich auf ganz schwachen und
aufwärts gespannten Seilen in raschem Laufe zu bewegen, oder ungeheure, die menschliche Kraft fast
übersteigende Lasten zu tragen, oder in unermeßliche
Tiefen zu tauchen und sich den Druck des Wassers
gefallen zu lassen, ohne Atem schöpfen zu können.
Und so gibt es tausend anderes, worin hartnäckige
Ausdauer jedes Hindernis überwunden und gezeigt hat,
daß nichts schwer sei, zu dessen Ertragung der menschliche Geist sich selbst nötigt. Die soeben als Beispiel
aufgeführten Leute ernten für ihre zähe Anstrengung
entweder keinen oder keinen entsprechenden Lohn, —
denn was hat denn der Herrliches zu erwarten, der
sich darauf geübt hat, auf ausgespanntem Seile zu
laufen oder seinen Nacken mit einer ungeheuren Last
zu beladen, oder sich den Schlaf zu versagen oder
sich in die Tiefe des Meeres hinabzulassen? — Gleichwohl ermüdet er in seinem Eifer nicht, bis er zum
Ziele gelangt ist, das ihm keinen erheblichen Entgelt
bringt: und wir sollten uns nicht der Ausdauer be-
fleißigen, wir, denen ein so herrlicher Lohn winkt?
Die unerschütterliche Ruhe der glücklichen Seele?
Was will es doch heißen, sich frei zu machen von dem
größten Übel, dem Zorn, und mit ihm von Raserei,
Wildheit, Grausamkeit, Wut und anderen ihn be-
gleitenden Leidenschaften?

13. Wir dürfen uns nicht nach einem Anwalt
für ihn umsehen und nach einer Entschuldigung für
seine Ausgelassenheit, unter dem Vorgeben, er sei entweder nützlich oder unvermeidlich. Denn welches
Laster fände nicht seinen Verteidiger. Sage ja nicht,
er könne nicht ausgerottet werden. Die Krankheiten,
an denen wir leiden, sind heilbar, und wenn wir uns
nur bessern wollen, so unterstützt uns die Natur
selbst dabei, die uns zum Rechten geschaffen hat.

Auch ist der Weg zur Tugend nicht, wie manche glauben, steil und rauh: man gelangt zu ihr auf ebener Bahn. Ich bin kein falscher Prophet. Leicht ist der Weg zum glücklichen Leben: betretet ihn nur unter günstigen Vorzeichen und unter dem günstigen Beistand der Götter selbst! Euer ganzes Treiben ist weit schwieriger. Was' gibt uns mehr Ruhe als der Seelenfrieden, was dagegen macht mehr Beschwerde als der Zorn? Was ist gelassener als die Milde, was drängender zu aufregender Geschäftigkeit als die Grausamkeit? Züchtigkeit bringt Ruhe, Lustbegier läßt einem zu nichts Zeit. Kurz, die Tugenden zu hüten ist leicht, die Laster zu nähren erfordert nicht geringen Aufwand. Der Zorn muß beseitigt werden — das geben zum Teil auch die zu, die wenigstens seiner Verminderung das Wort reden — : es muß völlig mit ihm aufgeräumt werden; ein Nutzen ist nie von ihm zu erwarten. Ohne ihn wird es leichter sein und der richtige Weg sich finden, die Verbrechen zu beseitigen, die Bösen zu strafen und sie der Besserung zugänglich zu machen. Alles, was dem Weisen obliegt, wird er ohne jede Beihilfe von etwas Schlechtem vollziehen, und er wird nichts beimischen, was ihn veranlassen müßte, sorgsam das Maß der Zutat zu überwachen.

14. Niemals also ist der Zornsucht Zulaß zu gewähren, wenn man auch bisweilen die Miene dazu annehmen muß, wenn es gilt, die träge Aufmerksamkeit der Hörer aus dem Schlummer aufzurütteln, wie man Pferde, die sich nur langsam zum Laufen bequemen wollen, durch Sporn und Fackelbrand in Gang bringt. Wo vernünftige Belohnung nichts ausrichtet, da muß zuweilen die Furcht helfen, die man den Betreffenden einflößt. Zorn ist ebenso wenig nützlich als Trauer und als Furcht.

„Aber wie? Treten nicht Fälle ein, die den Zorn unwillkürlich reizen?" Ja; aber gerade dann

mnß man sich am entschiedensten gegen ihn zur Wehr
setzen. Und es ist nicht schwer, seiner Aufregung
Herr zu werden. Man blicke nur auf die Athleten,
die, wo es sich doch nur um den untergeordnetsten
Teil des Menschen handelte, nur um seinen Körper,
gleichwohl die Schläge und Schmerzen sich gefallen
lassen, um die Kräfte des schlagenden Gegners zu erschöpfen, und ihrerseits nicht losschlagen, wenn der
Zorn dazu auffordert, sondern wenn der günstige
Augenblick sich bietet. Pyrrhus, dieser größte Meister
und Lehrer des gymnischen Wettkampfes, pflegte,
wie es heißt, seine Schüler immer vor dem Zorne zu
warnen. Denn der Zorn ist ein Störenfried für die
Kunst und richtet sein Augenmerk nur auf den anzu-
richtenden Schaden. So kommt es denn, daß die Vernunft häufig zur Geduld mahnt, der Zorn dagegen
zur Rache, und war es uns möglich, über die ersten
Übel hinwegzukommen, so sehen wir uns nun in
größere verwickelt. Die verletzende Schärfe eines einzigen Wortes, das wir nicht mit Gleichmut über uns
ergehen ließen, hat manchen ins Exil gebracht, [31]) und
wer eine leichte Beleidigung nicht stillschweigend zu
ertragen wußte, hat oft das schwerste Unheil über
sich heraufbeschworen, und wer es mit Unwillen von
sich wies, auf das kleinste Stückchen aus dem Voll-
besitz der Freiheit zu verzichten, hat das Joch der
Knechtschaft auf sich geladen.

15. Man wendet ein: „Um einzusehen, daß der
Zorn etwas Hoheitsvolles in sich habe, mußt du deinen
Blick auf die freien Nationen richten, die ja doch die
zornsüchtigsten sind, wie die Germanen und die
Scythen.“

Das hat seinen Grund in folgendem: Tapfere und
von Haus aus kräftige Naturen sind zum Zorne geneigt, so lange sie noch nicht den mildernden Einfluß

geistiger Zucht und Bildung an sich erfahren haben.
Manches nämlich ist eine Mitgabe der Natur nur an edlere
Geister, wie ein fruchtbarer, wenn auch vernachläßigter
Boden kräftigen Baumwuchs hervorbringt, und wie
hoher Wald auf günstigem Boden emporschießt. So
bringen denn auch von Natur kräftige Geister Zornsucht hervor, und feurig und hitzig wie sie sind, lassen
sie nichts Schwächliches und Kleinliches in sich aufkommen; allein dieser Frische und Lebhaftigkeit haftet
der Mangel an Bildung an wie allem, was ohne künst-
liche Beihilfe nur durch die Güte der Natur empor-
sprießt; und werden diese Geister nicht bei Zeiten in
Zucht genommen, so gewöhnen sie, die alle Anlage
zu wahrer Tapferkeit [32]) hatten, sich an Verwegenheit
und kopflose Draufgängerei. Wie? Sind zarter orga-
nisierte Naturen nicht auch mit gelinderen Fehlern behaftet, wie Weichherzigkeit, nachsichtige Liebe und
Schüchternheit? So kann ich dir oft eine gute Natur
gerade an ihren Fehlern zu erkennen geben. Aber
mögen sie auch Anzeichen einer besseren Natur sein,
so bleiben sie darum doch Fehler. Sodann steht es
mit jenen in wilder Freiheit lebenden Völkern ähnlich
wie mit den Löwen und Wölfen: wie sie nicht dienen
können, so können sie auch nicht herrschen; denn sie
haben nicht die Kraft eines gebildeten, sondern eines
wilden und unzugänglichen Geistes. Niemand aber
kann herrschen, der sich nicht dazu verstehen will,
sich auch beherrschen zu lassen. In der Regel sind
daher diejenigen Völker im Besitze der Herrschaft gewesen, die unter einem milderen Himmel wohnen. Die
in den kälteren, nördlichen Erdstrichen wohnenden
Völker sind unbändiger Natur, wie der Dichter sagt:
und ihrem Himmel ganz ähnlich.

16. Ein weiterer Einwurf lautet: „Für die edelsten
Tiere gelten die, in denen viel Zorn ist". Diese Ver-

gleichung ist irreführend. Man darf für den Menschen
nicht solche Wesen als Beispiel hinstellen, bei denen
der stürmische Trieb an die Stelle der Vernunft tritt:
bei dem Menschen tritt die Vernunft an die Stelle
des stürmischen Triebes. Doch selbst bei den Tieren
ist nicht dasselbe für alle nützlich: dem Löwen hilft
der Zorn,[33]) dem Hirsch sein schlaues Wesen, dem
Habicht der stürmische Angriff, der Taube die Flucht.
Aber auch das ist nicht richtig, daß die zornigsten
Tiere die besten seien. Die wilden Tiere allerdings,
die sich von Raub nähren, sind um so besser, je
zorniger sie sind; aber an den Rindern und Pferden,
die dem Zügel folgen, dürfte die Geduld zu loben sein.
Doch warum den Menschen auf so unglücklich gewählte Beispiele verweisen? Blicke hin auf die Welt
und auf Gott, den unter allen lebenden Wesen der
Mensch allein kennt, um allein ihn auch nachzuahmen.

Ferner sagt man: „Die Zornsüchtigen hält man
für die Arglosesten unter allen Menschen." Allerdings.
Vergleicht man sie mit Betrügern und Schlauköpfen,
so erscheinen sie arglos, weil sie harmlos genug sind,
sich keines Argen zu versehen. Doch möchte ich sie
nicht arglos nennen, sondern unvorsichtig. Diese Be-
zeichnung brauchen wir auch für Toren, Schlemmer
und Verschwender, ja für alle Laster, die nichts mit
Heimtücke zu tun haben.

17. „Bei einem Redner", sagt man, „ist es manchmal besser, wenn er zornig ist." Nein, hier handelt
es sich nur um Nachahmung des Zornes. Machen doch
auch Schauspieler, ohne zornig zu sein, durch ihren
Vortrag Eindruck auf das Volk; nur müssen sie mit
Geschick den Zornigen spielen. Auch vor Richtern
also und in der Volksversammlung, sowie überall, wo
es gilt, eine unseren Wünschen entsprechende Stimmung
bei anderen zu erzeugen, werden wir bald den Zornigen,

bald den Fürchtenden, bald den Mitleidigen spielen, um andere in diese Stimmung zu versetzen, und oft genug schon hat eine Nachahmung der Leidenschaften mehr Wirkung erzielt, als es der wahren Leidenschaft möglich gewesen wäre.

„Es ist", sagt man, „ein Zeichen schlaffer Sinnesart, wenn man keines Zornes fähig ist." Das ist wohl richtig, aber nur dann, wenn man nichts in sich hat, was kräftiger ist als der Zorn. Man braucht weder Räuber zu sein noch ein Mensch, der sich ohne weiteres zum Opfer des Räubers hergibt, weder mitleidselig noch grausam: der eine hat ein zu weiches Herz, der andere ein zu hartes. Der Weise halte nach beiden Seiten hin Maß und biete zu energischem Handeln nicht den Zorn auf sondern seine Kraft.

18. Damit haben wir die Untersuchung über den Zorn zu Ende geführt. Nun gilt es, die Heilmittel dagegen zu erörtern. Auf zwei Punkte kommt es da meines Erachtens an: erstens, man darf nicht in Zorn geraten, und zweitens, man darf, wenn man im Zorn ist, sich nicht zu Fehlern hinreißen lassen. Wie man bei der Körperpflege verschiedene Vorschriften gibt, einerseits zum Schutze und zur Erhaltung der Gesundheit anderseits zur Wiederherstellung derselben, so müßten wir dem Zorn durch verschiedene Mittel einerseits überhaupt vorbeugen anderseits Zügel anlegen. Um ihm von vornherein vorzubeugen, müssen wir einige das Leben überhaupt betreffende Vorschriften geben: sie beziehen sich teils auf die Jahre der Erziehung teils auf die folgenden Zeiten, also eine Zweiteilung.

Die Erziehung fordert die größte und für die Zukunft fruchtbarste Sorgfalt. Denn es ist leicht, die noch zarten Gemüter in Ordnung zu halten, wogegen sich Fehler, die mit uns groß geworden sind, nur schwer ausrotten lassen.

19. Den günstigsten Nährboden für die Zornsucht bieten hitzige Naturen. Den vier Elementen nämlich, die es gibt, Feuer, Wasser, Luft und Erde, entsprechen vier Eigenschaften (Kräfte), nämlich Warm, Kalt, Trocken und Feucht. Auf der Mischung der Elemente beruhen demnach sowohl die örtlichen Unterschiede wie die der lebenden Wesen und des Körpers und des Charakters. Daher die Verschiedenheit der Gemütsarten nach überwiegenden Neigungen, je nach dem Vorwalten eines der Elemente. Daher nennen wir verschiedene Gegenden feucht, trocken, warm und kalt. Ebenso steht es mit den Unterschieden bei Tieren und Menschen. Es kommt darauf an, wieviel einer Feuchtigkeit und Wärme in sich hat. Nach demjenigen Element, das bei einem überwiegt, bestimmt sich auch der Charakter. Hitzige Gemütsart wird Zornsucht erzeugen, denn das Feuer ist von tätiger und eindringender Kraft; das Übergewicht des Kalten in der Mischung erzeugt furchtsame Gemütsart, denn die Kälte ist träge und starr. Manche der Unsrigen erklären daher die Brust für die Ursprungsstätte der Zorneserregung, indem das Blut um das Herz herum heiß werde. Die Ursache, weshalb man dem Zorn gerade diese Stelle anweist, ist keine andere als die, daß die Brust der wärmste Teil des ganzen Körpers ist. Bei denen, die mehr Feuchtigkeit in sich haben, wächst der Zorn nur allmählich, weil die Wärme bei ihnen erst geschaffen werden muß, nämlich durch Bewegung. Daher ist der Zorn bei Kindern und Frauen mehr heftig als wuchtig und leichter im Anfang [33a]). In den Jahren, wo die Trockenheit zunimmt, ist der Zorn heftig und kräftig, doch ohne weiteres Anschwellen und Zunahme, weil auf die in Abzug begriffene Wärme Kälte folgt. Greise sind eigensinnig und klagsüchtig wie Kranke und Genesende und wie solche, deren Wärme durch Abspannung oder

durch Blutentziehung dahingeschwunden ist. In derselben Lage befinden sich die an Durst und Hunger sich Verzehrenden und deren Körper blutlos und schlecht genährt und unterwertig ist. Der Wein entflammt den Zorn, denn er erhöht die Wärme; je nach der Natur eines jeden geraten manche in Hitze, wenn sie betrunken sind, manche, wenn sie verwundet sind. Und durch nichts anderes erklärt sich auch die Tatsache, daß die Zornsüchtigsten die von gelblicher und rötlicher Gesichtsfarbe sind: sie haben von Natur die Farbe, die bei den anderen durch den Zorn erzeugt wird, denn sie haben ein bewegliches und hitziges Blut.

20. Aber wie die Natur manche zum Zorne geneigt macht, so gibt es noch vieles andere, was die nämliche Wirkung hervorbringen kann wie die Natur. Bei den einen liegt der Grund in Krankheit oder Körperverletzung; bei den anderen in Anstrengung oder ununterbrochenem Wachen, kummervollen Nächten, Sehnsucht und Liebesqual; alles, was schädlich auf Körper oder Geist einwirkt, macht die kranke Seele zu Klagen geneigt. Aber das alles sind nur Anfänge und Veranlassungen. Die Hauptsache ist die Gewohnheit. Wenn diese ihren Einfluß in dieser Richtung geltend macht, so nährt sie die Fehler. Die Natur umzuwandeln ist freilich schwer, und die Mischung der Elemente, wie sie bei der Geburt nun einmal war, läßt sich nicht ändern. Allein dabei mag doch die Erkenntnis von Nutzen sein, daß man feurigen Geistern den Wein vorenthalten muß, wie denn Platon[34]) glaubt, ihn den Knaben versagen zu müssen, da das Feuer nicht durch Feuer angefacht werden dürfe. Auch mit Speisen darf man sie nicht überladen, denn dadurch werden die Körper aufgeschwemmt und mit dem Körper schwillt auch der Geist auf. Anstrengende Beschäftigung soll sie in Atem halten, ohne sie zu erschöpfen, auf daß die

Wärme gemindert, aber nicht aufgezehrt werde; nur
der übermäßigen Hitze soll ein Dämpfer aufgesetzt
werden. Auch Spiele werden von Nutzen sein; denn
maßvolle Lust läßt den Geist sich erholen und bringt
ihn in die rechte Verfassung. Den durch mehr Feuchtigkeit oder Trockenheit oder Kälte gekennzeichneten
Naturen droht vom Zorne keine Gefahr; wohl aber sind
gelindere Fehler bei ihnen zu befürchten wie Ängst-
lichkeit, Bedenklichkeit, Hoffnungslosigkeit und Argwohn. Dergleichen Geister bedürfen der Aufrichtung,
der freundlichen Zusprache und der Anregung zum
Frohsinn. Und da Zorn und Trübsinn nicht nur verschiedene, sondern einander geradezu entgegengesetzte
Heilmittel verlangen, so muß man immer dem entgegenarbeiten, was uns angeboren ist.

21. Am meisten, behaupte ich, wird es sich lohnen,
wenn man gleich von Anfang an bei den Knaben ein
gesundes Erziehungsverfahren einschlägt. Die Leitung
ist aber schwierig; denn wir müssen darauf bedacht
sein, einerseits dem ihnen innewohnenden Zorn keine
Nahrung zu geben, anderseits ihre natürliche Anlage
nicht abzustumpfen. Die Sache fordert genaue Beobachtung; denn beides, sowohl was man fördern als
was man niederhalten will, erfordert ähnliche Behandlung. Leicht aber täuscht das Ähnliche auch die Auf-
merksamen. Es wächst das Selbstbewußtsein, wenn man
ihm die Zügel schießen läßt, wogegen es zu stark gemindert wird, wenn man ihm sklavische Unterwürfig-
keit zumutet; es fühlt sich gehoben, wenn es gelobt
wird, und gibt guten Hoffnungen für sich Raum, allein
eben dies Verfahren erzeugt auch Übermut und Zornsucht. Die Leitung muß also die Mitte halten zwischen
beiden, sie muß sich bald des Zügels bald des Sporns
bedienen. Dem Zögling darf nie etwas Erniedrigendes,
etwas Sklavenartiges zugemutet werden. Niemals soll

er in die Lage gebracht werden, demütig um etwas zu
bitten, noch soll er Nutzen davon haben, wenn er das
etwa tut, vielmehr soll man seinem Standpunkt Rechnung tragen und seine früheren Handlungen und löb-
lichen Versprechungen für die Zukunft ihm zugute
kommen lassen. Bei den Wettkämpfen mit den Altersgenossen soll er sich nach unserem Willen weder besiegen noch zum Zorn reizen lassen; man halte darauf,
daß er gute Kameradschaft hält mit denen, mit denen
er sich im Wettkampf zu messen pflegt, damit er sich
daran gewöhne, nicht schaden zu wollen, sondern zu
siegen; wenn er gesiegt und irgend etwas Lobwürdiges
vollbracht hat, mag er sich wohl gehoben fühlen, aber
nicht sich brüsten. Denn der Freude folgt Frohlocken,
dem Frohlocken Aufgeblasenheit und übertriebene Selbstschätzung. Man gönne ihm angemessene Erholung,
aber zu Schlaffheit und Trägheit lasse man es nicht
bei ihm kommen, und fern bleibe jede Berührung mit
Wollust. Denn nichts regt die Zornsucht mehr an als
eine weichliche und schmeichlerische Erziehung. Daher
die Erfahrung: je mehr man dem einzigen Söhnchen
nachsieht, je mehr man den Verwaisten erlaubt, um
so trauriger steht es um ihre Seele. Der wird den
Unbilden nicht gewachsen sein, dem niemals etwas ab-
geschlagen worden ist, dessen Tränen die besorgte
Mutter immer abgewischt hat, der mit seinen Klagen
über den Pädagogen stets Recht behalten hat. Siehst
du nicht, daß bei jeder Erhöhung der Stellung die
Neigung zum Zorn wächst? Bei Reichen und Vornehmen und hohen Beamten tritt das besonders hervor:
alles Nichtige und Eitele, was ihre Seele in sich barg,
wird durch die Gunst der Umstände zu rascher Blüte
gebracht. Das Glück nährt die Zornsucht, wenn ein
Schwarm von Schmeichlern die hochmütigen Hörer umdrängt: „Was? der sollte sich mit dir messen? Du

schätzest dich nicht hoch genug für deine Stellung, du
wirfst dich selbst weg“, und dergleichen Spornreden
mehr, denen selbst ein gesundes und von Haus aus
wohlbestelltes Gemüt kaum widersteht. Halte man
also das Knabenalter soweit wie möglich von jeder
Schmeichelei fern. Nur was wahr ist, soll der Knabe
hören. Furcht soll ihm nicht immer erspart bleiben,
sittliche Scheu soll ihm immer beiwohnen, Älteren soll
er Ehrerbietung bezeugen. Nichts soll er durch Zornsucht ertrotzen. Was dem Weinenden versagt ward,
soll dem Beruhigten gewährt werden. Den Reichtum
der Eltern mag er schauen, aber ausnutzen soll er ihn
nicht. Der Tadel soll ihm nicht erspart bleiben, wenn
er irgend gefehlt hat.

Von großer Wichtigkeit ist es, daß man den Knaben
freundliche Lehrer und Aufseher gibt. Alles, was noch
in zarter Jugend steht, schließt sich eng an das Nächste
an und nimmt es sich in seiner eigenen Entwickelung
zum Vorbild: in den Sitten der Jünglinge spiegelt sich
das Wesen der Ammen und Erzieher ab. Als ein bei
Platon erzogener Jüngling zu den Eltern zurückgebracht
ward und den Vater in heftigem Zank begriffen sah,
sagte er: „Dergleichen habe ich bei Platon niemals gesehen“. Kein Zweifel: die Nachahmung seines Vaters
wird ihm schneller gelungen sein als die des Platon.
Vor allem sei ihre Beköstigung einfach, ihr Gewand
nicht kostbar und ihr Aufwand nicht größer als der
ihrer Kameraden. Wer von Beginn an mit vielen auf
gleichem Fuß zu leben gewöhnt worden ist, der wird
nicht zürnen, wenn einmal einer ihm gleichgestellt wird.

22. Aber das alles hat nur für unsere Kinder Bedeutung. Was uns selbst anlangt, so ist die Zeit vorbei,
wo das Los der Geburt und die Erziehung noch Raum
ließ für Tadel oder Anweisung zum Besseren. Wir
müssen darauf bedacht sein, das Weitere nunmehr

folgen zu lassen. Wir müssen also die ersten Anlässe zum Zorn bekämpfen. Ursache der Zornsucht aber ist die Meinung, beleidigt zu sein, eine Meinung, der man mit starkem Mißtrauen begegnen muß. Selbst das, was offen und klar zutage liegt, darf man nicht ohne weiteres gelten lassen; denn es gibt manches Falsche, was den Schein der Wahrheit an sich trägt. Man muß sich immer Zeit nehmen: die Zeit offenbart erst die Wahrheit. Wer andere beschuldigt, gegen den muß man schwerhörig sein. Es gibt einen Fehler der menschlichen Natur, mit dem wir bekannt sein müssen, um uns zugleich auch vor ihm in acht zu nehmen, nämlich: wir glauben gern, was wir ungern hören, und geraten in Zorn, ehe wir uns ein ruhiges Urteil über die Sache gebildet haben. Und mehr noch: wir lassen uns nicht nur durch Beschuldigungen bestimmen, sondern auch durch bloßen Verdacht, ja, schon die zum Schlimmen ausgelegte Miene und das Lächeln eines anderen genügt uns, um ganz Unschuldigen zu zürnen. Daher muß man zunächst als Anwalt für den Abwesenden gegen sich selbst auftreten und mit dem Zorne zurückhalten. Denn eine aufgeschobene Strafe kann immer noch vollzogen werden; ist sie aber vollzogen, so kann sie nicht mehr zurückgenommen werden.

23. Man kennt die Geschichte von jenem Tyrannenmörder, der auf halbvollendeter Tat ergriffen ward: Hippias ließ ihn foltern, damit er die Mitwisser angebe. Da nannte er die umstehenden Freunde des Tyrannen, von denen er wußte, daß ihnen das Leben desselben besonders teuer war. Jener ließ darauf alle nacheinander, wie sie genannt worden waren, umbringen und fragte dann, wer noch übrig wäre. „Du allein", lautete die Antwort, „denn ich habe dir sonst keinen übrig gelassen, dem du lieb wärest." Der Zorn also machte es, daß der Tyrann dem Tyrannenmörder selbst

in die Hände arbeitete und seine eigenen Schutzwächter mit seinem Schwerte niedermachte.

Wie hebt sich davon des Alexander Hochherzigkeit ab! Er hatte von seiner Mutter einen Brief erhalten mit der Mahnung, sich vor dem Gifttrank seines Arztes Philippus in acht zu nehmen. Alexander las den Brief und leerte ohne Zagen den ihm dargereichten Becher: er hatte einen stärkeren Glauben an seinen Freund; er war es wert, einen Unschuldigen zum Freunde zu haben, war es wert, den tatsächlichen Beweis dafür zu geben! Ich lobe das an Alexander um so mehr, weil niemand mehr wie er den Anwandlungen des Zornes ausgesetzt war; je seltener bei Königen sich die Mäßigung findet, um so lobenswerter ist sie. Ähnlich ist das Verhalten des Cajus Caesar, der seinen Sieg im Bürgerkrieg durch außerordentliche Milde krönte: als ihm einige Kästchen mit Briefen an Cnejus Pompeius in die Hände fielen, deren Absender entweder auf der Gegenseite gestanden hatten oder neutral geblieben waren, verbrannte er sie. So maßvoll er auch zu zürnen pflegte, so zog er es doch vor, sich jeder Möglichkeit dazu zu berauben; als erwünschteste Art der Verzeihung erschien ihm die, gar nicht zu wissen, was jeder einzelne sich gegen ihn habe zuschulden kommen lassen.

24. Unglaublich viel Unheil richtet die Leichtgläubigkeit an. Oft darf man überhaupt nicht hinhören, denn in gewissen Fällen ist Selbsttäuschung besser als Mißtrauen. Man verbanne aus der Seele den Argwohn und das Mutmaßen, diese trügerischsten Reizmittel: „Der hat mich auffallend unfreundlich gegrüßt; der hat meinen Kuß nicht herzlich erwidert; der hat das Gespräch, kaum begonnen, rasch wieder abgebrochen; der hat mich nicht zu Tisch geladen; der machte eine Miene, die auf steigende Abneigung

schließen ließ." Und dem Verdacht folgt alsbald eine
Kette von Trugschlüssen: schlichte Unbefangenheit tut
uns not und eine wohlwollende Beurteilung der Dinge.
Nur was in die Augen springt und offensichtlich ist,
dürfen wir glauben, und wenn unser Argwohn sich als
nichtig erwiesen hat, dann müssen wir mit unserer
Leichtgläubigkeit scharf ins Gericht gehen; denn diese
schonungslose Kritik wird dahin führen, daß wir allmählich der Leichtgläubigkeit den Abschied geben.

25. Daraus folgt denn auch, daß wir uns nicht
durch elende Kleinigkeiten und Schmutzereien erbittern
lassen dürfen. Da ist ein Sklave nicht rührig genug,
da ist das Wasser für den Genießer zu lau oder das
Sofa nicht recht in Ordnung oder der Tisch nicht
richtig gedeckt: darüber sich aufzuregen, ist Wahnsinn. Wen ein leichter Luftzug frösteln macht, der
ist krank und von schwächlicher Gesundheit; wen ein
weißes Kleid unwirsch macht, der ist mit einem Augenleiden behaftet; wer Seitenstechen bekommt beim Anblick fremder Arbeit, der ist ein ausgemachter Woll-
lüstling. Vom Mindyrides, einem Bürger von Sybaris,
erzählt man, er habe, als er einen Arbeiter sah, der
beim Graben seine Hacke etwas hoch in die Luft
schwang, geklagt, er werde müde, und habe ihm verboten seine Arbeit in seiner Anwesenheit fortzusetzen.
Derselbe Mensch klagte über Übelbefinden, weil er auf
einer ungleichmäßigen Schicht von Rosenblättern [35])
gelegen hätte. Wo die Lustbegierden einmal Seele und
Körper zugleich zerrüttet haben, findet man nichts
mehr erträglich, nicht weil es hart ist, sondern weil
es ein Weichling ist, der es über sich ergehen lassen
muß. Denn was hat es doch für einen Sinn, wenn
einen das Husten oder Niesen irgend jemandes in Wut
versetzt, oder eine Fliege, die man nicht mit der gehörigen Achtsamkeit von ihm verscheucht hat, oder ein

Hund, der einem zwischen die Beine läuft, oder ein Schlüssel, den ein unachtsamer Diener hat aus der Hand fallen lassen? Wie soll denn einer, dessen Ohren höchst empfindlich sind gegen das Knarren eines Sessels, den man wegschiebt, sich gelassen abfinden mit den Schmähungen seiner Mitbürger oder den Verwünschungen, mit denen man ihn in der Volksversammlung oder der Kurie überhäuft? Wird er den Hunger und den Durst auf einem Sommermarsch aushalten, er, der dem Diener zürnt, der ihm das Getränk nicht gehörig mit Schnee mischt? Nichts also nährt die Zornsucht mehr als maßlose und völlig energielose Üppigkeit. Die Seele will hart behandelt sein, damit sie nicht jeden Schlag empfindet, sondern nur die harten.

26. Wir zürnen entweder solchen Wesen, von denen uns überhaupt keine Beleidigung widerfahren konnte, oder solchen, von denen dies der Fall sein konnte. Von den ersteren ist einiges ohne Empfindung, wie z. B. ein Buch, das man häufig von sich wirft, weil es mit zu kleinen Buchstaben geschrieben, oder zerreißt, weil es fehlerhaft ist, wie Kleider, die man auseinander reißt, weil sie unser Mißfallen erregen. Wie töricht, Dingen zu zürnen, die unseren Zorn weder verdient haben noch ihn fühlen! „Aber im Grunde sind es nicht die Dinge, die uns ärgern, sondern die Leute, die sie gemacht haben." Zunächst geraten wir häufig in Zorn, ohne noch überhaupt an diese Unterscheidung zu denken. Sodann werden vielleicht die werktätigen Urheber selbst sich genügend zu entschuldigen wissen: der eine hat es nicht besser machen können als er's gemacht hat, und wenn er sein Handwerk nicht vollständig beherrscht, so liegt darin nicht die Absicht, dich zu beleidigen. Ein anderer hat seine Arbeit nicht zu dem Zwecke geliefert, um dich zu ärgern. Schließlich, was ist törichter, als seine Galle, deren Ansammlung doch nur

den Menschen galt, sich gegen bloße Sachen ergießen zu lassen? Und so wie es sinnlos ist, dem Leblosen zu zürnen, so gilt das auch von unserem Verhältnis zu den unvernünftigen Tieren, die uns nicht beleidigen können, weil ihnen der Wille dazu fehlt; denn es gibt keine Beleidigung, sie gehe denn aus Absicht hervor. Schaden also können sie uns wohl wie ein Schwert oder ein Stein, aber beleidigen können sie uns nicht. Gleichwohl gibt es Leute, die es als eine Beleidigung ansehen, wenn sich dieselben Pferde gegen den einen folgsam, gegen den anderen störrisch zeigen, als ob es der urteilende Verstand und nicht die bloße Gewohnheit in Verbindung mit der Kunst der Behandlung wäre, die gewisse Tiere gewissen Menschen gefügiger macht. So wie es denn töricht ist, darüber zu zürnen, so nicht minder gegenüber Kindern und solchen, deren Verstand nicht weit über den kindlichen Verstand hinausreicht. Denn alle dergleichen Vergehen haben in den Augen eines billigen Richters in dem Unverstand einen zureichenden Anwalt für ihre Unschuld.

27. Manches kann gar nicht schaden und hat nur wohltätige und heilsame Kraft, wie die unsterblichen Götter, die weder schaden wollen noch können; denn ihr ganzes Wesen ist Milde und Freundlichkeit, so weit entfernt anderen Unrecht zu tun wie sich selbst. Es sind also Toren und völlige Verkenner der Wahrheit, die die Gottheit verantwortlich machen für das Toben des Meeres, für die Maßlosigkeit der Regengüsse, für die Härte des Winters, während doch tatsächlich nichts von all dem, was uns schadet und nützt, ausgerechnet um unsertwillen geschieht. Denn wir sind für das Weltall nicht der Grund des Wechsels zwischen Winter und Sommer. Diese Erscheinungen folgen ihren eigenen Gesetzen, in denen der göttliche Wille seine Erfüllung findet. Es ist nichts als Überhebung, wenn wir uns

einbilden, wir seien danach angetan, daß um unsertwillen so gewaltige Kräfte sich in Bewegung setzen. Nichts also von all dem geschieht, um uns dadurch Leid zu bereiten, im Gegenteil, es geschieht alles zu unserem Heil. Manches, behaupteten wir, k ö n n e überhaupt nicht schaden, anderes w o l l e es nicht. Zu letzterem gehören gute Obrigkeiten, Eltern, Lehrer und Richter, deren Strafmaßnahmen man eine ähnliche Bedeutung beilegen muß wie etwa einem chirurgischen Messer oder der Enthaltsamkeit oder was sonst uns Qualen bereitet, um uns zu nützen. Angenommen, wir sind bestraft worden; gut, dann sollen wir nicht nur an das denken, was wir leiden, sondern auch an das, was wir verübt haben, und sollen mit uns zu Rate gehen über unsere Lebensführung. Wenn wir uns nur selbst die Wahrheit eingestehen wollen, so werden wir uns ein höheres Strafmaß zuerkennen.

28. Wollen wir billige Richter der Dinge im ganzen sein, so müssen wir uns zunächst sagen, daß niemand von uns Menschen ohne Schuld ist. Aus der Nichtbeachtung dieser Tatsache erklärt sich der grelle Aufschrei der Entrüstung: „Ich habe nichts verbrochen, ich habe nichts getan." Nein! Du gestehst nur nichts ein. Wir sind empört über irgend welche Zurechtweisung oder Strafe, die uns widerfahren ist, und in demselben Augenblick vergehen wir uns dadurch, daß wir unseren Missetaten auch noch Anmaßung und Trotz hinzufügen. Wer kann sagen, er habe sich keine einzige Gesetzwidrigkeit zuschulden kommen lassen? Gesetzt aber, dem sei so, was ist das doch für eine armselige Unschuld, bloß vor dem Gesetze gut zu sein! Wie viel weiter reicht das Gebot der Pflichten als das des Rechtes [36]). Wie vieles fordert die Frömmigkeit, die Menschenliebe, der Edelmut, die Gerechtigkeit, die Treue, was alles auf den Gesetzestafeln nicht verzeichnet

ist. Allein selbst bei völliger Einschränkung auf den Wortlaut des Gesetzes können wir uns vor uns selbst nicht genügend rechtfertigen: unsere Gedanken stimmten zuweilen nicht völlig überein mit unseren Taten, wir wünschten im stillen anderes, begünstigten anderes, und ab und zu sind wir nur deshalb unschuldig, weil unsere eigentliche Absicht nicht erreicht ward. Der Gedanke daran soll uns zu billigerem Urteil über Verfehlungen anderer verhelfen, soll uns nachsichtiger machen gegen die, welche uns schmähen. Auf keinen Fall dürfen wir braven Männern zürnen (denn wer soll verschont bleiben, wenn wir auch den Braven [37]) zürnen?), am allerwenigsten den Göttern; denn nicht sie sind es, sondern das Gesetz der Sterblichkeit ist es, das uns jegliches Ungemach auferlegt. „Aber Krankheiten und Schmerzen stürmen auf uns ein!" Nun, etwas müssen wir uns doch gefallen lassen, wir, denen diese hinfällige Wohnstätte nun einmal als ihr Los zugefallen ist.

Sagt man dir, daß sich jemand ungünstig über dich geäußert habe, so besinne dich, ob du nicht selbst früher einmal dir so etwas gegen ihn erlaubt hast, besinne dich, über wie viele du so redest. Wir müssen meiner Meinung nach uns sagen, daß manche uns nicht Unrecht tun, sondern es nur vergelten, andere sogar im Grunde es mit uns ganz gut meinen [38]), andere unter dem Druck der Notwendigkeit handeln, noch andere aus Unkunde, ja daß selbst die, welche es mit Willen und Wissen tun, es mit ihrer Beleidigung gegen uns nicht auf die Beleidigung selbst abgesehen haben: mancher hat sich durch den Kitzel der Witzelei hinreißen lassen, oder hat etwas getan, nicht um uns zu schaden, sondern weil er selbst seinen Zweck nicht erreichen konnte, ohne uns dabei zugleich einen Hieb zu versetzen; oft beleidigt die Schmeichelei, eben indem sie schmeichelt. Denke doch jeder an sich selbst: wie oft er in falschen Verdacht geraten ist, wie viele seiner dienstlichen Leistungen das Schicksal hatten, für Beleidigungen angesehen zu werden, wie viele er erst gehaßt hat, ehe er sie zu lieben begann; dann wird er es nicht über sich bringen, sofort zu zürnen, zumal er sich im stillen in jedem einzelnen Falle vermutlicher Beleidigung sagt: „Das habe ich auch selbst schon mir zuschulden kommen lassen." Aber wo wirst du einen so ehrlichen Selbstrichter finden? Der Nämliche, der lüstern auf eines jeden anderen Weib schaut und sich voll berechtigt glaubt sie zu lieben, weil sie einem anderen zugehört, der leidet es nicht, daß man seine Gattin auch nur ansehe. Der Treulose fordert am strengsten das Einhalten der Treue; wer selbst ein Eidbrecher ist, will keine Lüge ungestraft durchgehen lassen; der gewerbsmäßige Verleumder will es sich nicht gefallen lassen, daß man ihm selbst den Prozeß macht, und wer sich selbst alles erlaubt, duldet es nicht, daß man auf die Züchtigkeit seiner Sklaven einen Angriff mache. Für fremde Fehler haben wir ein scharfes Auge, unsere eigenen sehen wir nicht [39]). Daher die sonderbaren Erscheinungen: der Vater, selbst schlechter als sein Sohn, verweist diesem die vorzeitigen Gelage, und wer seiner eigenen Genußsucht nichts versagt, ist unerbittlich streng gegen die Genußsucht anderer, der Tyrann zürnt über den Mörder, und der Tempelräuber bestraft den Diebstahl. Ein gut Teil der Menschen zürnt nicht den Fehlern, sondern denen, die sie begehen. Wir werden uns größere Mäßigung auferlegen, wenn wir den Blick auf uns selbst gerichtet halten und uns fragen: „Haben wir nicht auch selbst schon etwas Derartiges begangen? Ist uns nicht schon ein ähnlicher Irrtum untergelaufen? Was soll es also heißen, wenn wir das Verdammungsurteil darüber aussprechen?"

29. Das wirksamste Mittel gegen den Zorn ist Aufschub. Fordere vom Zorn zunächst nicht, daß er verzeihe, sondern daß er sich ein Urteil bilde. Seine ersten Regungen sind heftig; er wird nachlassen, wenn man ihm Zeit läßt. Und versuche es nicht, ihn auf einmal mit einem Hiebe zu fällen; man wird seiner ganz Herr werden, wenn man ihn stückweise in Angriff nimmt. Was uns zum Zorne reizt, beruht teils auf den Mitteilungen anderer, teils auf dem, was wir selbst hören oder sehen. Was uns von anderen zugetragen wird, dürfen wir nicht sofort glauben; viele sagen die Unwahrheit, um zu täuschen, viele, weil sie selbst getäuscht worden sind. Manche suchen durch Beschuldigung anderer sich Gunst zu erhaschen, und erfinden Beleidigungen, um den Schein zu erwecken, als empfänden sie Bedauern darüber. Mancher ist boshaft und geht darauf aus, innige Freundschaften zu trennen. Er säet Mißtrauen und hat seine Freude daran, dem Schauspiel zuzusehen und aus sicherer Ferne die nunmehr Verfeindeten zu beobachten.

Sollst du über eine winzige Summe als Richter entscheiden, so würdest du keinen Beweis ohne Zeugen annehmen, würdest keinen Zeugen ohne Eid gelten lassen, würdest beiden Parteien einen Anwalt bestellen, würdest ihnen Zeit geben und sie nicht bloß einmal anhören; denn die Wahrheit tritt um so klarer ans Licht, je häufiger man sich mit ihr beschäftigt: einen Freund aber willst du im Augenblick verdammen? Ohne ihn anzuhören, ohne ihn zu fragen, ohne ihm die Möglichkeit zu geben, seinen Ankläger kennenzulernen oder sein Verbrechen, zürnst du ihm? Hast du denn schon die Aussagen beider Seiten vernommen? Eben der, der es dir hinterbracht hat, wird sich in Schweigen hüllen, wenn er den Beweis liefern soll. „Du darfst mich nicht in den Handel hineinziehen; soll ich vor

Gericht erscheinen, so werde ich leugnen; gibst du nicht nach, so werde ich dir nie wieder etwas mitteilen." So schürt er, und gleichzeitig entzieht er sich selbst dem Streit und dem Kampf. Will dir jemand nur im geheimen etwas mitteilen, so ist das so gut, als ob er es überhaupt nicht mitteilte. Was ist unbilliger als im geheimen glauben und doch unverhohlen zürnen?

30. In manchen Fällen sind wir selbst Zeugen der uns zugefügten Beleidigung [40]). Dabei werden wir die Natur und den Charakter der Täter genau in Betracht ziehen. Ist es ein Kind, so wird man seiner Jugend etwas zugute halten; es weiß nicht, ob es wirklich unrecht tut. Ist es dein Vater, so hat er sich entweder durch das Gute, das von ihm ausgegangen, auch das Recht verschafft, sich einmal gehen zu lassen, oder, was uns anstößig ist, ist vielleicht sogar ihm als Verdienst anzurechnen. Ist es ein Weib, so glaube an einen bloßen Irrtum. Hat er auf Befehl gehandelt, nun, wer kann so unbillig sein, der Notwendigkeit zu grollen? Ist es ein Beleidigter, nun, es geschieht dir kein Unrecht, wenn du erleidest, was du zuvor selbst getan hast. Ist es ein Richter, so traue seinem Urteil mehr als deinem eigenen. Ist es ein König: wenn er in dir einen Schuldigen straft, so füge dich der Gerechtigkeit, wenn einem Unschuldigen, so füge dich dem Schicksal. Ist's ein unvernünftiges Tier oder etwas dem Ähnliches, so stellst du dich ihm gleich, wenn du zornig wirst. Ist's eine Krankheit oder ein Unfall, es wird leichter an dir vorüberziehen, wenn du geduldig ausharrst. Ist's eine Gottheit, dann ist's ebenso vergeblich, wenn du ihr zürnst, als wenn du ihren Zorn auf einen anderen herabflehst. Ist es ein braver Mann, der dir Unrecht getan hat, so glaube es nicht; ist es ein Böser, so wundere dich nicht; er wird von einem anderen zur Rechenschaft gezogen werden, die er dir

schuldet, und überdies ist, wer gesündigt hat, schon durch sich selbst gestraft.

31. Es gibt, wie oben gesagt, zwei Arten von Veranlassungen zum Zorn: erstens, wenn wir glauben, Unrecht erfahren zu haben, worüber zur Genüge gesprochen worden ist; zweitens, wenn wir glauben, es sei uns unbilliger Weise zugefügt worden. Dies letztere ist nun zu erörtern. Für unbillig halten die Menschen manches, weil sie es nicht verdient hätten davon betroffen zu werden, manches auch, weil sie es nicht erwartet hätten. Für unwürdig halten wir, was uns unvermutet kommt; daher regt uns am heftigsten das auf, was gegen unser Hoffen und Erwarten eintritt, und daher kommt es auch, daß uns im Hauswesen eine Kleinigkeit in Harnisch bringt, und daß man unter Freunden Unrecht nennt, was eine bloße Nachlässigkeit ist.

„Wie kommt es also“, fragt man, „daß uns die Beleidigungen von Feinden[41]) in Aufregung versetzen?“ Weil wir sie nicht erwartet haben oder wenigstens nicht in diesem Grade. Das ist die Folge unserer übertriebenen Selbstliebe. Wir bilden uns ein, wir müßten auch unseren Feinden als unverletzlich gelten; jeder kommt sich vor wie ein König, der sich anderen gegenüber alles erlauben darf, sich selbst aber verschont wissen will. Entweder also ist es der Stolz, der uns zornsüchtig macht, oder unsere mangelhafte Weltkenntnis: denn wie kann man sich darüber wundern, daß Schurken Schurkereien verüben? Ist es denn etwas Unerhörtes, wenn ein Feind schadet, ein Freund einen Verstoß macht, ein Sohn einen Fehltritt tut, ein Sklave sich etwas zuschulden kommen läßt? — Fabius erklärte, es sei die erbärmlichste Ausrede für einen Feldherren, wenn er sage: „Das hätte ich nicht geglaubt.“ Meiner Ansicht nach ist es die erbärmlichste

Entschuldigung für den Menschen überhaupt. Sei auf alles gefaßt und innerlich vorbereitet: selbst ein guter Charakter wird seine rauheren Seiten haben. Es liegt nun einmal in der menschlichen Natur die Anlage zur Hinterlist, zur Undankbarkeit, zur Begehrlichkeit, zur Ruchlosigkeit. Willst du über den Charakter eines einzelnen urteilen, so denke immer an die Gesamtheit. Wo du am fröhlichsten bist, hast du am meisten zu fürchten. Wo dir alles ruhig scheint, da fehlt es nicht an drohendem Schaden, nur daß er noch auf sich warten läßt. Denke immer, es könne etwas eintreten, was dir Leid bringt. Der Steuermann ist niemals so leichtsinnig, alle seine Segel ohne Vorkehrungen auszuspannen: er sorgt für gehörige Bereitschaft aller Handhaben zum Einreffen. Vor allem bedenke auch dies: die Macht zu schaden ist etwas Gräßliches und Verwünschenswertes und dem Menschen am wenigsten Wohlanstehendes, der freundlich genug ist, auch das Wilde zu zähmen. Schaue hin auf die Elefanten, wie ihr Nacken dem Joche sich beugt, schau, wie auf dem Rücken von Stieren Kinder und Frauen sicher und sorglos umherspringen und wie beim Gelage einem Schlangen sich die Brust hinaufwinden, ohne einem Schaden zu tun, schaue auch inmitten der Häuser Bären und Löwen, die sich ruhig streicheln lassen, und sonst noch allerhand wilde Tiere, die ihrem Herrn schmeicheln: schämen muß man sich, die Rollen zwischen Tier und Mensch vertauscht zu sehen.

Es ist ein Frevel, dem Vaterlande zu schaden, also auch ein Frevel, einem Mitbürger zu schaden, denn er ist ein Teil deines Vaterlandes — die Teile sind heilig, wenn das Ganze ehrfurchtgebietend ist —, folglich auch einem Menschen überhaupt, denn er ist dein Mitbürger in einer größeren Stadt. Sollten etwa auch die Hände den Füßen schaden und den Händen die Augen? Wie alle Glieder miteinander einig sind, weil die Erhaltung jedes einzelnen im Interesse des Ganzen liegt, so sollen die Menschen jeden einzelnen schonen, weil sie zur Gemeinschaft geboren sind, das Wohl der Gemeinschaft aber nicht gewahrt werden kann ohne die liebevolle Obhut über die Teile.

Selbst die Vipern und Nattern, und was sonst durch Biß oder Stich schadet, würden wir nicht ausrotten, wenn wir sie auf weiterhin zahm machen oder es dahin bringen könnten, sie für uns und andere ungefährlich zu machen: also werden wir auch einem Menschen nicht Schaden zufügen, weil er sich vergangen hat, sondern damit er sich nicht wieder vergehe; die Strafe soll sich niemals auf die Vergangenheit beziehen, sondern auf die Zukunft, sie zürnt nicht, sondern beugt vor. Denn wollte man jeden strafen, der einen Zug zum Schlimmen und Bösen in sich hat, so dürfte niemandem die Strafe erspart bleiben [42]).

32. „Aber der Zorn", sagt man, „hat doch einen gewissen Lustreiz; es ist süß, den Schmerz wieder heimzuzahlen." Keineswegs. Bei Wohltaten macht es einem Ehre, Güte mit Güte zu erwidern; anders steht es mit der Erwiderung von Beleidigungen durch Beleidigungen. Dort ist es schimpflich, sich besiegen zu lassen; hier ist es schimpflich, zu siegen. Es gibt ein aller Menschlichkeit spottendes Wort, das gleichwohl überall im Sinne der Gerechtigkeit im Umlauf ist: Wiedervergeltung (Talion). Es unterscheidet sich von „Beleidigung" nur durch die Reihenfolge: wer den Schmerz heimzahlt, hat nur eher eine Entschuldigung für sein Vergehen [43]). Dem Markus Cato versetzte einer aus Versehen im Bade einen Schlag — denn wer hätte ihm absichtlich etwas zu Leide getan? — Als er dann um Verzeihung bat, sagte Cato: „Ich wüßte mich nicht an einen solchen Schlag zu erinnern."

Er hielt es für besser, von der Sache nichts wissen zu wollen, als sich zu rächen. Du fragst, ob jenem nach einem solchen Streich nichts Schlimmes widerfahren sei? Gott bewahre, nichts als Gutes. Er machte Bekanntschaft mit Cato. Es zeugt von Hochherzigkeit, wenn man Beleidigungen verachtet. Die kränkendste Art von Rache, die einen treffen kann, ist es, gar nicht für wert gehalten zu werden, um ein Opfer der Rache zu werden. Bei vielen haben sich leichte Beleidigungen gerade dadurch tiefer in ihre Seele eingegraben, daß sie sich rächten. Der ist eine große und edle Erscheinung, der es macht wie ein gewaltiges Tier, das das Gebell kleiner Hunde anhört, ohne sich darum zu bekümmern.

33. „Man wird", heißt es, „sich weniger verachtet sehen, wenn man sich für eine Beleidigung rächt." Wenn wir zur Rache greifen wie zu einem Heilmittel, so soll es ohne Zorn geschehen, nicht als wenn Rache süß wäre, aber doch gewissermaßen nützlich. Oft aber ist's besser, von der Sache nichts wissen zu wollen, als sich zu rächen. Beleidigungen von seiten der Machthaber muß man mit heiterer Miene ertragen, nicht bloß mit Geduld: sie werden es wieder so machen, wenn sie sehen, daß sie ihren Zweck erreicht haben. Das ist der schlimmste Fehler an Menschen, die durch großes Glück übermütig geworden sind: wen sie beleidigt haben, den hassen sie auch. Allbekannt ist die Äußerung eines Mannes, der im Dienste der Könige grau geworden war. Als ihn jemand fragte, wie er zu dem gelangt sei, was bei Hofe die größte Ausnahme ist, nämlich zum Greisenalter, antwortete er: „Dadurch, daß ich mir Beleidigungen gefallen ließ und noch Dank dafür sagte". Oft liegt die Sache so, daß es weit besser ist, überhaupt sich nichts merken zu lassen, als die Beleidigung zu rächen[44]).

Cajus Caesar (Caligula) ließ den Sohn des hochangesehenen römischen Ritters Pastor in den Kerker sperren, weil er sich nicht mit seinen Toilettenkünsten und seiner Haarkräuselei befreunden könnte. Der Vater bat, ihm den Sohn am Leben zu lassen; da ließ ihn (den Sohn) der Kaiser sofort hinrichten, als wäre er durch diese Bitte erst auf die Hinrichtung hingewiesen worden. Um sich aber gegen den Vater nicht aller menschlichen Rücksichten zu entschlagen, lud er ihn an dem Todestag zur Tafel. Pastor fand sich ein, ohne in seiner Miene irgendwelche Verstimmung erkennen zu lassen. Der Kaiser ließ ihm eine halbe Kanne vorsetzen und ließ einen Beobachter neben ihm Platz nehmen. Der Ärmste hielt durch in einer Lage, in der es ihm vorkommen mußte als ob er seines Sohnes Blut tränke. Der Kaiser ließ ihm Salböl und Kränze überreichen und befahl acht zu geben, ob er sie annahm: er nahm sie. An dem Tage; wo er seinen Sohn begraben, nein, wo er ihn nicht begraben hatte, saß er an einer Tafel von hundert Gästen und schlürfte Getränke, wie sie kaum an den Geburtstagen seiner Kinder am Platze gewesen wären, er, der von Podagra heimgesuchte Greis, ohne eine Träne zu vergießen und ohne durch das geringste Zeichen seinen Schmerz kund zu geben. Er benahm sich als Gast beim Mahl gerade so, als ob er mit seiner Bitte beim Kaiser durchgedrungen wäre. Du frägst: Warum? Er hatte noch einen zweiten Sohn. Man vergleiche damit den Priamus. Verbarg er nicht auch seinen Zorn, umfaßte er nicht die Kniee des Königs, führte er nicht die mörderische und vom Blut seines Sohnes triefende Hand an seinen Mund, nahm er nicht am Mahl teil? Ja, aber ohne Salböl, ohne Kränze, und sein grimmigster Feind mußte viel Trostworte aufwenden, um ihn dahin zu bringen, daß er überhaupt Speise zu sich nahm, und nicht etwa, daß er gewaltige Becher zu leeren hatte unter der Aufsicht eines ihm beigegebenen Beobachters. Du hättest den römischen Vater verachten mögen [45]), wenn er in Angst um sich selbst gewesen wäre; so aber war es die Liebe zu seinen Kindern, die seinen Zorn in Schranken hielt. Er hätte es verdient, sich von der Tafel entfernen zu dürfen, um die Gebeine seines Sohnes zu sammeln; selbst dies gestattete der zuweilen doch auch gütige und freundliche junge Kaiser nicht: durch häufiges Zutrinken mahnte er den Greis, sich seines Kummers zu entschlagen, und suchte ihn dadurch nur noch mehr zu reizen; dagegen zeigte sich jener froh und uneingedenk dessen, was an diesem Tage sich abgespielt hatte: um den anderen Sohn war's geschehen, wenn es dem Gast nicht gelungen wäre, sich dem Henker wohlgefällig zu machen.

34. Dem Zorn also muß man entsagen, gleichviel ob der Gegner uns gewachsen ist oder mächtiger oder schwächer. Mit einem, der uns gleich ist, sich zu messen, ist eine bedenkliche Sache, mit einem Überlegenen, eine Tollwut, mit einem Schwächeren, eine Erniedrigung. Es verrät eine kleinliche und elende Sinnesart, den, der einen beißt, wieder zu beißen. Mäuse und Ameisen passen auf dich auf, wenn du nur die kleinste Handbewegung nach ihnen zu machst; alles Schwache fühlt sich verletzt, wenn es berührt wird.

Es wird uns zu größerer Milde stimmen, wenn wir an das Gute denken, was uns der, dem wir jetzt zürnen, früher einmal erwiesen hat, und seine Verdienste werden die Beleidigung ausgleichen. Auch das sollen wir in Betracht ziehen, wie viel der Ruf unserer Milde dazu beitragen wird, uns beliebt zu machen, wie viele nützliche Freunde uns unsere Nachsicht verschaffen kann.

So wollen wir auch dem Zorn entsagen gegen die Kinder von Gegnern und Feinden. Zu den Beispielen von Sullas Grausamkeit gehört auch die Tatsache, daß er selbst die Kinder der Geächteten aus dem Staate entfernte. Nichts ist unbilliger, als den Haß gegen den Vater auf den Sohn sich vererben zu lassen. So oft wir uns nicht geneigt fühlen Verzeihung zu gewähren, sollten wir uns fragen, ob es uns vorteilhaft wäre, wenn keines Menschen Herz der Verzeihung fähig wäre: wie oft hat einer um Verzeihung bitten müssen, der sie seinerseits versagt hatte! Wie oft hat er sich flehend dem zu Füßen geworfen, den er von seinen zurückgestoßen! Was ist rühmlicher, als den Zorn mit Freundschaft zu vertauschen? Wie steht es mit dem römischen Volk? Sind nicht diejenigen seine treuesten Bundesgenossen, die vorher seine hartnäckigsten Feinde waren? Wie stünde es heute um das Reich, wenn nicht eine heilsame Vorsorge Sieger und Besiegte zu einer Einheit verschmolzen hätte? Gesetzt, es zürnt dir einer: reize ihn dagegen durch Wohltaten. Der Zwist hört sofort auf, wenn die eine Partei zurücktritt; Kampf setzt immer den gleichen Kampfeswillen auf beiden Seiten voraus. Aber der beiderseitige Zorn treibt beide gegeneinander, es kommt zum Kampfe. Der verdient den Vorzug, der sich zuerst zurückzieht; der Sieger ist hier der Besiegte. Es hat dir einer einen Stoß versetzt: weiche zurück; denn erwiderst du den Stoß, so wird das nur Anlaß geben zu weiteren Stößen und zu Entschuldigung; du kannst dich nicht mehr losreißen, auch wenn du möchtest.

35. Würde wohl jemand wünschen, den Feind mit solcher Wucht zu verwunden, daß die Hand in der Wunde stecken bliebe und sich nicht wieder herausziehen ließe? Eine derartige Waffe aber ist der Zorn:

er läßt sich kaum rückgängig machen. Handelt es sich um Waffen und Schwert, so gehen wir bei der Auswahl mit aller Vorsicht zu Werke; sie müssen handlich sein, das Schwert bequem und gefügig: was aber die Leidenschaften anlangt, diese schweren und wuchtigen und nicht zu stillenden Seelenerregungen, so wollen wir nicht suchen, ihnen vorzubeugen? Mir will nur die Art von Schnelligkeit gefallen, die auf Befehl auch den Schritt hemmt und nicht über das bestimmte Ziel hinüberstürmt, sondern sich lenken läßt und aus vollem Lauf zum Schritt überzugehen weiß. Kein Zweifel: unsere Nerven sind krank, wenn sie unwillkürlich zucken. Der ist ein Greis oder ein Schwächling, der, wenn er spazieren gehen will, ins Rennen gerät. Was unsere Seelenregungen anlangt, so müssen wir diejenigen für die gesündesten und kräftigsten halten, die nicht dem eigenen blinden Triebe folgen, sondern sich durch unser Urteil bestimmen lassen. Dabei wird aber nichts nützlicher sein, als den Blick zuerst zu richten auf das Häßliche und Entstellende der Sache, sodann auf das Gefährliche derselben. Keine Leidenschaft aber zeigt ein Bild größerer Störungen und Verworrenheit als der Zorn. Er entstellt das schönste Antlitz, macht die ruhigsten Gesichtszüge wild, aller Anstand schwindet bei den Zornigen; mag ihre Kleidung auch noch so regelrecht gewesen sein, sie lassen nun ihr Gewand schleppen und vergessen sich völlig; mag ihr Haar, sei es von Natur oder durch Kunst, dem Auge auch noch so gut gefallen, jetzt bäumt es sich auf wie ihr Gemüt; die Adern schwellen, die Brust wird durch das rasche Atmen gewaltig erschüttert, der wütende Ausbruch der Stimme droht den Hals zu zersprengen, die Glieder zittern, die Hände sind unruhig, der ganze Körper in schwankender Bewegung. Wie mag es drinnen in der

Seele aussehen, wenn die äußere Erscheinung einen so abstoßenden Eindruck macht! Wie viel entsetzlicher noch wird sich das Innere ausnehmen mit dem gesteigerten Atem, der ungestümeren Leidenschaft, die bersten muß, wenn sie nicht ausbricht. Male dir im Geiste Bilder aus von Feinden oder von wilden Tieren, die von Mordlust triefen oder zum Morde sich aufmachen, denke an die Ungeheuer der Unterwelt, wie sie die Phantasie der Dichter geschaffen hat, mit Schlangen umwunden und feurigen Hauches, Gestalten wie die Furien, die um Krieg zu entzünden und Zwietracht zu säen unter den Völkern und den Frieden in Stücke zu zerreißen als greulichste Gestalten aus der Unterwelt hervortauchen: das ist das Bild, das wir uns vom Zorn machen müssen, die Augen blitzend von Feuersglut, die Stimme ein Wechsel von Zischen, Brüllen, Stöhnen, Knirschen und was es für noch häßlichere Töne geben mag, mit beiden Händen die Waffen schüttelnd (denn sich durch einen Schild zu schützen, daran denkt er nicht), wild um sich blickend, voll Blut und Narben und Spuren der Schläge gegen sich selbst, wahnsinnigen Ganges, umhüllt mit tiefer Finsternis, anstürmend, verheerend, verscheuchend, verfolgt vom Hasse aller, am meisten von dem eigenen, und, wenn er anders nicht kann, von dem Wunsche beseelt, Erde, Meer und Himmel zum Einsturz zu bringen, voll Haß zugleich und gehaßt. Oder, wenn man will, mag man ihn sich in der Gestalt denken, wie sie der Dichter malt [46]:

Und froh hebet den Schritt im zerrissenen Mantel die Zwietracht,
Welcher in Haß nachschreitet mit blutiger Geißel Bellona.

oder was man sich sonst für eine noch abschreckendere Gestalt dieser abschreckenden Leidenschaft ausdenken mag [47].

36. **Manchem Zornigen hat, wie Sextius sagt, ein Blick in den Spiegel sich nützlich erwiesen.** Die ungeheuerliche Umwandlung ihrer Erscheinung machte sie ganz verwirrt. Sie erkannten sich gleichsam nicht wieder in diesem ihrem gegenwärtigen Zustand. Und was für einen winzigen Teil ihrer Häßlichkeit gab dies Spiegelbild wieder. Könnte sich die Seele mit Augen schauen lassen, könnte sie irgendwie durch die Materie hindurchleuchten, der Anblick würde uns förmlich bestürzt machen, so schwarz, so besudelt, so aufwallend, so verzerrt, so verschwollen würde sie uns vorkommen. Schon jetzt, wo sie sich nur durch eine dichte Decke von Knochen, Fleisch und sonstigen Hindernissen zu erkennen gibt, ist ihre Häßlichkeit abschreckend genug: wie vollends, wenn sie sich unverhüllt sehen ließe? Du willst nicht glauben, es sei schon irgend jemand durch den Spiegel vom Zorn abgeschreckt worden. Wie steht's damit? Wer zum Spiegel ging, um sich zu ändern, der hatte sich bereits geändert; so lange sie noch in vollem Zorn sind, gibt es ja doch für die Zornigen kein schöneres Bild als das des Furchtbaren und Erschrecklichen, und demgemäß wünschen sie auch zu erscheinen.

Wichtiger also ist es, sich danach umzutun, wie vielen der Zorn an und für sich geschadet hat. Manche haben durch das Übermaß von Hitze sich die Adern gesprengt, und der ihre Kraft übersteigende Aufwand von Stimme hat zu Blutstürzen geführt, und die sich heftig in die Augen ergießende Feuchtigkeit hat ihnen die Sehkraft genommen, und frühere Krankheiten brachen aufs neue aus. Es gibt keinen schnelleren Weg zum Wahnsinn. Viele sind daher im Zorn stecken geblieben und haben ihren einmal hinausgetriebenen Verstand niemals wiederbekommen: den Ajax trieb die Raserei in den Tod, in die Raserei trieb ihn der Zorn.

Auf ihre Kinder flehen sie den Tod herab, auf sich selbst die Armut, auf ihr Haus den Einsturz, und dabei leugnen sie ihren Zorn ab ebenso wie die Rasenden ihren Wahnsinn. Ihren besten Freunden werden sie Feind, und von ihren treuesten Anhängern werden sie gemieden; die Gesetze, außer soweit sie die Handhabe bieten, anderen zu schaden, vergessen sie, die geringste Kleinigkeit bringt sie in Harnisch, sie lassen nicht mit sich reden, sich keine Gefälligkeit erweisen, alles soll gewaltsam geschehen; mit dem Schwert sind sie bei der Hand, um zu kämpfen und um sich damit den Todesstoß zu geben. Denn das größte Übel, gegen das alle anderen Laster zurücktreten, hat sich ihrer bemächtigt. Andere Laster halten allmählich ihren Einzug; die Gewalt des Zornes dagegen ist eine plötzliche und auf einmal alles überwältigende. Schließlich macht er sich alle anderen Leidenschaften untertan: er überwindet die feurigste Liebe. Von Zorn erfüllt haben manche ihre Lieblinge erstochen, um dann sich denen in die Arme zu werfen, denen sie den Tod gegeben. Selbst den Geiz, das härteste und am wenigsten beugsame Übel, hat der Zorn kurz und klein gemacht; denn er gibt sich dazu her, seine angesammelten Schätze zu zerstreuen und in sein Haus und die dort zusammengehäufte Habe Feuer zu werfen. Wie? Hat nicht sogar mancher Ehrgeizige die höchsten Ehrenzeichen von sich geworfen und die ihm angebotene Ehrenstelle ausgeschlagen? Es gibt keine Leidenschaft, über die sich der Zorn nicht zum Herren machte.

Drittes Buch.

1. Jetzt, mein Novatus, wollen wir uns der Erfüllung deines lebhaftesten Wunsches zuwenden, nämlich untersuchen, wie man den Zorn aus der Seele

tilgt oder ihn wenigstens zügelt und seinen stürmischen
Trieben Einhalt tut. Dies muß bisweilen ganz offen
und frei geschehen, nämlich da, wo das Unheil es zu-
läßt, weil es noch in minderer Kraft auftritt, in
anderen Fällen in versteckter Weise, wo es zu heftig
aufflammt und durch jedes Hemmnis noch stärker gereizt wird und anschwillt. Es kommt darauf an, wie
groß und in wie weit noch ungeschwächt die Kraft
des Zornes ist; danach bestimmt es sich, ob wir ihn
gewaltsam zurücktreiben oder ihm nachgeben müssen,
bis der erste Sturm sich gelegt hat, damit er nicht
die Mittel der Abwehr selbst mit sich fortreiße. Das
Verfahren muß sich nach dem Charakter eines jeden
richten; manche sind hochmütig und lassen den Fügsamen ihre ganze Kraft fühlen; manche werden wir
durch Strafmittel zur Vernunft bringen; manche hat
ein Verweis, manche ein Geständnis, manche das
Schamgefühl von ihrem Vorhaben abgebracht, manche
der Verzug, allerdings ein langsam wirkendes Mittel
gegen ein sich überstürzendes Unheil, und nur an
letzter Stelle verwendbar. Die übrigen Leidenschaften
nämlich haben es nicht so eilig; sie lassen eine lang-
samere Heilung zu; der Zorn aber, einmal angeregt,
wird durch sein Ungestüm sich selbst zur Beute; er
schreitet nicht langsam fort, sondern tritt, wenn er
einmal anfängt, gleich mit voller Kraft auf. Er regt
nicht, wie die übrigen Laster, die Seele zunächst bloß
auf, sondern reißt sie mit sich fort, nimmt ihr die Macht
über sich selbst und läßt sie nicht zurückschrecken
vor dem gemeinsamen Verderben; ja nicht nur gegen
sein eigentliches Ziel wütet er, nein, auch gegen alles,
was ihm in den Weg kommt. Die übrigen Laster
setzen die Seele in starke Bewegung; der Zorn stürzt
sie in den Abgrund. Auch wenn man den Leidenschaften nicht widerstehen kann, so können diese doch

selbst ihre Pausen haben. Der Zorn dagegen gleicht den Blitzen und Orkanen und sonstigen Elementargewalten, die nicht Schritt für Schritt herannahen, sondern jäh von oben hereinstürzen: er verstärkt seine Gewalt von Augenblick zu Augenblick. Andere Laster brechen die Gemeinschaft mit der Vernunft, er will von Gesundheit überhaupt nichts wissen; andere nehmen langsam zu und haben ein kaum merkliches Wachstum: in den Zorn stürzt sich die Seele mit voller Wucht. Es gibt keinen besinnungsloseren und gegen seine eigene Kraft nachgiebigeren Drang; der Erfolg macht ihn übermütig, der Mißerfolg rasend; kein Mißlingen macht ihm die Sache zum Ekel; hat das Schicksal ihm den Gegner entführt, so richten sich seine Bisse gegen ihn selbst; auf den Anlaß zur Sache und deren Bedeutung kommt es ihm nicht an; das Geringfügigste genügt, um ihn zu voller Höhe anschwellen zu lassen.

2. Kein Lebensalter bleibt von ihm unberührt, keine Menschenklasse wird verschont. Einige Völker wissen dank ihrer Armut nichts von Üppigkeit; manche haben, weil sie durch ihr Wanderleben beständig in Atem erhalten wurden, sich aller Trägheit erwehrt; diejenigen, die fern von Sittenverfeinerung ein schlicht-ländliches Dasein führen, kennen keine Übervorteilung, keinen Trug und keines der Laster, die auf dem Forum im Schwange sind. Aber ein Volk, das vom Zorne unberührt blieb, gibt es nicht; er zeigt seine Macht ebenso den Griechen wie den Barbaren, nicht weniger verderblich für gesetzlich geordnete Gemeinwesen als für solche, wo es kein anderes Recht gibt als das des Stärkeren. Die übrigen Leidenschaften versuchen ihre Kraft nur an einzelnen; der Zorn ist die einzige Leidenschaft, die zuweilen sich dem ganzen Gemeinwesen mitteilt. Niemals ist ein ganzes Volk von Liebe zu einer Frau entbrannt, niemals hat ein ganzer Staat all sein

Hoffen und Denken auf Geld und Gewinn gerichtet: der
Ehrgeiz bemächtigt sich immer nur einzelner, erst des
einen, dann des anderen; Zügellosigkeit ist kein allgemeines Übel[48]): der Zorn dagegen vereinigt oft die
gesamte Masse zu gemeinsamem Vorgehen; Männer und
Frauen, Greise und Kinder, Hoch und Niedrig werden
e i n e s Sinnes, und die ganze durch wenige Worte erregte Menge eilt dem Anstifter selbst voraus; alsbald
greift man nach Waffen und Feuerbränden, Krieg wird
den Nachbarn angekündigt oder mit den Mitbürgern
geführt; ganze Häuser mit Mann und Maus werden
niedergebrannt, und wer eben noch wegen seiner ge-
winnenden Beredsamkeit hoch in Ehren stand, bekam
den Zorn seiner Hörer zu spüren; gegen ihren eigenen
Feldherrn schleuderten die Legionen ihre Wurfspieße;
die ganze Masse des niederen Volkes erhob sich gegen
die Patrizier; die Ratsversammlung, der Senat, erkor
sich, ohne sich Zeit zu nehmen zu geordneter Aus-
hebung und ohne einen rechtmäßigen Feldherrn zu er-
nennen, Hals über Kopf Männer zur Vollstreckung
seiner Zorneswut und vollzog an Männern hohen Standes,
die man in den Häusern der Stadt aufspürte, eigen-
händig die Todesstrafe. Unter Bruch des Völkerrechtes
verging man sich an Gesandtschaften; in unsäglicher
Wut raste die Bürgerschaft; man nahm sich nicht Zeit,
die hochgehenden Wogen sich legen zu lassen, nein,
auf der Stelle wurde die Flotte segelfertig gemacht
und mit schleunigst zusammengerafften Kriegsscharen
bemannt. Ohne Ordnung, ohne geregelten Oberbefehl
zog das Volk aus, mit Waffen, die der Zufall und das
blinde Zugreifen ihnen in die Hand gab, um dann durch
schwere Niederlage die Kopflosigkeit des verwegenen
Zornes zu büßen. Wenn Barbaren sich blindlings in
Kriege stürzen, so ist der Ausgang in der Regel
folgender: Wenn eine anscheinende Beleidigung ihre

reizbaren Gemüter in Aufregung versetzt hat, dann läßt es ihnen keine Ruhe; alsbald fallen sie gleich einem einstürzenden Haus über die Legionen her, ohne Ordnung, unerschrocken, jeder Vorsicht spottend, voll Verlangen nach selbstgeschaffenen Gefahren; sie haben ihre Lust daran, sich verwunden zu lassen, das Schwert tiefer in die Brust zu senken, mit ihrem Körper die feindlichen Wurfgeschosse aufzufangen und so durch selbstverschuldete Wunden ihr Ende zu finden.

3. „Kein Zweifel,“ sagst du, „die Kraft des Zornes ist gewaltig und verheerend: daher zeige nun, wie man von ihm geheilt werden kann.“ Da muß ich zunächst auf das in den früheren Büchern Gesagte zurückkommen. Aristoteles nämlich tritt ja als Verteidiger des Zornes auf und will nichts davon wissen, daß wir uns desselben völlig entledigen. Er nennt den Zorn einen Sporn der Tugend; wird er uns genommen, so ist, sagt er, die Seele ohne Wehr; ihr Eifer für große Unternehmungen erlahmt und erschlafft. Dieser Standpunkt nötigt uns, die Häßlichkeit und Roheit des Zornes ins hellste Licht zu stellen und es augenscheinlich zu machen, was für ein Ungeheuer der Mensch sei, wenn er gegen einen Menschen wütet, und von welch wildem Drange er sich fortreißen läßt, Verderben stiftend, nicht ohne sich selbst damit ins Verderben zu stürzen, und bestrebt, durch seinen Druck das zu versenken, was nicht sinken kann, ohne den, welcher den Druck ausübt, mit hinabzuziehen. Kann man nun noch von Vernunft reden bei einem, der, wie von einem Wirbelwind ergriffen, nicht geht, sondern fortgerissen wird, Sklave einer rasenden Leidenschaft, der die Rache nicht einem anderen überläßt, sondern sie selbst vollzieht, mit Leib und Seele seiner Wut hingegeben, ein Henker derer, die seinem Herzen am nächsten stehen und deren Verlust er bald bitter bereuen wird? Und

diese Leidenschaft will man zur Gehilfin und Begleiterin
der Tugend machen, sie, die jede besonnene Überlegung
zunichte macht, ohne welche doch die Tugend überhaupt nichts ausrichtet? Hinfällig und vom Übel und
das eigene Unglück verstärkend ist die (anscheinende)
Kräftigung, zu welcher die Krankheit und ein Fieber-
anfall dem Kranken verhilft. Glaube also ja nicht, daß
ich meine Zeit mit überflüssigen Dingen vertändele,
wenn ich den Zorn, als ob das Urteil der Menschen
über ihn ein schwankendes wäre, in übelen Ruf bringen
möchte; gibt es ja doch einen, und zwar berühmten
Philosophen, der den Zorn zum Träger wichtiger Dienst-
leistungen macht und ihn als nützlich hinstellt und als
begeisternd für die Aufgaben der Schlacht und des
tätigen Lebens, kurz für alles, was eine gewisse Wärme
erheischt. Niemand soll den Wahn in sich aufkommen
lassen, als ob der Zorn wirklich zu irgend welcher
Zeit, an irgend welchem Ort Nutzen stiften würde.
Daher gilt es, seine zügellose und unbändige Raserei
darzulegen. Dabei darf man nichts vergessen, was in
seinem Geleite auftritt: Folter, Stricke, Zuchthäuser,
Kreuze, die Feuermale, mit denen die eingegrabenen
Leichen umgeben werden, die Haken, an denen die
Leichen fortgeschleppt werden, die mancherlei Arten
von Fesseln und von Strafen, die Verstümmelungen der
Glieder, die Brandmale an der Stirn, die Käfige der
Bestien: mitten hinein in diese seine Werkzeuge muß
man den Zorn stellen, wie er entsetzlich und schauerlich knirscht, noch widerwärtiger als alles, wodurch er
seine Wut kundgibt.

4. Mag man auch im übrigen verschiedener Meinung sein, so viel steht doch fest: keine Leidenschaft
entstellt den Menschen äußerlich mehr. Wir haben ihn
in dieser Beziehung in den früheren Büchern geschildert: unwirsch, hitzig, bald bleich durch das

Zurücktreten des nach innen gedrängten Blutes, bald rot und beinahe blutig, wenn alle Hitze und aller Lebenshauch dem Gesichte zuströmt, mit schwellenden Adern, die Augen in zitternder Bewegung, als wollten sie herausspringen, bald wieder starr auf einen Punkt geheftet; dazu nimm das Knirschen der aufeinander gestoßenen Zähne, um ein Geräusch hervorzubringen ganz ähnlich dem seine Hauer wetzenden Eber; ferner das Rasseln der Gelenke beim Ineinanderknicken der Hände, die häufigen Schläge auf die Brust, das hastige Atmen und die tief aus der Brust sich emporringenden Seufzer, den zitternden Körper, die kaum verständlichen Worte und hervorgestoßenen Ausrufe, die bebenden, zuweilen zusammengepreßten und wer weiß was für Flüche hervorzischenden Lippen. Wahrhaftig, der Anblick wilder Tiere, sei es daß der Hunger sie wütend macht oder der in ihr Eingeweide eingedrungene Pfeil, ist, selbst wenn sie halbtot mit ihrem letzten Biß dem Jäger den Garaus machen wollen, minder widerwärtig, als der eines von Zorn glühenden Menschen. Benutze nur die Gelegenheit, ihre Ausrufe und Drohungen anzuhören. Was sind es für Worte, die aus ihrer gemarterten Seele kommen! Wird nicht ein jeder dem Zorne aus dem Wege gehen wollen, wenn er einmal eingesehen hat, daß er selbst das erste Opfer desselben ist? Willst du mir also verwehren, diejenigen zu warnen, die den Zorn sich in voller Freiheit entfalten lassen, die ihn für einen Beweis von Kraft halten und eine zum Sprunge stets bereite Rache zu den großen Vorzügen einer hochbegünstigten Lebensstellung rechnen — soll ich sie nicht darüber aufklären, wie wenig bei dem von Macht, ja nicht einmal von Freiheit die Rede sein kann, der den Zorn zu seinem Kerkermeister macht? Soll ich nicht, um sie zu größerer Wachsamkeit und Aufsicht über sich selbst zu bringen, sie darauf hinweisen, daß es gemeinhin die schlechten Naturen sind, denen die übrigen Seelenübel beiwohnen, während die Zornsucht sich auch bei gebildeten und im übrigen sittlich gesunden Menschen einschleicht? Das hat sogar zur Folge, daß manche die Zornsucht geradezu zum Kennzeichen redlicher Sinnesart machen, und daß der Glaube verbreitet ist, je freundlicher einer sei, um so mehr sei er dem Zorne zugänglich.

5. „Was willst du damit sagen?" So fragst du. Nun, es soll niemand vor dem Zorne sich sicher halten, da er auch milde und friedliche Naturen zu Grausamkeit und Gewalttätigkeit fortreißt. Wie gegen die Pest weder Körperstärke noch sorgliche Behutsamkeit etwas hilft — denn sie trifft den Starken so gut wie den Schwachen —, so droht vom Zorn nicht nur den unruhigen Charakteren Gefahr, sondern auch den gesetzten und gelassenen, und für diese ist er um so entstellender und gefährlicher, je größer die Veränderungen sind, die er hervorruft. Es sind drei Aufgaben, um die es sich hier handelt. Erstens gilt es, überhaupt nicht in Zorn zu geraten, zweitens beizeiten davon abzulassen, drittens auch den Zorn eines anderen zu beschwichtigen. So werde ich denn zuerst davon sprechen, wie man sich davor hütet, überhaupt in Zorn zu geraten, zweitens, wie wir uns davon befreien, und schließlich, wie man den Zürnenden zurückhält, besänftigt und wieder zu sich bringt.

Uns vor Zorn überhaupt zu behüten werden wir dadurch erreichen, daß wir uns alle Sünden des Zornes immer wieder vergegenwärtigen und uns ein richtiges Urteil über ihn bilden. Es muß förmlich Klage vor uns gegen ihn geführt und er muß verurteilt werden. Alle seine schlimmen Seiten müssen aufgespürt und ans Licht gestellt werden. Um seine Natur klar hervortreten zu lassen, muß man ihn mit den schlimmsten

Dingen vergleichen. Der Geiz geht auf Erwerb aus und scharrt Mittel zusammen, die schließlich doch auch ein Besserer nutzbar machen kann; der Zorn dagegen verursacht Aufwendungen und ist nur für wenige kostenlos: wie viele Sklaven hat nicht ein zornsüchtiger Herr davongejagt, wie viele hat er ums Leben gebracht! Wieviel mehr hat er durch sein Zürnen eingebüßt, als das betrug, was seinen Zorn erregte! Der Zorn hat manchem Vater Trauer, manchem Gatten Ehescheidung gebracht, manchem Beamten Haß, manchem Bewerber eine Niederlage gebracht. Er ist schlimmer als Üppigkeit, denn diese hat ihre Freude eben an ihrer eigenen Lust, der Zorn an dem Schmerze anderer. Er tut es der Bosheit und dem Neide zuvor; denn diese wünschen andere nur unglücklich zu s e h e n, der Zorn will sie unglücklich m a c h e n; jene haben ihre Freude an zufälligem Unglück anderer; der Zorn kann nicht auf den Zufall warten; er will dem Gehaßten seinerseits schaden und hat kein Interesse daran, daß ihm von anderer Seite geschadet werde. Nichts ist schlimmer als Feindseligkeit: diese stiftet der Zorn; nichts ist verderblicher als der Krieg: in ihm entlädt sich der Zorn der Machthaber. Übrigens ist auch schon der Zorn des gemeinen Volkes sowie der persönliche Zorn ein Krieg, nur daß hier die Waffen und die Männer [49]) fehlen. Zudem straft sich der Zorn selbst, indem er Strafe vollzieht, ganz abgesehen von den weiteren Folgen, die sich bald einstellen werden, als da sind: Verluste, Nachstellungen, beständige Beunruhigung infolge der gegenseitigen Kämpfe. Der Zorn begibt sich der menschlichen Natur: diese mahnt zur Liebe, jener zum Haß; diese will Nutzen gestiftet wissen, jene Schaden. Dazu kommt noch, daß die Zornesentrüstung, da sie ihren Grund in übertriebener Selbstschätzung hat und nur den Schein von Seelenhoheit

erweckt, tatsächlich kleinlich und engherzig ist; denn
es gibt niemanden, der nicht u n t e r dem stände, von
dem er sich verachtet glaubt. Aber der wahrhaft
große Geist, der sich selbst richtig schätzt, rächt Beleidigungen nicht, weil er sich nicht beleidigt fühlt.
Wie die Pfeile von einem harten Gegenstand abprallen
und Schläge gegen harte Körper dem Schlagenden selbst
Schmerz bereiten, so ist keine Beleidigung imstande
sich einem hochherzigen Gemüt fühlbar zu machen;
sie bricht eher in sich zusammen als der, den sie treffen
soll. Wieviel schöner ist es, alle Beleidigungen und
Schmähungen von sich abprallen zu lassen, als wäre
man undurchdringlich für jedes Geschoß! Rache ist
Eingeständnis des Schmerzes; der ist kein großer Geist,
auf den Beleidigungen Eindruck machen. Wer dich
beleidigt, ist entweder mächtiger oder schwächer als
du: ist er schwächer, dann schone ihn; ist er stärker,
dann schone dich.

6. Nichts ist ein sichererer Beweis von Geistesgröße,
als wenn einem nichts begegnen kann, was einen in
Aufregung zu setzen vermöchte. Die obere Schicht des
Weltganzen, die besser geordnet und den Sternen nahe
ist, läßt weder Wolkenbildung zu noch Sturm noch
Wirbelwind; sie kennt keinen Aufruhr; die Blitze
leuchten und wirken nur in den unteren Regionen.
Ebenso der erhabene Geist: immer ruhig und in gleichmäßig fester Haltung verharrend, läßt er in seiner
Seele nichts aufkommen, was den Zorn wachrufen
könnte, maßvoll und Ehrfurcht erweckend und bestens
geordnet. Von all dem findet man nichts beim Zornigen.
Denn wem, der sich dem Schmerz und der Wut überläßt, schwände nicht zunächst alle sittliche Scheu?
Wer, der in blinder Leidenschaft auf einen anderen
losstürzt, wirft nicht alles, was er von Sittsamkeit in
sich hatte, von sich? Wer, der sich in solcher Auf-

regung befindet, könnte noch seine Sinne zusammen-
halten zu pünktlicher und geordneter Pflichterfüllung?
Wer seiner Zunge Zügel anlegen? Wer irgendwie seine
Körperhaltung bewahren? Wer könnte, einmal losgelassen, sich im Zügel behalten? Hier kann uns die
heilsame Vorschrift des Demokrit zugute kommen, der
zufolge die Gemütsruhe sich darin kundgibt, daß man
weder in persönlichen noch in öffentlichen Angelegenheiten vieles oder unsere Kräfte Übersteigendes unternehme. Niemals geht einem Vielbeschäftigten der Tag
dahin, ohne daß ihm nicht durch eine Person oder eine
Sache ein Strich durch die Rechnung gemacht würde,
wodurch sein Zorn geweckt wird. Wie ein durch die
belebten Straßen der Stadt Eilender mit manchen Per-
sonen zusammenprallen und bald da ausgleiten, bald
dort aufgehalten werden muß, auch mitunter in eine
Pfütze treten muß, so tauchen in diesem zerstreuten
und vielbewegten Leben vielerlei Hindernisse, vielerlei
Klagen auf: da hat einer unsere Hoffnung getäuscht,
ein anderer ihr Aufschub bereitet, ein dritter ihre Erfüllung unmöglich gemacht. Unsere Vorsätze nahmen
einen anderen Verlauf als wir gedacht. Keinem ist das
Glück so gewogen, daß es seinen vielen Versuchen sich
durchweg freundlich erwiese. So kommt es denn, daß
der, dem manches gegen seinen Plan verläuft, unduld-
sam wird gegen Menschen und Dinge und aus den
geringfügigsten Gründen in Zorn gerät, bald über eine
Person, bald über ein Geschäft, bald über einen Ort,
bald über das Schicksal, bald über sich selbst. Um
also der Seele zur Ruhe zu verhelfen, muß man sie vor
Störungen bewahren und, wie gesagt, sie nicht quälen
durch die Beschäftigung mit vielerlei wichtigen und
die Kraft übersteigenden Dingen. Es will nicht viel
besagen, leichtes Gepäck, gut auf die Schultern verteilt, zu tragen und es ohne zu stolpern nach dieser

oder jener Stelle zu schaffen; aber Lasten, die uns fremde Hände aufgeladen haben und deren Druck wir kaum aushalten, lassen wir an erster bester Stelle herunterfallen; schwanken wir doch schon, so lange wir die Last noch auf uns haben, der wir nicht gewachsen sind, bedenklich hin und her.

7. Ebenso, glaube mir, steht es mit den öffentlichen und häuslichen Angelegenheiten. Sind die Geschäfte leicht und handlich, so hat der Handelnde leichtes Spiel, da sich alles ihm fügt; sind sie aber überwältigend und außer Verhältnis zu dem, der sie führt, so ist es schon schwer, sie überhaupt in Angriff zu nehmen, und hat man sich darauf eingelassen, so lasten sie schwer auf dem Betreffenden und reißen ihn mit sich fort, und dem Anschein nach schon in seine Gewalt gebracht, kommen sie mit ihm zu Fall. So kommt es denn, daß häufig der gute Wille nichts ausrichtet, wenn nämlich jemand schwierige Dinge in Angriff nimmt, die er durch seinen vorhandenen guten Willen nicht leicht machen kann. Läßt du dich auf ein Unternehmen ein, so schätze genau die eigene Kraft ab sowie die Bedeutung dessen, was du vorhast und was auf dich selbst bestimmend einwirkt. Denn die Reue über ein mißlungenes Werk wird dich unwirsch machen. Es kommt hier auf den Unterschied eines hitzigen und eines kühlen und unterwürfigen Naturells an: einen Hochgesinnten wird das Mißlingen zum Zorne reizen, einen Schlaffen und Trägen dagegen wird es traurig stimmen. Unsere Handlungen dürfen also weder kleinlich noch verwegen und ungeheuerlich sein; unsere Hoffnung soll sich in engen Grenzen halten; wir sollen nichts unternehmen, was, auch wenn wir es erreicht haben, uns doch bald Anlaß gibt zur Verwunderung darüber, daß es uns gelungen ist.

8. Wir müssen alles tun, um Beleidigungen aus
dem Wege zu gehen, die wir nicht zu tragen wissen.
Wir müssen uns an möglichst friedliche, gefällige, nicht
argwöhnische und mürrische Menschen anschließen.
Der Charakter derer, mit denen wir umgehen, teilt
sich uns bis zu einem gewissen Grade mit, und wie gewisse körperliche Leiden durch Ansteckung auf andere
übergehen, so teilen sich auch die Fehler des Charakters den Nächststehenden mit: ein Trunkenbold
macht seine Tischgenossen zu Liebhabern des Weines;
der Umgang mit Unzüchtigen macht auch den tapferen
Mann unter Umständen [50]) zum Weichling; die Habsucht
überträgt ihr Gift auf die ihr zunächst Stehenden.
Anderseits steht es ebenso mit den Tugenden: sie haben
einen mildernden Einfluß auf ihre ganze Umgebung,
und stärker noch als eine zuträgliche Gegend und ein
günstiges Klima auf die Gesundheit wirkt der Umgang mit besseren Menschen auf sittlich noch nicht ge-
festigte Gemüter. Wie groß ein derartiger Einfluß ist,
wird dir klar werden, wenn du darauf achtest, daß
selbst wilde Tiere durch das Zusammenleben mit uns
zahm werden, und daß keine noch so schreckliche Bestie
ihre ungestüme Kraft bewahrt, wenn sie lange Zeit
die Gemeinschaft des Menschen geteilt hat: alles Un-
gefüge wird zurückgedrängt und verliert sich allmählich in der milden Umgebung. Dazu kommt, daß,
wer mit ruhigen Menschen in Gemeinschaft lebt, nicht
nur gebessert wird, sondern auch keine Veranlassungen
zum Zorn findet, also auch keine Gelegenheit, seine
Anlage dazu zu üben. Daher muß er alle meiden, von
denen er weiß, daß sie seine Zornsucht reizen würden.
„Wer sind denn diese Leute?“ fragst du. Gar manche,
die aus verschiedenen Gründen die nämliche Wirkung
erzielen werden: da wird dich ein Hoffärtiger beleidigen durch seine Verachtung, ein Hämischer durch

Schmähung, ein Frechling durch Beleidigung, ein Scheel-
süchtiger durch seine Bosheit, ein Kampfhahn durch
seine Streitlust, ein Windbeutel und Lügenbold durch
seine Aufschneidereien; du wirst es dir nicht gefallen
lassen wollen, von einem Argwöhnischen gefürchtet zu
werden, einem Halsstarrigen dich zu fügen, von einem
Wollüstling beiseite geschoben zu werden. Wähle dir
redliche, gefällige und maßvolle Genossen, die deinen
Zorn nicht reizen, wohl aber ertragen. Noch mehr
Nutzen wirst du von fügsamen, freundlichen und liebens-
würdigen Genossen haben, ohne daß es jedoch bis zur
Schmeichelei kommt; denn zuviel Beifall ist dem Zornsüchtigen anstößig. Ich hatte einen braven Mann zum
Freund, der aber zum Zorne neigte; ihm gegenüber
mußte man sich ebenso sehr vor Schmeichelei hüten
wie vor Schmähung. Der Redner Caelius [51] war bekanntlich sehr zornsüchtig. Mit diesem speiste, wie es
heißt, auf seinem Zimmer ein ausgesucht fügsamer
Klient; aber wer mit Caelius einmal in näherem Verkehr stand, für den war es kaum möglich, sich der
Streitlust seines Genossen zu entziehen. Der Klient
hielt es für das beste, zu jeder Äußerung des Wirtes
Ja zu sagen und die zweite Rolle zu spielen. Das ward
dem Caelius unerträglich, und er rief dem Jasager die
Worte zu: „So laß doch endlich ein Wort des Wider-
spruchs hören, damit wir zwei sind." Aber obschon er
darüber sich erzürnte, daß jener nicht zürnen wollte,
so gab er sich doch bald zufrieden auch ohne Gegner.
Wenn wir uns also unserer Zornsucht bewußt sind, so
ist es ratsam, uns solche Genossen zu wählen, die sich
unseren Mienen und Worten gern fügen; sie werden
uns zwar verzärteln und uns die üble Gewohnheit bei-
bringen, nichts Unerwünschtes zu hören; doch wird es
immerhin sein Gutes haben, einen uns anhaftenden
Fehler gewissermaßen in Ruhestand zu versetzen, indem

man ihm keine Gelegenheit gibt, sich zu äußern. Auch unerträgliche und gewalttätige Naturen sind der Schmeichelei zugänglich: Wer recht zu streicheln versteht, unter dessen Händen verschwindet alle Rauheit und finstere Strenge. Wenn ein Wortgefecht zu lang und zu grimmig wird, so breche man beizeiten ab, ehe man sich zu sehr hinein verbissen hat: der Streit schöpft aus sich selbst immer neue Nahrung, und wer sich einmal zu tief darein eingelassen hat, der kommt nicht wieder los. Es ist leichter, sich des Streites ganz zu enthalten, als sich davon loszumachen.

9. Auch vor zu schweren geistigen Anstrengungen müssen sich Zornsüchtige hüten oder sie wenigstens nicht weiter treiben, als ihre Spannkraft reicht; ihr Geist darf sich nicht auf zu vielerlei werfen, sondern muß sich an das schöngeistige Gebiet halten: Werke der Dichtkunst sollen besänftigend auf ihr Gemüt wirken, und die Geschichte soll mit ihren Wundererzählungen ihren Geist fesseln, der eben einer weicheren und zarteren Behandlung bedürftig ist. Pythagoras beschwichtigte seine Gemütserregungen durch die Leier. Wer aber weiß nicht, daß, wie einerseits Zinken und und Trompeten Aufregungsmittel sind, so anderseits gewisse Sangesweisen Besänftigungsmittel zur Beruhigung des Geistes? Kranken Augen tut das Grüne wohl, und geschwächte Sehkraft hält sich gern an gewisse Farben, während sie durch den Glanz anderer geblendet wird; so sind für kranke Gemüter aufheiternde wissenschaftliche Beschäftigungen ein Beruhigungsmittel. Dem Forum, der Advokatentätigkeit, den Gerichtshöfen müssen wir den Rücken wenden, sowie allem, was den Fehler nur ärger macht; ebenso müssen wir uns vor körperlicher Abspannung hüten, denn sie erstickt alle Milde und Sanftmut in uns und reißt uns zur Heftigkeit hin. Wer also einen schwachen

Magen hat, der beschwichtigt, wenn er sich zur Erledigung besonders schwieriger Geschäfte aufmacht, seine Galle durch Speise; denn diese wird hauptsächlich durch Übermüdung erregt, sei es, weil sie die Wärme nach der Mitte hin drängt und dem Blute schadet und den Umlauf desselben infolge des leidenden Zustandes der Adern hemmt, sei es, weil der geschwächte und ermattete Körper auf den Geist einen Druck ausübt. Wenigstens erklärt es sich daraus, daß die durch Krankheit oder die Last der Jahre Geschwächten mehr zum Zorne hinneigen. Hunger und Durst sind aus demselben Grunde zu meiden: sie erbittern das Gemüt und schüren das Feuer in ihm. Ein altes Wort lautet: der Ermüdete ist händelsüchtig. Ähnlich aber auch der Hungrige und Durstige, sowie jeder, den irgend etwas quält. Denn wie Geschwüre bei leiser Berührung, in der Folge aber auch schon bei dem Gedanken an Berührung schmerzen, so fühlt sich das angegriffene Gemüt durch die unbedeutendsten Kleinigkeiten beleidigt; bei manchen genügt schon ein Gruß, ein Brief, ein Wort, ein Fragen, um sie in Harnisch zu bringen: Was krank ist, läßt sich nicht berühren, ohne daß es zu Klagen führt.

10. Das Beste ist es daher, sobald man des Übels inne wird, Hand an die Heilung zu legen, ferner in seinen Reden sich so wenig als möglich gehen zu lassen und dem stürmischen Drange zu wehren. Es ist aber leicht, seinen Leidenschaften gleich bei ihrem ersten Entstehen auf die Spur zu kommen: gewisse Vorboten kündigen die Krankheiten an. Wie dem Sturm und Regen gewisse ankündigende Zeichen vorausgehen, so gibt es für Zorn, Liebe und alle jene Stürme, die die Seele aufwühlen, gewisse Vorzeichen. Leute, die an Epilepsie leiden, merken das Herannahen des Krankheitsanfalles schon im voraus, wenn die äußersten Teile

des Körpers kalt werden, wenn es vor den Augen flimmert, wenn die Nerven zittern, wenn das Gedächtnis nachläßt und sie von Schwindel erfaßt werden. Sie suchen daher durch bekannte Heilmittel der einsetzenden Krankheit vorzubeugen und durch Einwirkungen auf Geruch und Geschmack die drohende geistige Umnachtung abzuwehren; oder sie wenden Wärmungsmittel an zur Bekämpfung des Frostes und der Erstarrung; versagt aber das Heilmittel, so halten sie sich vom Menschengedränge fern und kommen an menschenleerer Stelle zu Fall. Es lohnt sich, seine Krankheit zu kennen und ihrer Gewalt Einhalt zu tun, ehe sie sich freie Bahn verschafft. Was ist es denn, was uns am heftigsten aufregt? Sehen wir uns danach um! Den einen reizen Beschimpfungen durch Worte, den anderen Beschimpfungen durch Taten; der eine ist stolz auf seine hohe Geburt, der andere auf seine Schönheit und will sie vor jeder Verletzung gewahrt wissen; der eine will für einen besonders feinen Kopf gelten, der andere für einen großen Gelehrten; der eine ist empfindlich gegen Stolz, der andere gegen Trotz; der eine hält Sklaven nicht für wert, sich ihretwegen zu erzürnen, der andere führt im Hause ein strenges Regiment, draußen zeigt er sich mild; der eine wittert Neid, wenn man ihn um etwas bittet, der andere Verachtung, wenn man ihn nicht bittet. Nicht alle sind von der nämlichen Seite verwundbar. Daher gilt es, seine Schwächen zu kennen und ihnen nach Kräften vorzubeugen.

11. Es hat keinen Segen, alles zu sehen, alles zu hören. Viele Beleidigungen tut man gut an sich vorüber gehen zu lassen; die meisten von ihnen erleidet der überhaupt nicht, der sie nicht kennt. Du willst nicht zornsüchtig sein? Gut, dann sei nicht neugierig. Wer allem nachgeht, was gegen ihn geredet wird, wer alles

Boshafte, was auch nur im geheimen gegen ihn vor-
gebracht wird, ausstöbert, der bringt sich selbst um
alle Ruhe. Nicht selten ist es nur erst die Auslegung,
die den Schein einer Beleidigung erweckt; daher muß
man manches der Zeit überlassen, über manches lachen,
manches verzeihen. Auf vielerlei Weise kann man die
Macht des Zornes einschränken; meist tut man gut,
die Sache von der lächerlichen Seite zu nehmen. Sokrates soll, als er einen Backenstreich erhielt, nichts
weiter gesagt haben als: es sei doch zu beklagen, daß
der Mensch nicht weiß, wann er mit einem Helm ausgehen müsse. Nicht darauf kommt es an, wie eine Beleidigung zugefügt wird, sondern wie man sich mit ihr
abfindet. Und warum sollte es auch so schwer halten,
sich zu mäßigen? Haben doch bekanntlich selbst Tyrannen trotz ihrer durch Glücksfügung und Willkür
genährten Launenhaftigkeit die ihnen zur anderen
Natur gewordene Grausamkeit in Schranken gehalten.
Wenigstens erzählt man von Pisistratus, dem Tyrannen
von Athen, er habe, als beim Gastmahl ein Betrunkener
sich sehr scharfe Äußerungen gegen seine Grausamkeit
erlaubt habe und manche schon bereit waren mit ihren
Fäusten für den Tyrannen einzuspringen, und der eine
auf diese, der andere auf jene Weise schürte, sich in
seiner Ruhe nicht stören lassen und den Scharfmachern
geantwortet, er zürne jenem nicht mehr, als wenn einer
mit verbundenen Augen auf ihn losgestürzt wäre.

12. Nicht wenige schaffen selbst den Grund zu
Klagen, indem sie entweder falschen Verdacht hegen
oder Kleinigkeiten aufbauschen. Oft kommt der Zorn
zu uns, öfter wir zu ihm. Niemals sollte man ihn
heranrufen, und auch wenn er sich seinerseits einfindet,
sollte man ihn abweisen. Niemand will selbst die
Schuld auf sich nehmen, niemand sagt zu sich selbst:
„das, worüber ich zürne, habe ich wohl entweder selbst

schon einmal getan oder war wenigstens fähig, es zu
tun“; niemand bringt die Gesinnung des Handelnden,
sondern nur die Handlung selbst in Rechnung, und
doch hat der Betreffende allen Anspruch darauf, daß
man prüfe, ob er es mit voller Absicht oder nur aus
Zufall getan habe, ob aus Zwang oder aus Täuschung,
ob aus Haß oder aus Gewinnsucht, ob er es nur sich
oder einem anderen zuliebe getan habe. Auch das
Alter des fehlenden Gegners kommt in Betracht, sowie
seine Lebensstellung, so daß es entweder edel oder
wenigstens nicht [52]) erniedrigend ist, etwas zu ertragen
und es sich gefallen zu lassen. Wir müssen uns in Gedanken an die Stelle desjenigen setzen, dem wir zürnen.
Gemeinhin aber ist es die falsche Selbstschätzung, die
uns zornig macht, und was wir selbst gern tun möchten,
das wollen wir uns von anderen nicht gefallen lassen.
Niemand will mit seiner Sache warten, und doch ist
das wirksamste Mittel gegen den Zorn der Aufschub,
damit seine erste Hitze sich lindere und die Finsternis,
die den Geist umhüllt, zurückweiche oder nicht mehr
so dicht sei. Manches von dem, was dich jählings
fortriß, wird eine einzige Stunde schon mildern, wieviel mehr also ein Tag; manches wird ganz verschwinden. Wenn der erbetene Beistand der Zeit nichts
ausrichtet, so wird sich doch herausstellen, daß dabei
nicht bloßer Zorn vorliegt, sondern auch die Überlegung ihr Wort mit gesprochen hat. Willst du dir
über die wahre Beschaffenheit eines Dinges klar werden,
so laß nur die Zeit walten: im flüchtigen Vorüber-
strömen läßt sich nichts genau erkennen. Platon konnte
einmal, als er seinem Sklaven zürnte, sich nicht Zeit
lassen, sondern befahl ihm, sofort sein Gewand ab-
zulegen und seinen Rücken den Schlägen darzubieten,
die er ihm mit eigener Hand verabfolgten wollte; als
er sich aber klar darüber wurde, daß er zürne, hielt

er seine bereits erhobene Hand in der Höhe zurück, fest gebannt in der Stellung eines, der im Begriff ist, zuzuhauen. Da trat zufällig ein Freund ein, der ihn fragte, was er vorhätte. Platon antwortete: „Ich vollziehe die Strafe an einem zornsüchtigen Menschen" [53]. Wie betäubt blieb er in der einem Weisen nicht wohl anstehenden Stellung eines Menschen stehen, der im Begriff ist seine Wut an einem anderen [54] auszulassen, ohne noch an den Sklaven zu denken; denn er hatte einen anderen gefunden, der die Züchtigung eher verdiente. Deshalb entsagte er der Gewalt über die Seinigen und sagte, als er über ein Vergehen in Aufregung geriet zum Speusippus: „Speusippus, züchtige mir den Sklaven da mit Schlägen, denn ich bin in Zorn." Er konnte sich also nicht entschließen zuzuschlagen aus einem Grunde — dem Zorn —, der einen anderen gerade zum Zuschlagen getrieben hätte. „Ich bin im Zorne," sagte er, „werde also das Maß überschreiten und mir zuviel erlauben: der Sklave hier soll nicht in die Gewalt dessen kommen, der sich selbst nicht in der Gewalt hat." Möchte jemand einem Zornigen die Rache überlassen sehen, wenn Platon sich selbst seines Herrenrechtes begibt? Es sei dir nichts erlaubt, so lange du im Zorn bist. Warum? Weil du da willst, es solle dir alles erlaubt sein.

13. Kämpfe mit dir selbst! Bist du entschlossen, den Zorn zu überwinden, so kann er deiner nicht Herr werden. Es ist aber der Anfang des Sieges über ihn, wenn du ihn in der Verborgenheit zurückhältst und ihm keinen Ausweg lässest. Wir müssen die verräterischen Zeichen verwischen und ihn so viel wie möglich geheim und verborgen halten. Das wird uns Mühe genug machen, denn er will ausbrechen, will die Augen flammen machen und unser Antlitz verändern; aber sobald man ihm den Austritt gestattet, ist er

Herr über uns. Er bleibe im innersten Winkel unserer Brust verschlossen und sei Untertan, nicht Herrscher. Ja, alle seine Kennzeichen müssen wir ins Gegenteil umkehren: unsere Miene sei milder, unsere Stimme sanfter, unser Gang langsamer; mit der Zeit bildet sich mit dem Äußeren auch das Innere um. Bei Sokrates war es ein Zeichen des Zornes, wenn er die Stimme sinken ließ und nicht recht mit der Sprache herauswollte [55]). Offenbar kämpfte er dann mit sich selbst. Er ward also von seinen Vertrauten gleichsam auf frischer Tat ertappt und überführt, und der Vorwurf des verhaltenen Zornes war ihm gar nicht unwillkommen. Warum hätte er sich nicht darüber freuen sollen, daß viele um seinen Zorn wußten, niemand aber ihn zu fühlen bekam? Sie hätten ihn aber wohl zu fühlen bekommen, wenn er nicht seinen Freunden das Recht gegeben hätte, ihm den Kopf zu waschen, wie er sich das auch gegen sie herausnahm. Wieviel mehr Grund haben w i r, es so zu halten! Bitten wir also gerade unsere besten Freunde, gerade dann von ihrer Freiheit gegen uns den ausgiebigsten Gebrauch zu machen, wenn wir am wenigsten fähig sind, es uns gefallen zu lassen; sie sollen zu unserem Zorne nicht ihren Segen geben. Nein, wir müssen sie zu Hilfe rufen gegen ein mächtiges und unserer Neigung entgegenkommendes Übel, so lange wir bei Sinnen sind, so lange wir uns in der Gewalt haben.

Leute, die nicht trunkfest sind und fürchten, daß die Trunkenheit sie zu Torheiten und Unverschämtheiten verführen könnte, weisen die Ihrigen an, sie von der Tafel zu entfernen. Kränkliche Leute, die von ihrer Krankheit her ihre Maßlosigkeit kennen, verbieten bei einem weiteren Krankheitsanfall geradezu, daß man ihnen Gehorsam leiste. Am besten ist es, wenn man den Fehlern, die man kennt, mit Hemmungsmitteln vor-

beugt und vor allem die Seele in eine Verfassung bringt,
daß sie auch bei der größten Erschütterung durch Un-
glücksschläge oder Überraschungen entweder überhaupt
keinen Zorn empfindet, oder, wenn er aus Anlaß einer
schweren unerwarteten Beleidigung sich hervordrängt,
ihn tief in das Innere zurückweist und ihren Schmerz
nicht zu erkennen gibt. Daß dies möglich ist, wird
sich zeigen, wenn ich aus einer gewaltigen Masse
einige wenige Beispiele beibringe, aus denen man einerseits lernen kann, welche Fülle des Unheils der Zorn
in sich schließt, wenn er die ganze Machtvollkommen-
heit allgewaltiger Herrscher sich dienstbar macht,
anderseits, wie er sich selbst beherrschen kann, wenn
eine ihm überlegene Furcht ihn niederhält.

14. Den König Cambyses, der den Wein übermäßig liebte, ermahnte Präxaspes, einer seiner nächsten
Vertrauten, sich im Trinken zu mäßigen; Trunkenheit
sei eine häßliche Sache für einen König, auf den aller
Augen und Ohren gerichtet seien. Darauf erwiderte
jener: „Um dir zu zeigen, daß ich mich nicht vergesse,
will ich dir alsbald den Beweis geben, daß weder Auge
noch Hand mir nach dem Weingenuß den Dienst versagen." Darauf trank er noch reichlicher als sonst
und aus größeren Humpen, und schon voll des Weines
und berauscht befahl er, der Sohn seines Tadlers solle
über die Schwelle des Saales hinaustreten und sich da,
die linke Hand über den Kopf gebogen, aufstellen.
Dann spannte er den Bogen und durchbohrte das Herz
des Jünglings; denn das hatte er für sein Ziel erklärt.
Darauf ließ er die Brust öffnen, zeigte den im Herzen
steckenden Pfeil, und nach dem Vater sich umwendend
fragte er ihn, ob er noch eine hinreichend sichere Hand
habe. Dieser aber beteuerte, selbst Apollo hätte nicht
sicherer schießen können. Sei er dem Zorn der Götter
preisgegeben, er, der elende Gesell, ein Sklave, mehr

noch der Gesinnung als dem Stande nach! Er machte sich zum Lobredner einer Tat, deren Zuschauer zu sein schon eine Unnatur war. Die auseinander gerissene Brust seines Sohnes und das unter der Wunde noch schlagende Herz erachtete er für eine passende Gelegenheit zu Schmeicheleien: in einen Ruhmeswettkampf hätte er mit dem König eintreten sollen, einen zweiten Schuß hätte er fordern müssen, nämlich es ihm freistellen, an dem Vater selbst noch deutlicher die Sicherheit seiner Hand zu erweisen! O über den blutdürstigen König, wert, daß aller der Seinigen Bogen gegen ihn gerichtet würden. Wir verfluchen ihn, der seine Gelage mit Mord und Leichen beschloß; aber fluchwürdiger ist doch das Lob des Schusses als der Schuß selbst. Es bleibe dahingestellt [56]), wie der Vater sich hätte benehmen müssen, als er an der Leiche des Sohnes stand unter dem Eindruck der Mordtat, deren Zeuge und Anlaß er gewesen: was aber unser eigentliches Thema anlangt, so liegt in diesem Vorfall der klare Beweis, daß der Zorn unterdrückt werden könne. Er hat den König nicht geschmäht, hat mit keinem Worte auch nur angedeutet, daß er unglücklich sei, obschon er sein Herz nicht minder als das seines Sohnes durchbohrt sah. Man kann sagen, er habe recht getan, seine Worte zu verschlucken; denn hätte er auch als Zornerfüllter geredet, so hätte er doch als Vater nichts ausrichten können. Man könnte wohl mit einigem Recht sagen, er habe sich in letzterem Falle klüger gezeigt als zu Anfang, wo er dem König Mäßigung im Trinken anempfahl, ihm, der besser tat, Wein statt Blut zu trinken; denn hätte es seine Hand nur mit dem Becher zu tun gehabt, so wäre alles friedlich verlaufen. So aber reihte er sich der Zahl jener an, die durch schwere Schläge, die sie treffen, den Beweis dafür liefern, wie teuer den

Freunden der Könige ihre guten Ratschläge zu stehen
kommen.

15. Ich zweifle nicht, daß auch Harpagus [57]) seinem
und der Perser König so einen Rat erteilt habe. der
ihn so ergrimmte, daß er ihm seine Söhne als Speise
vorsetzte und immer wieder fragte, ob er mit der Zubereitung zufrieden wäre; als er schließlich sah, daß
er vollauf gesättigt sei von diesem höllischen Gericht,
ließ er die Häupter seiner Söhne bringen und fragte
ihn, wie er mit der Aufnahme zufrieden sei, die er hier
gefunden. Dem Unglücklichen stockte die Zunge nicht,
seine Lippen blieben nicht geschlossen: „Bei einem
König", sagte er, „ist jede Mahlzeit angenehm."
Welchen Vorteil brachte ihm diese Schmeichelei? Daß
ihm die Einladung zur Verzehrung der Überreste erspart ward. Ich verwehre dem Vater nicht, die Tat
seines Königs zu verurteilen, ich verwehre ihm nicht,
nach einer Rache zu suchen, die einer so unerhörten
Schandtat entspricht; aber ich entnehme doch für meinen
Zweck daraus die Lehre, daß auch ein aus ungeheuer-
lichem Unglück erwachsender Zorn geheim gehalten
werden könne und sich zu Worten bequeme, die mit
dem eigenen Inneren in Widerspruch stehen. Diese
Zügelung des Schmerzes ist notwendig, besonders für
Leute, die solche Stellungen bekleiden und zur königo-
lichen Tafel zugezogen werden. So speist man dort,
so trinkt man, so antwortet man, so lächelt man zu
dem gewaltsamen Tode der Seinigen. Ob das Leben
so viel wert ist, bleibe dahingestellt; es ist dies eine
andere Frage. Wir wollen damit nicht Trostgründe
geben für ein so trauriges Zuchthaus; wir wollen nicht
dazu auffordern, die Blutbefehle der Henker hinzunehmen: wir weisen auf einen Weg hin, der aus
jeder Sklaverei zur Freiheit führt. Ist die Seele krank
und durch eigene Schuld unglücklich, so kann sie diesem

Elend ein Ende machen zugleich mit sich selbst. Sowohl zu dem, der es mit einem König zu tun hat, der mit Pfeilen nach der Brust der Freunde schießt, wie zu dem, dessen Gebieter Väter mit den Eingeweiden ihrer Kinder sättigt, sage ich: „Was seufzest du, du Tor? Was wartest du, daß entweder irgend ein Feind durch Vernichtung deines Volkes dich befreit oder irgend ein mächtiger König aus der Ferne herbeieile? Blicke nur um dich, überall findet sich ein Ende für dein Leid. Siehst du jene steile Höhe? Dort führt ein Weg zur Freiheit. Siehst du dort das Meer, dort den Fluß, dort den Brunnen? Tief unten im Grunde sitzt da die Freiheit. Siehst du jenen niedrigen, verdorrten, kümmerlichen Baum? Da hängt die Freiheit. Siehst du deine Kehle, deine Gurgel, dein Herz? Sie bieten dir Flucht aus der Knechtschaft. Sind es zu mühevolle Ausgänge, auf die ich damit hinweise, und fordern sie zuviel Mut und Kraft? Suchst du nach einem Weg zur Freiheit? Jede Ader an deinem Körper bietet ihn [58]).

16. Solange uns aber nichts so unerträglich scheint, daß es uns aus dem Leben heraustriebe, müssen wir den Zorn unter allen Umständen zurückdrängen. Verderblich ist er den Untergebenen; denn jede Äußerung des Unwillens fördert nur das Marterwerk; man macht den Druck von oben um so härter und fühlbarer, je größeren Trotz man ihm entgegensetzt. So zieht das Wild die Schlingen durch sein Schütteln nur um so straffer an, so teilen die Vögel den Vogelleim, indem sie ihn zitternd abzuschütteln suchen, dem ganzen Gefieder mit. Kein Joch ist so eng anschließend, daß es nicht den Ziehenden weniger verletzte als den Widerstrebenden; es gibt nur ein Erleichterungsmittel gegen den Druck schwersten Unglücks: Geduld und Fügsamkeit in das Unvermeidliche. Aber so nützlich auch

schon für Untergebene die Zügelung ihrer Leidenschaften und vor allem des rasenden und unbändigen
Zornes ist, so trifft dies doch noch mehr auf die Herrscher
zu. Alles ist dem Untergang geweiht, wo die Gunst
des Glückes allen Launen des Zornes freien Raum
läßt, und es ist unmöglich, daß die Macht, die zum
Schaden der überwiegenden Menge ausgeübt wird, langen
Bestand habe; sie gerät in Gefahr, sobald die gemein-
same Furcht alle die einzelnen, die unter dem Joche
seufzen, zur Einheit verbunden hat. Daher sind zahlreiche Herrscher bald von einzelnen ermordet worden,
bald von der Masse niedergemetzelt worden, wenn das
allgemeine Leid die Untertanen dazu brachte, ihren
Zorn gemeinsam gegen den einen zu richten. Anderseits haben gar viele ihren Zorn schalten und walten
lassen, als wäre er ein auszeichnendes Vorrecht der
Krone, wie Darius, der zuerst, nachdem er die Herrschaft dem Magier entrissen, die Perser und einen
großen Teil des Orients unter seine Herrschaft brachte.
Als er den Scythen, seinen östlichen Grenznachbarn,
den Krieg erklärt hatte, bat ihn Oeobazos, ein hoch-
betagter Edelmann, er möchte doch dem Vater zum
Troste von den drei Söhnen den einen zurücklassen
und sich für den Heeresdienst mit den beiden anderen
begnügen. Da erklärte der König feierlich, er werde
noch über das Erbetene hinausgehen, er werde sie ihm
alle zurücklassen. Und was tat er? Vor den Augen
des Vaters ließ er sie töten und warf sie ihm hin:
wäre er ja doch grausam gewesen, wenn er sie alle
mitgenommen hätte. Aber wieviel gütiger war doch
Xerxes! Als ihn Pythius bat, er möchte ihm von seinen
fünf Söhnen doch e i n e n vom Kriegsdienste freigeben,
stellte er ihm die Wahl des Freizugebenden anheim;
dann ließ er den Erwählten in zwei Stücke zerreißen
und diese auf beide Seiten der Heerstraße legen als

Sühneopfer für das Heer. Und so fand denn das Heer auch das Ende, das ihm gebührte: besiegt und nach allen Richtungen hin zersprengt und allenthalben nichts als Tod und Verderben sehend, zog es mitten durch die Leichen der Seinigen dahin.

17. Solcher Unmenschlichkeit waren im Zorn Barbarenkönige fähig, sie, die jeglicher Bildung, jeglichen Sinnes für Wissenschaft bar waren. Nun sollst du aber auch hören von dem Zögling des Aristoteles, von dem König Alexander: tötete er doch seinen vertrautesten und mit ihm erzogenenen Freund Clitus, und zwar mit eigener Hand, bei der Tafel, weil er ihm nicht genug schmeichelte und es zu wenig eilig hatte, aus einem Mazedonier und freien Manne sich zu einem persischen Sklaven umzuwandeln. Ließ er doch auch den nicht weniger ihm vertrauten Lysimachos einem Löwen vorwerfen. Und war dieser Lysimachos, den ein glücklicher Zufall vor den Zähnen des Löwen bewahrt hatte, deshalb etwa milder, als er selbst zur Herrschaft gelangte? War er es doch, der seinen Freund, den Rhodier Telesphorus, über und über verstümmeln, ihm Ohren und Nase abschneiden ließ, um ihn dann wie ein neuartiges, noch nie gesehenes Wundertier in einem Käfig lange Zeit zu füttern; denn die Verstümmelung und Entstellung seines Gesichtes hatte ihn jeglicher Menschenähnlichkeit beraubt. Dazu kam noch der Hunger, der Schmutz und die Besudelung des Körpers, der seinem eigenen Unrat überlassen blieb; überdies die verschwollenen Kniee und Hände, die er wegen der Enge des Raumes als Füße benutzen mußte, während seine Seiten durch das fortwährende Anstoßen vereitert waren: so bot er den Beschauern einen gräßlichen und abschreckenden Anblick, und, durch seine Strafe einmal zum Ungeheuer geworden, mußte er es erleben, daß sich allmählich auch das Mitleiden mit

ihm verlor. Aber so unähnlich auch er, der Dulder, einem Menschen war, so war es doch der Täter noch viel mehr.

18. Möchten doch die Beispiele für solche Unmenschlichkeit sich auf fremde Völker beschränken; möchte doch nicht mit anderen aus der Fremde eingeschleppten Lastern auch die Barbarei der Todesquälereien und der Zornwutausbrüche den Römern zur Gewohnheit geworden sein! Dem Marcus Marius [59]), dem das Volk in jeder Straße Statuen errichtet und Weihrauch und Wein gespendet hatte, ließ L. Sulla die Beine brechen, die Augen ausreißen, die Zunge ausschneiden, die Hände abhauen. So ließ er ihn gliedweise zerfleischen, als ob er ihn ebenso oft tötete, als er ihn verwundete. Wer war der Vollstrecker dieses Befehls? Wer anders als Catilina, der sich schon damals auf jede Missetat einübte. Dieser riß ihn in Stücke vor dem Grabmal des Quintus Catulus, eine schwere Beschimpfung für die Asche dieses mildherzigen Mannes: da mußte jetzt tropfenweise ein Mann sein Blut lassen, der zwar kein Mustermensch war, aber doch volksfreundlich und, wenn auch über Verdienst, so doch nicht mit Unrecht geliebt. Marius verdiente dies zu erleiden, Sulla diesen Befehl zu geben, Catilina ihn zu vollstrecken; aber das Gemeinwesen verdiente es nicht, zugleich die Schwerter seiner Feinde und seiner Retter an sich verspüren zu müssen. Doch wozu auf längst vergangene Zeiten den suchenden Blick richten? Es ist noch nicht lange her, daß C. Caesar (Caligula) den Sextus Papinius, dessen Vater Konsular war, den Batitianus Bassus, seinen Quästor, Sohn seines Prokurators, mit noch anderen Senatoren und römischen Rittern an e i n e m Tage geißeln und foltern ließ, nicht etwa zum Zweck der Untersuchung, sondern weil es ihm Spaß machte. Er konnte sich ferner so wenig darein

finden, ein Vergnügen, nach welchem seine ungeheure Grausamkeit ein augenblicklich zu erfüllendes Verlangen trug, hinauszuschieben, daß er in der Allee der Gärten seiner Mutter, die den Säulengang vom Gestade trennt, in Gesellschaft von Matronen und Senatoren auf und ab wandelnd, einige von jenen Unglücklichen bei Lampenlicht enthaupten ließ. Was drängte denn so? Welche persönliche oder öffentliche Gefahr war denn im Verlaufe der e i n e n Nacht im Anzuge? Was hätte es denn ausgemacht, wenigstens den Tagesanbruch abzuwarten, um nicht in Pantoffeln dem Schauspiel der Hinrichtung von Senatoren des römischen Volkes beizuwohnen!

19. Die Sache erfordert es, auf seine übermütige Grausamkeit noch einen weiteren Blick zu werfen, obschon es manchem so vorkommen könnte, als verfehlte ich den rechten Weg und geriete in die Irre. Aber gerade diese Ausführung wird ein Licht werfen auf den Zorn, der in seiner Wut alles Maß überschreitet. Er hatte die Senatoren mit Geißelhieben bearbeiten lassen: er selbst brachte es dahin, daß man sagen konnte: „Das ist nichts Ungewöhnliches." Er hatte sie alle Qualen ausstehen lassen, die entsetzlichsten, die es überhaupt gibt, mit Stricken, Zwangsjacken [60]), Folterpferd, Feuer und mit seinem Anblick. Hier wird man die Antwort zu hören bekommen: „Was will denn das sagen, wenn er drei Senatoren wie nichtswürdige Sklaven unter Schlägen und bei Flammenschein umbringen ließ, er, der daran dachte, den ganzen Senat niederzumetzeln, der den Wunsch äußerte, das ganze römische Volk möchte einen einzigen Hals haben, damit er seine auf so viele Orte und Zeiten verteilten Henkertaten mit e i n e m Schlag und an e i n e m Tag insgesamt abtun könnte." Was ist so unerhört, als eine Hinrichtung bei Nacht? Raubtaten pflegt man im

Dunkel der Nacht zu verbergen; aber Strafvollzug
nützt als abschreckendes Beispiel und als Mittel zur
Besserung um so mehr, je mehr er zu allgemeiner
Kenntnis kommt. Auch hier höre ich schon die Erwiderung: „Was wunderst du dich so sehr? Das ist
ja für dieses Raubtier nichts weiter als tägliche Gewohnheit; dafür lebt es, dafür wacht es, das ist sein
Tun und Treiben bei Nacht." Nun, es wird sicher
kein Zweiter sich finden. der den Befehl gibt, allen
denen, die er bestrafen läßt, mit einem eingezwängten
Schwamm den Mund zu stopfen, um ihnen die Möglichkeit zu nehmen, noch ein Wort laut werden zu
lassen. Wo hat man jemals einem zum Tode Bestimmten
einen letzten Seufzer unmöglich gemacht? Es war ihm
bange bei dem Gedanken, der letzte Schmerz würde
sich in einem freieren Worte äußern, er würde etwas
Unerwünschtes zu hören bekommen; war er sich doch
unzähliger Schandtaten bewußt, die niemand sonst ihm
vorzuwerfen wagen würde als ein dem Tode Geweihter.
Waren etwa einmal keine Schwämme zur Stelle, so
ließ er die Kleider der Unglücklichen zerreißen und
ihnen die Lappen in den Mund stopfen. Welch unerhörte Grausamkeit! Es muß doch erlaubt sein, den
letzten Atemzug ausströmen zu lassen; der scheidende
Lebenshauch will doch seinen Ausweg haben und sich
nicht zwingen lassen nur durch eine Wunde zu entweichen! Es bedarf keiner näheren Ausführung
darüber, daß er auch die Väter der Hingerichteten
in derselben Nacht durch damit beauftragte Zentu-
rionen in ihren Wohnungen umbringen ließ; das will
soviel sagen als: der Mitleidige wollte ihnen die Trauer
ersparen. Es gilt mir hier ja nicht, des G a j u s Wut
zu schildern, sondern die Wut des Zornes: dieser
rast nicht nur gegen einzelne Menschen, sondern zerfleischt ganze Völker, ja verschont nicht Städte und

Flüsse und Dinge, die jeder Schmerzempfindung enthoben sind.

20. So ließ der Perserkönig [61]) einem ganzen Volke in Syrien die Nasen abschneiden, woher der Ort Rhinocolura (Nasenstutz) seinen Namen hat. Verfuhr er etwa schonungsvoll, daß er ihnen nicht die ganzen Köpfe abschlagen ließ? Nein, diese neu erfundene Strafart machte ihm Spaß. Etwas Ähnliches hätten auch jene Äthiopen erleben können, die wegen ihrer langen Lebensdauer Makrobier (Langlebige) genannt werden. Diese nämlich hatten nicht in unterwürfigem Gehorsam das Joch der Sklaverei auf sich genommen, hatten vielmehr seinen Gesandten freimütige Antworten erteilt, in denen die Könige nichts anderes als Beschimpfungen sahen. Deshalb brauste Cambyses gegen sie in hellem Zorne auf und rückte, ohne für Zufuhr gesorgt, ohne die Wege erkundet zu haben, durch unzugängliche, glühende Sandwüsten mit seiner gesamten Heeresmasse nebst allem Troß gegen sie vor. Schon gleich bei Beginn fehlte es an dem Nötigen, und das unfruchtbare, unangebaute und von keinem menschlichen Fuß betretene Gelände bot nicht die geringste Hilfe in der Not. Anfangs suchten sie den Hunger zu stillen durch zartes Laub und durch Baumsprossen, dann mit künstlich erweichter Baumrinde und was sonst die Not zur Nahrung erfinden ließ. Als aber die Sandwüsten auch keine Wurzeln und Kräuter mehr boten und die Einöde auch keine Tiere mehr sehen ließ, wählten sie immer durchs Los den zehnten Mann aus zur Nahrung, die gräßlicher war als der Hunger. Immer aber noch trieb den König der Zorn jählings weiter, mochte auch sein Heer teilweise zugrunde gegangen sein, teilweise zur Nahrung gedient haben, bis ihn endlich die Angst ergriff bei dem Gedanken, daß das Los auch ihn treffen könne: da endlich gab er das

Zeichen zum Rückzug. Und bei alledem wurde ihm noch das edle Geflügel behütet und das Geräte für seine Mahlzeiten auf Kamelen nachgeführt, während seine Soldaten darüber das Los warfen, wer von ihnen elend umkommen oder noch elender leben sollte.

21. Dieser König glühte von Zorn gegen ein unbekanntes und unschuldiges Volk, das aber doch der Empfindung dafür fähig war; Cyrus dagegen zürnte einem Fluß. Denn als er, um Babylon zu belagern, eiligst in den Krieg zog, bei dem doch alles auf die Benutzung günstiger Umstände ankommt, versuchte er, über den breit daherströmenden Fluß Gyades [62]) an einer seichten Stelle überzusetzen, ein gewagtes Unternehmen, auch wenn der Sommer seinen Einfluß geltend macht und den Fluß auf den niedrigsten Wasserstand bringt. Hier wurde eines von den weißen Pferden, die den Wagen des Königs zu ziehen pflegten, von den Fluten fortgerissen, was den König in starke Aufregung versetzte. Er schwur, er werde den Fluß, der sich an dem königlichen Geleite verging, dahin bringen, daß er auch von Weibern betreten und überschritten werden könne. Er ließ denn all sein Kriegsgerät dahin schaffen und ließ nicht eher mit der Arbeit locker, als bis er das Bett beiderseits auf je 180 Kanäle verteilt [63]) und trocken gelegt hatte, indem das Wasser über das ganze Gelände hin in 360 Wasserrinnen geleitet wurde. So führte er, statt mit dem Feinde, dem der Krieg angekündigt worden, mit dem Flusse Krieg, und darüber ging nicht nur die Zeit verloren, ein großer Verlust bei großen Unternehmungen, sondern auch der Kriegseifer der Soldaten sowie die Gelegenheit, die noch ungerüsteten Feinde mit dem Angriff zu überraschen.

Solch ein Wahnsinn — wie könnt' ich's anders nennen — befiel auch die Römer. C. Caesar (Caligula) ließ ein herrliches Landhaus in der Gegend von

Herkulanum zerstören, weil seine Mutter einst darin in Gewahrsam gehalten worden war; er machte es dadurch berühmt; denn so lange es stand, fuhr man ruhig mit dem Schiff an ihm vorüber: jetzt fragt jeder nach der Ursache der Zerstörung.

22. Doch man hat seine Aufmerksamkeit nicht bloß auf d i e Beispiele zu richten, die vor Fehlern warnen, sondern auch auf die gegenteiligen, welche zur Nachfolge auffordern, auf Beispiele also von Mäßigung und Milde seitens solcher, denen es weder an Grund zum Zorn fehlte noch an der Macht zur Rache.

Was wäre z. B. dem Antigonus leichter gewesen, als zwei gemeine Soldaten hinrichten zu lassen, die am Zelte des Königs, wo sie der Ruhe pflogen, taten, was Menschen trotz aller damit verbundenen Gefahr so gern tun, nämlich sich über ihren König mißfällig äußerten? Antigonus hatte alles gehört; denn es war zwischen den Redenden und ihm nur ein Vorhang, welchen jener ein wenig zur Seite schob mit den Worten: „Macht euch weg von hier, sonst hört euch der König." Eben derselbe hörte eines Nachts, wie einige seiner Soldaten alles Unheil auf den König herabfluchten, weil er sie hierher in diesen undurchdringlichen Morast geführt hätte. Alsbald gesellte er sich als Helfer denen zu, die am schwersten zu leiden hatten. Als er ihnen herausgeholfen hatte, ohne daß sie über seine Person Bescheid wußten, sagte er: „Nun fluchet auf den Antigonus, durch dessen Schuld ihr in diese Not geraten seid; den aber segnet, der euch aus diesem Schlund herausgeholfen hat." Auch von seinen Feinden nahm er Schmähungen mit derselben Milde auf wie von seinen Mitbürgern. Als z. B. Griechen in einem kleinen Kastell von ihm belagert wurden und im Vertrauen auf die Lage des Ortes voll Verachtung gegen den Feind sich mancherlei Scherze erlaubten über des

Antigonus mißfälliges Äußere, indem sie sich bald über
seine kleine Statur, bald über seine eingedrückte Nase
lustig machten, rief er: „Das freut mich und läßt mich
Gutes hoffen, wenn ich in meinem Lager einen Silenus
habe." Als er dann diese Witzbolde durch Hunger in
seine Gewalt gebracht hatte, verfuhr er mit den Gefangenen so, daß er die Kriegstauglichen auf seine
Kohorten verteilte, die übrigen aber als Sklaven ver-
kaufen ließ, und auch dies, sagte er, würde er nicht
getan haben, wenn es nicht denen zuträglich wäre
einen Herren zu haben, die ein so loses Maul hätten.

23. Dieses Mannes Enkel war Alexander[64]), der
seine Lanze gegen seine Tischgenossen schleuderte, der
von zwei Freunden, wie kurz vorher berichtet, den
einen einem Löwen hinwarf, den anderen seinem Grimm
selbst zum Opfer brachte. [Von diesen beiden blieb jedoch der dem Löwen Hingeworfene am Leben[65])]. Dies
Laster war also kein Erbteil von seiten seines Großvaters, ja nicht einmal von seiten seines Vaters. Denn
wenn Philippus überhaupt eine Tugend besaß, so war
es die Duldsamkeit gegen Schmähungen, ein mächtiges
Mittel zur Stütze der Herrschaft. Unter anderen
athenischen Gesandten war auch Demochares zu ihm
gekommen, der wegen seiner vorlauten und frechen
Zunge Parrhesiastes (der Freimütige) genannt ward.
Philippus hörte die Gesandtschaft gnädig an; dann
sagte er: „Saget mir, ob ich den Athenern irgend
welchen Gefallen erweisen kann." Alsbald gab Demochares die Antwort und sagte: „Dich aufhängen." Die
Umstehenden waren empört über eine so unglaublich
unhöfliche Antwort, deren herausfordernder Ton danach angetan war, allgemeines Erstaunen hervor-
zurufen. Philippus aber verwies sie zur Ruhe und
entließ jenen Thersites, ohne ihm ein Haar zu krümmen.
„Ihr aber," sagte er, „ihr übrigen Gesandten, sagt

den Athenern, daß, wer dergleichen Reden im Munde
führe, viel stolzer sei als der, welcher ohne Rache sie
anhört."

Auch der selige Augustus hat durch Wort und
Tat vielfach in denkwürdiger Weise zu erkennen gegeben, daß er den Zorn nicht über sich hat Herr werden
lassen. Der Geschichtschreiber Timagenes [66]) hatte sich
gegen ihn selbst sowie auch gegen seine Gattin und
sein ganzes Haus gewisse Äußerungen erlaubt, und seine
Worte waren nicht verloren gegangen; denn leicht-
fertige Witzelei findet leicht Anklang und haftet im
Munde der Leute. Oft warnte ihn der Kaiser, er sollte
seine Zunge zügeln; doch ließ er sich nicht abbringen,
und so verbot ihm der Kaiser den Hof. In seinen
späteren Jahren lebte dann Timagenes im Hause des
Asinius Pollio, und in der ganzen Stadt riß man sich
um ihn: der Ausschluß vom Kaiserhof verschloß ihm
keine Tür. Die geschichtlichen Arbeiten, die er später
verfaßt hat, las er öffentlich vor; die Bücher, in denen
er die Taten des Kaisers Augustus geschildert, warf
er ins Feuer und verbrannte sie. Mit dem Kaiser lebte
er in Feindschaft; doch niemand fürchtete seine Freundschaft; man ging ihm nicht aus dem Wege wie einem
vom Blitze Getroffenen; ja, es gab einen, der den so
tief Gefallenen ganz in sein Herz schloß. Der Kaiser,
wie gesagt, ließ sich das ruhig gefallen, selbst dadurch
nicht gereizt, daß er durch seine Schriften seinem
Ruhm und seinen Taten zu nahe getreten war. Niemals beklagte er sich bei dem Wirt und Freund seines
Gegners. Nur das e i n e Wort (griechisch) sagte er zu
Asinius Pollio: „Du hältst eine Bestie ($\vartheta\eta\varrho\iota o\tau\varrho o\varphi\varepsilon\tilde{\iota}\varsigma$)".
Dieser machte Anstalt, sich zu entschuldigen; doch der
Kaiser sagte abwehrend: „Laß ihn dir lieb sein, mein
Pollio, laß ihn dir lieb sein!" Und als Pollio sagte:
„Wenn du befiehlst, mein Kaiser, so werd' ich ihm auf

der Stelle mein Haus verbieten“, erwiderte er: „Glaubst
du, ich würde einen solchen Befehl geben, da ich euch
wieder miteinander versöhnt habe?“ Pollio war nämlich früher einmal auf Timagenes erzürnt gewesen und
hatte keinen anderen Grund gehabt, von diesem Zorn
abzulassen, als weil der Kaiser seinerseits dem Timagenes
zu zürnen begonnen hatte.

24. Mag sich denn jeder, so oft er gereizt wird,
sagen: „Bin ich denn mächtiger als Philippus? Er
ließ sich doch, ohne Rache zu nehmen, schmähen. Bin
ich denn in meinem Haus ein mächtigerer Herr, als es
Augustus war, der über den ganzen Erdkreis herrschte?
Er begnügte sich doch damit, die Gesellschaft seines
Schmähers zu meiden.“ Warum sollte ich meines
Sklaven allzudeutliche Antwort, oder seine trotzige
Miene, oder sein unverständliches Murmeln mit Geißelhieben und Fesseln strafen? Wer bin ich, daß es ein
Verbrechen wäre, meinem Ohre wehe zu tun? Viele
haben ihren Feinden verziehen, und ich sollte nicht verzeihen, wenn Leute faul, nachlässig, geschwätzig sind?
Einen Knaben entschuldigt sein Alter, ein Weib ihr
Geschlecht, einen Fremden seine Freiheit, einen Haus-
genossen seine Vertraulichkeit. Jetzt beleidigt er uns
zum erstenmal: bedenken wir doch, wie lange wir
unser Wohlgefallen an ihm gehabt. Er hat uns auch
sonst schon oft beleidigt: gut denn, tragen wir, was
wir schon lange getragen. Es ist unser Freund: nun,
er hat wider seinen Willen gehandelt. Es ist unser
Feind: nun, er tat, was er nicht lassen konnte. Wir
tun gut, einem Klügeren nachzugeben, mit einem Toren
nicht zu streng ins Gericht zu gehen, und allen zu-
gunsten müssen wir uns sagen, auch die weisesten
Männer seien vor Fehlgriffen nicht sicher, niemand sei
so umsichtig, daß seine Wachsamkeit nicht zuweilen
versage, niemand so durchgereift, daß nicht ein zu-

fälliger Umstand seinen Ernst zu einem hitzigeren Vorgehen verleiten könnte, niemand so ängstlich gegen
Verstöße, daß er nicht unversehens einen begehe, gerade indem er ihn meiden will.

25. Ein schwaches Gemüt findet im Unglück Trost
darin, daß auch das Glück großer Männer ins Schwanken
gerät, und derjenige beweint seinen Sohn im stillen
Winkel mit größerer Fassung, der es mit angesehen
hat, daß auch aus Königspalästen schmerzlich beweinte
Tote zu Grabe getragen werden: so erträgt denn auch
derjenige eine ihm widerfahrene Beleidigung oder ver-
ächtliche Behandlung mit größerem Gleichmut, der
daran denkt, daß es keine noch so große Macht gibt,
die nicht der Beleidigung ausgesetzt wäre. Wenn auch
die Verständigsten Fehler begehen, wessen Irrtum wäre
dann nicht entschuldbar? Blicken wir doch zurück
auf unser eigenes Leben: wie oft sind wir in unserer
Jugend lässig gewesen in der Pflichterfüllung, wie oft
unbescheiden im Gespräch, maßlos beim Wein. Ist
einer erzürnt, so müssen wir ihm Zeit lassen, sich
darauf zu besinnen, was er getan hat: er wird es an
Selbstvorwürfen nicht fehlen lassen. Mag er uns schließlich auch die Strafe schuldig bleiben: wir haben keinen
Grund, Gleiches mit Gleichem zu vergelten. Darüber
kann kein Zweifel sein: wer auf Beleidiger verächtlich
herabblickt, der erhebt sich über den großen Haufen
und steht auf einer höheren Warte. Der wahren Größe
ist es eigen, sich von Beleidigungen nicht getroffen zu
fühlen. So blickt das Riesentier gelassen auf die
kläffenden Hunde, so schlägt der Wogenschwall vergeblich an die gewaltige Klippe. Wer nicht in Zorn
gerät, bleibt unerschüttert bei Beleidigung; wer zornig
wird, verliert die Ruhe. Er aber, den ich eben als erhaben über jedes Ungemach hingestellt habe, hält das
höchste Gut gleichsam fest umschlossen in den Armen

und wendet sich nicht nur gegen Menschen, sondern gegen das Schicksal selbst mit den Worten: Mache, was du willst, du bist doch nicht mächtig genug, meine heitere Stimmung zu trüben. Das verbietet die Vernunft, deren Herrschaft ich mein Leben unterstellt habe. Mehr Schaden werde ich vom Zorn haben als von der mir zugefügten Beleidigung. Unbedingt. Denn diese hat ihr bestimmtes Maß; wohin aber der Zorn mich führen würde, das bleibt ungewiß.

26. Du sagst: „Ich kann mir's nicht gefallen lassen; es erdrückt mich, wenn ich eine Beleidigung über mich ergehen lassen soll." Du schlägst der Wahrheit ins Gesicht. Wer den Zorn ertragen kann, der kann auch eine Beleidigung ertragen. Und im Grunde läuft doch dein Verhalten darauf hinaus, daß du zur Beleidigung auch noch den Zorn auf dich nehmen mußt. Wie kommt's denn, daß du dir das Ungestüm eines Kranken und die Reden eines Wahnsinnigen und die Ungezogenheiten von Knaben gefallen läßt? Doch wohl, weil du der Meinung bist, sie wissen nicht, was sie tun. Was liegt denn daran, wodurch der Unverstand verschuldet ist? Unverstand liegt überall zugrunde und dient zur Entschuldigung. „Wie also", sagst du, „soll es ihm straflos hingehen?" Auch angenommen, du selbst wünschtest es so, es wird doch anders kommen. Denn die größte Strafe für begangenes Unrecht ist, es getan zu haben, und keiner wird schwerer bestraft, als wer der Marter der Reue verfällt.

Ferner muß man auch auf die Natur des Menschenlebens Rücksicht nehmen, um über alle Vorfälle richtig zu urteilen; ein unbilliger Richter darüber ist der, welcher den einzelnen zum Vorwurf macht, was allgemeiner Fehler ist. Die Hautfarbe der Äthiopen ist unter ihnen selbst nichts Auffälliges, und bei den Germanen ist das rötliche und in einen Knoten zusammen-

gebundene Haar nichts dem Manne Unziemliches: was
dem ganzen Volke gemein ist. das kann man bei dem
einzelnen nicht auffallend oder entstellend finden. Die
hier genannten Erscheinungen finden ihre Erklärung
und Entschuldigung in der Gewohnheit einer einzelnen
Gegend, eines einzelnen Erdenwinkels. Nun frage dich,
wieviel mehr Nachsicht da am Platze ist, wo es sich
um Dinge handelt, die dem ganzen Menschengeschlecht
gemein sind. Wir alle sind unbesonnen und unvorsichtig,
wir alle sind unzuverlässig, unzufrieden, ehrgeizig —
doch wozu mit linderen Worten den allgemeinen Schand-
fleck verdecken? — wir alle sind Sünder. Was also
an anderen getadelt wird, das findet ein jeder im
eigenen Busen. Warum hältst du dich über die Blässe
des einen, über die Magerkeit des anderen auf? Herrscht
doch die Pest im Lande! Seien wir also verträglicher
miteinander: wir leben als Böse unter Bösen. Ich
wüßte nichts, was uns Ruhe bringen könnte, als eine
Übereinkunft über gegenseitige Nachsicht. „Jener hat
mir schon Schaden getan, ich ihm noch nicht.“ Aber
vielleicht hast du doch schon einen anderen beleidigt
oder wirst ihn beleidigen. Achte nicht bloß auf diese
Stunde oder auf diesen Tag, gib dir Rechenschaft über
deine ganze Seelenverfassung! Auch wenn du nichts
Böses getan hast, du kannst es doch tun.

27. Wieviel besser ist's, eine Beleidigung zu ver-
schmerzen, als sich zu rächen! Die Rache nimmt viel
Zeit weg, fordert viele weitere Beleidigungen heraus,
während sie sich nicht beruhigen kann über die e i n e;
der Zorn dauert bei uns allen länger als die Verletzung. Wieviel besser ist's, die entgegengesetzte Richtung einzuschlagen und nicht Fehler gegen Fehler
kämpfen zu lassen; denn wer, meint man, würde wohl
recht bei Sinnen sein, der einem ausschlagenden Maul-
tier wieder mit Ausschlagen entgegentreten oder einen

beißenden Hund wieder beißen wollte? „Diese wissen
ja doch nicht, daß sie Unrecht tun", sagst du. Indes
erstens: wie unbillig ist doch ein Mensch, in dessen
Augen gerade der Umstand, daß man ein Mensch ist[67]),
ein Hindernis bildet für Erlangung der Verzeihung.
Sodann, wenn die übrigen Geschöpfe dadurch gegen
deinen Zorn gesichert sind, daß ihnen die Überlegung
abgeht, so muß jeder so eingeschätzt werden, der der
Überlegung bar ist. Denn was kommt denn darauf an,
daß er in anderen Beziehungen den Tieren unähnlich
ist, wenn er in diesem Punkt, der für alle Tiere ein
Entschuldigungsgrund ihrer Fehler ist, mit ihnen
übereinstimmt, nämlich in der geistigen Blindheit? Er
hat einen Fehler gemacht. Ist es das erste Mal? Ist
es das letzte Mal? Traue ihm nicht, auch wenn er
sagt: „Ich werd' es nicht wieder tun." Er wird fehlen
und andere wider ihn; unser ganzes Leben wird eine
Kette von Verirrungen sein. Das Unsanfte muß mit
sanfter Hand angefaßt werden. Was man bei der Trauer
mit bestem Erfolg zu sagen pflegt, das wird sich auch
beim Zorn sagen lassen: Wirst du wohl einmal auf-
hören oder nie? Wenn überhaupt, ist's dann nicht
besser, von dem Zorne zu lassen, als zu warten, bis
der Zorn dich verläßt? Oder soll diese Erregung ewig
in dir bleiben? Hast du keine Augen, um zu sehen,
was für ein friedloses Dasein du dir damit in Aus-
sicht stellst? Denn wie wird es mit dem Zorne stehen,
wenn du immer gleich aufbrausest? Dazu laß dir
folgendes gesagt sein: Wenn du in guter Absicht dich
selbst in Erregung versetzest und ab und zu die ver-
anlassenden Umstände wieder herbeiführst, durch die
du aufgereizt wirst[68]), dann wird der Zorn von selbst
weichen und mit der Zeit seine Kraft verlieren. Wieviel besser ist es, er wird von dir bezwungen als von
sich selbst.

28. Du zürnst bald dem, bald jenem; den Sklaven, dann den Freigelassenen; den Eltern, dann den Kindern; Bekannten, dann Unbekannten: an Gründen fehlt es nie, wenn nicht das Herz als Fürsprecher eintritt. Von hier reißt dich die Wut dorthin, von dort wieder anderswohin, immer stellen sich neue Reizungen ein, und so geht es mit der Raserei ohne Ende fort. O du Unseliger, wann soll es einmal zur Liebe kommen? O über die gute Zeit, die du auf eine so erbärmliche Sache verschwendest! Wieviel besser wär' es doch gewesen, dir statt dessen Leute zu Freunden zu machen, Feinde milder zu stimmen, ein Staatsamt zu verwalten, für dein Hauswesen tätig zu sein, als eifrig auszuspähen, was du einem anderen Böses tun kannst, wie du seinem Ansehen, seinem Vermögen, seiner Person Eintrag tun kannst, ein Vorhaben, das sich nicht durchführen läßt ohne Kampf und Gefahr, magst du es auch mit einem Schwächeren zu tun haben! Mag er dir gefesselt überliefert werden, mag er ganz deiner Willkür preisgegeben sein und sich alles gefallen lassen müssen: oft hat doch die übertriebene Gewaltsamkeit dem Schlagenden ein Gelenk verrenkt oder eine Sehne an eben den Zähnen, die er eingeschlagen hatte, zerrissen. Manche hat die Zornsucht zu Krüppeln gemacht, manche hat sie entkräftet, auch wenn ihnen kein Widerstand geboten wurde. Dazu bedenke, daß von Natur nichts so schwach ist, daß es ohne Gefahr für den Zerstörungssüchtigen zugrunde ginge; auch Schwache macht hier der Schmerz, dort ein Zufall auch den Stärksten gleich. Und ist das meiste, was uns in Zorn versetzt, nicht derart, daß es uns wohl kränkt, aber uns nicht verletzt? Es ist doch ein großer Unterschied, ob sich einer meinem Willen tätlich widersetzt oder sich ihm nur entzieht, ob er mir etwas nimmt oder nicht gibt. Allein uns gilt es als gleich, ob man

uns etwas wegnimmt oder uns etwas versagt, ob man
uns die Hoffnung völlig abschneidet oder die Sache nur
hinausschiebt, ob man gegen uns oder nur zu seiner
Verteidigung handelt, ob aus Liebe zu einem anderen
oder aus Haß gegen uns. Es gibt aber auch Fälle,
wo der andere nicht nur gerechten, sondern auch ehrenwerten Grund hat, gegen uns aufzutreten: der eine
nimmt seinen Vater in Schutz, der andere seinen
Bruder, der eine sein Vaterland, der andere seinen
Freund. Gleichwohl verzeihen wir ihnen nicht, wenn
sie tun, was sie nicht unterlassen konnten, ohne sich
unsere Mißbilligung zuzuziehen; ja, kaum zu glauben,
oft haben wir Hochachtung vor einer Tat und Miß-
achtung gegen den Täter. Doch wahrhaftig, ein großer
und gerechter Mann blickt gerade auf den tapfersten
unter seinen Feinden und auf den hartnäckigsten Verteidiger der Freiheit und Wohlfahrt seines Vaterlandes
mit größter Hochachtung hin und wünscht sich solche
Mitbürger, solche Soldaten.

29. Es ist unwürdig, einen zu hassen, dem man
Lob schuldet; wieviel unwürdiger aber ist es noch,
einen zu hassen aus einem Grunde, der ihn vielmehr
unserem Mitleide empfehlen sollte. Man setze z. B. den
Fall: ein Gefangener, der, ehe er sich's versah, das
Sklavenjoch auf sich nehmen mußte, kann sich nicht
gleich der Freiheit völlig entwöhnen; er zeigt wenig
Lust zu niedrigen und anstrengenden Diensten; oder
ein durch Müßiggang träge Gewordener kann mit dem
Pferde und Wagen des Herrn nicht gleichen Schritt
halten; einen anderen durch die täglichen Nachtwachen
Übermüdeten überfällt der Schlaf; oder ein aus
städtischem Sklavendienst und Müßiggang in das harte
Landleben Versetzter sträubt sich gegen die schwere
Arbeit oder nimmt sich ihrer wenigstens nicht wacker
an! Da haben wir zu unterscheiden, ob einem die Kraft

oder der Wille fehlen. Gar manchen werden wir von
Schuld freisprechen, wenn wir uns dazu gebracht
haben, erst zu überlegen, ehe wir zürnen. Nun aber
überlassen wir uns dem ersten Aufwallen und bleiben
dabei, ungeachtet der Grundlosigkeit unserer Erregung,
damit es nicht scheine, als hätten wir ohne Grund angefangen, und, was das schlimmste ist, die Unbilligkeit des Zornes macht uns nur noch verstockter; wir
halten fest an ihm, als wäre es ein Beweis gerechten
Hasses, wenn man recht gründlich haßt.

30. Wieviel besser ist es, gleich auf den ersten
Anfang scharf acht zu haben: wie geringfügig, wie
unschuldig ist er oft! Was du an den unvernünftigen
Tieren wahrnimmst, das kannst du auch an den Menschen
bemerken: es sind Kleinigkeiten und Nichtigkeiten,
durch die wir uns aufregen lassen. Den Stier versetzt
die rote Farbe in Wut; gegen einen Schatten bäumt
sich die Natter auf; Bären und Löwen reizt ein vor-
gehaltenes Tuch zur Wut. Alle Geschöpfe, die von
Natur wild und wutig sind, werden durch nichtige
Dinge in Schrecken gesetzt. Die nämliche Erscheinung
findet sich bei unruhigen und beschränkten Geistern.
Der leiseste Argwohn bringt sie auf falsche Fährte,
in einem Maße, daß sie anspruchslose Wohltaten zuweilen für Beleidigungen erklären, und eben das ist,
wenn nicht der häufigste, so doch der bitterste Anlaß
zur Zornsucht. Denn auch den besten Freunden zürnen
wir, weil sie uns angeblich weniger haben zugute
kommen lassen als wir erwarten durften und als uns
andere erwiesen haben. Und doch liegt für beides die
Abhilfe nahe. Man hat sich einem anderen gefälliger
erwiesen: wir sollen uns über das Unsrige freuen, ohne
Vergleiche anzustellen; niemals wird glücklich sein,
wer sich über einen Glücklicheren nicht beruhigen
kann. Ich habe weniger, als ich gehofft hatte: aber

vielleicht habe ich mehr gehofft, als mir zustand. Dies
ist der gefährlichste Punkt, das ist die Quelle des ver-
derblichsten Zorns, der auch vor dem Heiligsten nicht
zurückschrecken wird. Dem seligen Julius Cäsar haben
nicht sowohl seine Feinde als seine Freunde den Garaus
gemacht, deren unerfüllbare Hoffnungen er nicht erfüllt hatte. An gutem Willen fehlte es ihm nicht —
denn nie hat es einen uneigennützigeren Sieger gegeben, der für sich nichts beanspruchte als das Recht
auszuteilen —, aber wie konnte er so unerhörten
Wünschen entsprechen, da jeder so viel forderte, wie
nur e i n e r bekommen konnte? So mußte er denn seinen
Sessel von seinen Parteigenossen mit gezückten Schwertern umgeben sehen, unter ihnen den Tillius Cimber,
seinen eifrigsten Parteigänger noch kurz vorher, sowie
andere, die erst nach des Pompejus Tode Pompejaner
geworden. Dies ist's auch, was die Waffen der Könige
gegen sie selbst gekehrt hat und was die treuesten
Anhänger dazu trieb, nach dem Tode derer zu trachten,
für die und vor denen zu sterben sie gelobt hatten.

31. Wer nach Fremdem hinschielt, dem gefällt das
Seinige nicht: daher zürnt mancher auch den Göttern,
daß ein anderer vor uns den Vorrang hat, und vergißt, wie viele er noch hinter sich hat und welcher
ungeheure Schwall von Neid sich hinterwärts an ihn
anhängt, an ihn, der nur wenige Beneidete vor sich
hat. Allein der Dünkel der Menschen geht so weit, daß,
mögen sie auch noch so viel empfangen haben, sie sich
doch für benachteiligt ansehen, wenn sie nicht alles bekommen, was sie hätten bekommen können. „Er [69]) hat
mir die Prätur verliehen: aber ich hatte aufs Konsulat
gehofft; er hat mir zwölf Fasces (Rutenbündel) gegeben: aber er hat mich nicht zum ordentlichen Konsul
gemacht; er hat mich zu der Würde erhoben, nach
deren Inhaber das Jahr benannt wird [70]): aber er ver-

hilft mir nicht zur Priesterwürde; ich bin in ein Priester-
kollegium aufgenommen: aber warum nur in e i n e s?
Er hat mich zur höchsten Würde erhoben: aber mein
Vermögen ist dabei leer ausgegangen; er hat mir gegeben, was er irgend einem anderen auch geben mußte:
von dem Seinigen hat er nichts dazu getan." Mein
Gott, danke doch lieber für das, was du bekommen
hast; auf das andere warte und freue dich, daß du
noch nicht alles hast. Es stimmt einen froh, noch weiter
hoffen zu können. Hast du alle anderen hinter dir gelassen, so freue dich, daß du im Herzen deines Freundes [71])
der Erste bist; sind dir viele voran, so denke daran,
wieviel größer die Schar derer ist, die hinter dir stehen,
als derer, die vor dir stehen. Du fragst, welches dein
größter Fehler sei? Du rechnest nicht richtig: was du
gibst, stellst du hoch ein, was du empfängst, niedrig.

32. Bei dem einen muß uns dies, bei dem anderen
jenes vom Zorn abhalten; bei dem einen sei es die
Furcht, bei dem anderen die Achtung, beim dritten die
Verachtung. Es ist doch ohne Zweifel schon etwas
ganz Erkleckliches, wenn wir einen armen Schelm von
Sklaven ins Arbeitshaus stecken! Wozu die Eile, ihm
sofort mit Schlägen zu kommen, ihm auf der Stelle die
Knochen zu brechen? Deine Strafgewalt wird dir ja
nicht genommen, wenn du sie nicht augenblicklich ver-
wendest; laß ihr Zeit, bis nicht mehr der Zorn aus ihr
spricht, sondern wir uns auf uns selbst besonnen haben
und in solcher Verfassung befehlen. Ist der Zorn erst
gewichen, dann wollen wir sehen, was es mit dem Handel
eigentlich auf sich hat. Denn darin versehen wir's am
meisten: wir greifen zum Schwerte, zu Todesstrafen und
strafen mit Fesseln, Kerker und Hunger Vergehen, die mit
ein paar leichten Geißelhieben abgetan gewesen wären.
Man entgegnet: „Sollen wir wirklich alles, wodurch
wir verletzt zu sein meinen, für geringfügig, armselig

und kindisch halten? Wie kannst du uns das zumuten?" Nun, was mich betrifft, so scheint es mir der beste Rat, sich eine hochherzige Gesinnung anzueignen und sich klar zu machen, wie niedrig, verwerflich und für jeden, der sich höhere geistige Ziele steckt, verächtlich das ist, worum wir uns zanken, hin und her laufen, außer Atem geraten.

33. Um nichts macht man mehr Geschrei als um das liebe Geld: dies läßt die Gerichtshöfe nicht zur Ruhe kommen, hetzt Väter und Kinder gegeneinander, schreckt vor Gift nicht zurück, drückt Mördern ebenso gut wie Legionen das Schwert in die Hand; an ihm klebt unser Blut; um seinetwillen streiten und zanken sich Eheleute ganze Nächte hindurch, drängen sich die Leute um die Tribunale der Obrigkeit, geraten Könige in Wut, werden zu Räubern und verwandeln Städte, an deren Aufbau Jahrhunderte gearbeitet haben, zu Trümmerhaufen, um in der Asche derselben nach Gold und Silber zu stöbern. Man hat seine Lust daran, Geldsäcke im Winkel liegen zu sehen; um ihretwillen strengt man die Stimme an, daß die Augen förmlich aus dem Kopfe heraustreten, um ihretwillen hallen die Gerichtsstätten wider von dem Lärm der Verhandlungen, sitzen Männer zu Gericht, die aus fernen Gegenden herbeibeschieden worden sind, um zu entscheiden, wessen Habsucht die besser berechtigte sei. Und wie vollends, wenn es sich gar nicht einmal um einen Geldsack handelt, sondern wenn um eine Handvoll Kupfergeld oder um einen Denar, den ein Sklave falsch auf Rechnung gesetzt hat, ein alter Mann, der ohne Erben sterben wird, vor Zorn sich nicht lassen kann? Wie, wenn wegen eines lumpigen Zinsrestes, eines Tausendstels, ein gelähmter Wucherer, dessen Hände beim Aufsetzen der Rechnung den Dienst versagen, ein Geschrei erhebt und allen Anfällen der

Krankheit zum Trotz seine Pfennige von den Bürgen
einkassiert? Häufe vor mir alles Geld aus sämtlichen
Bergwerken auf, deren Ausbeutung wir so eifrig betreiben, breite vor mir alle Reichtümer aus, die in den
Schatzhäusern geborgen sind, wo die Habsucht sie
wieder wie unter der Erde ruhen läßt, aus der sie
zum Unheil heraufbefördert wurden: diese ganze zusammengehäufte Masse ist es in meinen Augen nicht
wert, daß ein braver Mann darüber die Stirn runzelt.
Wieviel Grund haben wir doch, das zu belachen, was
uns Tränen auspreßt!

34. Und nun weiter! Richte dein Auge auf das
übrige [72]), auf Speise und Trank und all den Prunk,
mit welchem die Eitelkeit sie ausstattet, achte ferner
auf (als auf Gründe des Zorns) Schmähworte, auf unanständige Gebärden, auf störrische Zugtiere, auf faule
Sklaven, auf Verdächtigungen sowie auf böswillige
Auslegung der Worte anderer, die zur Folge hat, daß
die dem Menschen verliehene Sprache wie ein Unrecht
der Natur gegen uns erscheint. Glaube mir, es sind
reine Lappalien, wegen deren wir uns so ernsthaft
erbosen, Dinge wie die, um welche sich Knaben zanken
und streiten. Nichts von dem, was wir mit so tiefer
Ergriffenheit betreiben, ist wirklich ernst und groß.
Eben darin liegt, behaupte ich, der Grund für eueren
Zorn und euere Sinnesverwirrung: ihr achtet das Kleine
für groß. Dieser wollte mich um eine Erbschaft
bringen; jener hat mich vor Gericht gebracht wegen
langjähriger aussichtsreicher Erbschleicherei; ein anderer hat es auf meine Buhlerin abgelegt. Was ein
Band der Liebe sein sollte, das ist nun Ursache des
Zerwürfnisses und Hasses, nämlich daß beide dasselbe
wollen. Ein schmaler Pfad bringt die auf ihm Wan-
delnden leicht in Zusammenstoß und Streit miteinander;
auf einer breiten und geräumigen Landstraße ziehen

ganze Scharen dahin, ohne sich gegenseitig zu stören: das, worauf ihr es abgesehen habt, führt zu Streit und Hader mit denen, die nach dem Gleichen trachten; denn es handelt sich um unbedeutende Dinge, die nicht an den einen gelangen können, ohne dem anderen entrissen zu werden.

35. Du ärgerst dich, daß dir ein Sklave oder ein Freigelassener, daß dir die Gattin oder ein Klient widersprochen habe, und es dauert nicht lange, so klagst du, daß im Staat die Freiheit nicht mehr gelte, der du im eigenen Hause den Garaus gemacht hast. Anderseits, wenn einer, den du fragst, keine Antwort gibt, so nennst du es Trotz. Er mag reden, er mag schweigen, er mag lachen. „Vor dem Herrn?" sagst du. Ja sogar vor dem Hausvater. Was schreist du? Was belferst du? greifst gar mitten während der Tafel nach der Geißel, weil die Sklaven sich durch Sprechen bemerklich machen, weil das Schweigen der Einsamkeit mit dem Gewühl einer Volksversammlung unvereinbar ist? Deine Ohren sind nicht dazu da, um melodische und durch Weichheit und Zartheit sich einschmeichelnde Tonstücke zu hören; Lachen und Weinen mußt du hören, Schmeichelworte und Scheltworte, Frohes und Trauriges, Stimmen von Menschen und Knurren und Bellen von Tieren. Schwächling du, was erschrickst du denn über das Geschrei eines Sklaven, über das Erklingen von Metall oder über das Anklopfen an der Tür? Du magst noch so reizbar sein, den Donner mußt du doch anhören. Was für die Ohren gilt, das übertrage nun auch auf die Augen, die nicht weniger wählerisch sind, wenn man sie nicht in Zucht hält: ein Fleck genügt, sie zu beleidigen, eine Besudelung, Silber, das nicht blank geputzt ist, eine Pfütze, der man nicht bis auf den Grund sehen kann. Die nämlichen Augen, die sich nur bunten und in frischem Glanze strahlenden Marmor

gefallen lassen, die keinen Tisch sehen wollen ohne reichliche Masern, die in ihrem Hause den Fuß nur auf einen Boden setzen wollen, der kostbarer ist als Gold, lassen draußen ihr Auge mit völligstem Gleichmut über holprige und schmutzige Pfade gleiten sowie über größtenteils unsaubere Gestalten, die ihnen begegnen, auch über die verwitterten Wände der Miethäuser mit ihren Rissen und Unregelmäßigkeiten. Es liegt also nur an ihrer Stimmung, wenn sie draußen an nichts Anstoß nehmen, daheim dagegen in Aufregung geraten: dort ist ihre Stimmung gleichmütig und duldsam, daheim mürrisch und verdrießlich.

36. Alle Sinne sind der Kräftigung bedürftig; sie sind von Natur fügsam, wenn nicht üble Neigung sie verdirbt, die täglich zur Rechenschaft gezogen werden muß. So machte es Sextius [73]). Am Schluß jedes Tages, wenn er sich zur Ruhe begab, fragte er sich: „Welchen Mangel in dir hast du heute gut gemacht? Welchen Fehler hast du bekämpft? In welcher Beziehung hast du dich gebessert?" Der Zorn wird nachgeben und maßvoller werden, wenn er weiß, daß er täglich vor den Richter gefordert wird. Was kann es Schöneres geben als diese Gewohnheit, den ganzen Tag zur Prüfung an sich vorüberziehen zu lassen? Und was für ein Schlaf folgt auf diese Selbstschau, wie ruhig, wie tief und frei, wenn die Seele entweder ihr Lob oder ihre Mahnung erhalten hat und als ihr eigener geheimer Beobachter und Richter sich Rechenschaft gegeben hat über ihr sittliches Verhalten! Ich mache von dieser Fähigkeit Gebrauch und verantworte mich täglich vor mir selbst. Wenn das Licht entfernt und meine Gattin, bekannt mit meiner Gewohnheit, verstummt ist, überschaue ich meinen ganzen Tag und wäge meine Handlungen und Äußerungen ab; nichts bleibt mir verborgen, nichts übergehe ich. Warum sollte ich denn auch vor meinen

Verfehlungen mich fürchten, da ich sagen kann: „Gib
acht, daß du das nicht wieder tust; für diesmal sei
es dir verziehen. Bei jenem Wortkampf hast du dich
von der Streitlust zu weit fortreißen lassen; laß dich
nicht wieder in ein Gespräch mit Unkundigen ein; diejenigen sind unbeholfen, die nie haben Schüler sein
wollen. Jenen hast du mit deiner Mahnung zu scharf
angefaßt; daher hast du ihn nicht gebessert, sondern
beleidigt. Künftig sieh nicht nur darauf, ob es wahr
ist, was du sagst, sondern ob der, dem es gesagt
wird, die Wahrheit auch verträgt. Ein Gutgearteter
läßt sich gern mahnen; je schlechter einer ist, desto
barscher ist sein Auftreten gegen den, der ihn zurechtweist.“

37. „Beim Gastmahl hast du dich durch die Witze-
leien und Sticheleien gewisser Leute verletzt gefühlt:
du mußt dir eben sagen, daß man gemeine Gesellschaften
meiden soll; beim Wein erlaubt man sich mehr, denn
schon im nüchternen Zustand geht vielen das Feingefühl
ab. Du hast einen deiner Freunde in Zorn gesehen
über den Türhüter eines Rechtsanwaltes oder eines
Reichen, weil er ihm den Eintritt verwehrt hatte, und
grolltest wohl auch selbst um seinetwillen dem elenden
Sklaven: du grollst also einem Kettenhund? Wirf
diesem nur ein paar Bissen hin, so beruhigt er sich
trotz alles vorherigen Gebells. Wende den Rücken
und lache! Bald ist es der Türhüter, der sich für wer
weiß was hält, weil er eine Schwelle zu bewachen hat,
die von einem Haufen Prozessierender umdrängt wird,
bald der drinnen weilende Hausherr, der überglücklich
ist und sich als einen hochbegnadeten und mächtigen
Herrn ansieht, weil es nicht leicht ist, Zutritt zu ihm
zu erhalten: er weiß nicht, daß es der Kerker ist, der
sich am schwersten öffnet. Du mußt immer darauf
gefaßt sein, mancherlei über dich ergehen zu lassen.

Wer wundert sich, daß er im Winter friert, daß er auf dem Meere seekrank wird, daß er auf der Straße angerannt wird? Die Seele kennt keine Furcht, die auf alles gefaßt ist. Wenn man dir beim Gastmahl einen weniger ehrenvollen Platz anwies, so machtest du Miene, dem Gastgeber, dem Einlader, ja sogar dem zu grollen, der dir vorgezogen ward. Tor du! Was kommt darauf an, ob du einen Platz weiter oben oder unten sitzest? Kann ein Kissen deiner Ehre einen Zuwachs verschaffen oder ihr Abbruch tun? Du nimmst es einem übel, daß er sich unfreundlich über dein Talent äußerte. Soll das allgemeiner Grundsatz sein? Dann würde Ennius [74]) dich hassen, weil du an ihm keinen Geschmack findest, und Hortensius würde dir Fehde ankündigen, wenn du mit seinen Reden nicht einverstanden wärest, und Cicero wäre dir Feind, wenn du dich über seine Gedichte lustig machtest. Bei Bewerbung um einen Amtsposten mußt du dir die Abstimmung ruhig gefallen lassen.

38. Es hat dir jemand eine Schmach angetan. Etwa eine größere, als sie dem stoischen Philosophen Diogenes [75]) widerfuhr? Als dieser gerade über den Zorn sprach, spuckte ihm ein frecher Bursche ins Gesicht. Er ließ das ruhig über sich ergehen, wie es einem Weisen ziemt, mit den Worten: „Ich zürne zwar nicht; aber vielleicht müßte ich doch zürnen". Wie viel besser noch unser Cato! Als dieser als Anwalt die Sache eines Klienten vertrat, spuckte ihn Lentulus, jener herrschsüchtige und leidenschaftliche Parteimann zur Zeit unserer Väter, an und zwar mitten auf die Stirn mit einer fetten, mit voller Anstrengung angesammelten Speichelmasse. Cato wischte sich das Gesicht ab mit den Worten: „Ich will jedermann bezeugen, Lentulus, daß man im Irrtum ist, wenn man behauptet, du seiest kein Großmaul".

39. Wir sind nun schon so weit, mein Novatus, daß unsere Seele sich in einer guten Verfassung befindet: sie spürt entweder überhaupt keine Zornessucht mehr in sich, oder ist Herr über sie. Sehen wir nun zu, wie wir den Zorn anderer beschwichtigen; denn wir wollen nicht nur gesund sein, sondern auch gesund machen.

Das erste Aufwallen des Zornes dürfen wir uns nicht zutrauen durch Vorhalt zu beschwichtigen; er ist da taub und unvernünftig; wir müssen ihm Zeit lassen. Wenn er nachläßt, dann sind Heilmittel am Platz. Geschwollene Augen betasten wir nicht, um das starre Geäder nicht durch Bewegung zu reizen; und ebenso halten wir's mit den übrigen Fehlern, so lange sie noch in Hitze sind. Für den Beginn der Krankheiten ist Ruhe das Heilsamste. Du erwiderst: „Was will denn dein Heilmittel besagen, wenn es nur den von selbst schon aufhörenden Zorn beschwichtigt?" Nun, zunächst bewirkt es, daß er schneller aufhört; sodann beugt es einem Rückfall vor; ja auch dem Anfall selbst, den mit diesem Mittel zu lindern man sich nicht anheischig machen kann, wird er doch einen Streich spielen: er wird alle Werkzeuge der Rache aus dem Wege räumen, wird sich selbst zornig stellen, um als scheinbarer Helfer und Schmerzensgenosse seinen Ratschlägen größeres Gewicht zu geben, wird immer neuen Verzug ausfindig machen, und scheinbar nach größerer Befriedigung der Rache suchend, wird er die augenblickliche hinausschieben. Alle Kunst wird er anwenden, um der Wut Ruhe zu verschaffen. Ist sie sehr ungestüm, so wird er den, dem er nicht Widerstand leisten kann, bei der Ehre anpacken oder ihm Furcht einflößen; ist sie schwächer, so wird er Unterhaltungen anzuknüpfen wissen, die durch den Reiz und die Neuheit der Mitteilungen und durch Erregung der Wißbegierde ablenkend wirken. Man erzählt von einem Arzt, der die Tochter eines Königs heilen sollte und dies nicht ohne Anwendung des Messers tun konnte, er habe nach gelinder Erwärmung der geschwollenen Brust mit dem in einem Schwamm versteckten Messer die Operation vollzogen; das Mädchen hätte sich gegen das Instrument gesträubt, wenn es unverdeckt gewesen wäre; so aber ließ sie sich den Schmerz gefallen, weil er unerwartet kam. Es gibt Fälle, in denen die Heilung nur durch Täuschung gelingt.

40. Zu dem einen wirst du sagen: „Nimm dich in acht, daß deine Feinde sich über deine Zornsucht nicht lustig machen". Zu dem anderen: „Sieh dich vor, daß du in der Schätzung derer nicht sinkst, die an deine Seelengröße und Kraft glauben. Ich bin wahrhaftig empört über das, was dir widerfahren, und kann nicht genug Schmerz darüber empfinden; aber es gilt eben die Zeit abzuwarten; die Strafe wird nicht ausbleiben; bewahre es in deiner Seele; wenn es in deiner Macht steht und die Gelegenheit kommt, wirst du's ihm heimzahlen". Den Zürnenden aber züchtigen und deinerseits Zorn gegen Zorn zu stellen heißt die Sache nur schlimmer machen. Du kannst verschiedene Wege einschlagen und schonend vorgehen, du müßtest denn etwa eine so erhabene Person sein, daß du den Zorn so demütigen kannst, wie es der selige Augustus tat, als er bei Vedius Pollio zur Tafel war. Einer von dessen Sklaven hatte ein Kristallgefäß zerbrochen; da ließ ihn Vedius abführen zum Vollzug einer noch dazu ganz unerhörten Todesstrafe: er sollte den Muränen vorgeworfen werden, deren es in seinem Fischteich einige von gewaltiger Größe gab. Wer sollte nicht glauben, das sei eine bloße Laune des Übermuts und der Üppigkeit? Nein, es war Grausamkeit. Der Bursche entschlüpfte den Häschern und warf sich dem Kaiser zu

Füßen, mit keiner weiteren Bitte als der um eine andere Todesart: nur den Fischen wollte er sich nicht zur Nahrung vorwerfen lassen. Der Kaiser war tief bewegt durch diese unerhörte Grausamkeit und befahl, ihn frei zu geben, dagegen sämtliche Kristallgefäße vor seinen Augen zu zerschlagen und sie in den Fischteich zu werfen. Das war seitens des Kaisers die richtige Züchtigung für seinen Freund; er machte den rechten Gebrauch von seiner Macht. „Du gibst den Befehl, Menschen von der Tafel abzuführen und sie zur Strafe in unerhörter Weise zu zerfleischen? Wenn dir ein Becher zerbrochen wird, sollen die Eingeweide eines Menschen zerrissen werden? Bist du so selbstherrlich, daß du einen zum Tode abführen läßt in Anwesenheit des Kaisers?" Hat einer so viel Macht, daß er den Zorn von höherer Stelle abfertigen kann, so mag er mit ihm übel ins Gericht gehen, aber nur mit einem Zorn von der eben beschriebenen Art, einem wilden, unmenschlichen, blutdürstigen Zorn, der bereits unheilbar ist, wenn er nicht irgend eine überlegene Macht fürchtet.

41. Geben wir denn unserer Seele den Frieden, den ihr die beständige innere Beschäftigung mit heilsamen Lehren, redliches Handeln und eine stets nur auf Pflicht und Ehre bedachte Sinnesart verschaffen kann! Das Gewissen sei unser Leitstern, das Gerede der Leute kümmere uns nicht bei unserem Tun: mag uns auch ein übler Ruf folgen, wenn wir uns nur wahrhaft verdient machen. „Aber der große Haufe bewundert die Draufgänger, und die Kühnen stehen in Ehren, die friedlichen hält man für Schlafmützen, für müßige Träumer." Ja, vielleicht auf den ersten Blick; aber sobald das sich immer gleichbleibende Verhalten den Beweis geliefert hat, daß es nicht Geistesträgheit sei sondern innerer Frieden, so verehrt ihn die nämliche Volksmasse und erweist ihm ihre Hochachtung. Die

häßliche und feindselige Leidenschaft des Zornes hat also nichts in sich, was irgend ersprießlich wäre, sondern im Gegenteil alle Übel, Schwert und Brand. Sie tritt alles Ehrgefühl mit Füßen, besudelt die Hände mit Mord, schändet mit den zerstückelten Leichen der Kinder den Boden, läßt keinen Winkel frei von Verbrechen, hat keine Anerkennung für den Ruhm, keine Furcht vor der Schande, unverbesserlich, wenn sie sich aus Zorn in Haß verhärtet hat.

42. Halten wir uns frei von diesem Übel, säubern wir unseren Geist, rotten wir alles mit der Wurzel aus, was noch hängen geblieben ist; denn mag es auch noch so geringfügig sein, es wird doch wieder emporkeimen und reifen! Nicht mäßigen, nein völlig verbannen müssen wir den Zorn — denn wie könnte es für das Schlechte überhaupt ein rechtes Maß geben? —, und wir können es auch; nur dürfen wir es an Anstrengung nicht fehlen lassen. Dabei wird nichts uns bessere Dienste leisten als der Gedanke an unsere Sterblichkeit. Jeder sage zu sich wie auch zu dem anderen: „Was nützt es, als wären wir für die Ewigkeit geboren, uns mit Groll zu befehden und unsere so kurze Lebenszeit zu verzetteln? Was nützt es, wenn wir die Tage, die wir in ehrbarer Freude verbringen könnten, dazu verwenden, anderen Schmerzen und Qualen zu bereiten? Jene ernsteren Dinge dulden keinen Abzug an Zeit, mit der man sparsam umgehen muß. Was stürzen wir uns in den Kampf? Warum machen wir den Streit zu unserem Lebensgenossen? Warum beladen wir uns, uneingedenk unserer Schwachheit, mit einer Bürde unsäglichen Hasses und machen uns, selbst so hinfällige Geschöpfe, daran, andere zu Fall zu bringen? Nicht lange, und ein Fieber oder ein sonstiges körperliches Leiden wird der Fortsetzung dieser Feindseligkeiten, denen wir mit so hartnäckiger Unversöhnlichkeit nach-

gehen, ein Ende bereiten. Nicht lange, und der Tod
tritt trennend auch zwischen das grimmigste Gegner-
paar. Was gebaren wir uns wie toll und machen das
Leben zu einem heillosen Wirrsal? Es schwebt über
unserem Haupt das Verhängnis, rechnet uns die verlorenen Tage an und kommt uns Schritt für Schritt
näher. Du bestimmst einem anderen seine Todesstunde,
und wer weiß, ob es nicht deine eigene sein wird.

43. Warum hältst du nicht lieber das kurze Leben
zusammen und machst es zu einer Quelle der Freude
und Zufriedenheit für dich und die anderen? Warum
lebst du nicht lieber so, daß dich alle lieb haben und
nach deinem Heimgang dich wieder zurückwünschen?
Was trachtest du danach, den, der dich von oben her
behandelt, herabzuziehen? Warum suchst du deinen un-
bequemen Widersacher, diesen niedrigen und erbärm-
lichen Gesellen, der aber gegen seinen Vorgesetzten
hämisch und unwirsch ist, durch deine Macht zunichte
zu machen? Was zürnst du deinem Sklaven oder deinem
Herrn oder deinem König oder deinem Klienten? Laß
dir's nur eine Weile gefallen. Siehe, da kommt der
Tod, der euch gleichmacht. Bei den Morgenschauspielen
im Amphitheater sehen wir oft dem Kampfe der
miteinander zusammengebundenen Stiere und Bären
zu, die, wenn der eine dem anderen hart zugesetzt hat,
den Todesstoß erhalten von dem, der dazu bestellt ist.
So ist es auch mit uns: wir lassen an einem, den irgend
ein Band an uns fesselt, unseren Grimm aus, während
dem Sieger wie dem Besiegten das Ende unmittelbar
bevorsteht. Wollten wir doch lieber in Ruhe und
Frieden die kleine Spanne der uns noch vergönnten
Zeit zubringen! Möchte unsere Leiche ruhen ungestört
vom Hasse irgend eines Menschen! Oft macht ein Feuer-
lärm in der Nähe einem Hader ein Ende, und das Erscheinen eines Raubtieres scheucht den Räuber von dem

Wanderer weg. Man hat nicht Zeit, sich mit kleineren
Übeln herumzuschlagen, wenn ein größeres Unheil im
Anzug ist. Wozu Streit und Nachstellungen? Kannst
du dem, welchem du zürnst, mehr anwünschen als den
Tod? Er wird auch ohne dein Zutun sterben. Es ist
verlorene Arbeit, sich um das zu bemühen, was doch
von selbst eintreten wird. Du erwiderst: „Ich habe
es nicht gerade auf den Tod abgesehen, sondern auf
Verbannung, Schmach, Schaden; die sollen ihn treffen!“
Ich finde es verzeihlicher, seinem Feinde eine Wunde
zu wünschen, als eine Pustel, denn dies zeugt nicht nur
von boshafter, sondern auch von kleinlicher Gesinnung.
Magst du es nun auf die härtesten oder auf geringere
Strafen abgelegt haben: wie rasch verfliegt die kurze
Spanne Zeit, während der jenem die Qual der Strafe
auferlegt und dir die boshafte Freude daran gegönnt
ist! Wie bald werden wir den letzten Atemzug tun.
So lange wir aber noch atmen, so lange wir noch unter
Menschen sind, wollen wir auch Menschlichkeit üben:
niemandem soll Furcht vor uns, niemandem Gefahr von
uns drohen; Beeinträchtigungen, Beleidigungen, Schmä-
hungen, Sticheleien wollen wir verachten und frohen
Mutes die kurzen Widerwärtigkeiten ertragen. Im
Handumdrehen, so zu sagen, werden wir der Sterblichkeit unseren Tribut zahlen.

Trostschrift an Marcia.

Einleitung.

Marcia, eine treffliche und hochgebildete Frau, war die Tochter des Aulus Cremutius Cordus, eines charaktervollen Mannes, der sich als Geschichtschreiber einen Namen gemacht, aber durch seinen Freisinn bei Tiberius und der Sejanischen Partei Anstoß erregt hatte. Namentlich wollte man es ihm nicht verzeihen, daß er in seinen Annalen den Marcus Brutus gepriesen und den C. Cassius den letzten Römer genannt hatte. Daher das Verbot seiner Annalen. Überdies fühlte sich Sejan persönlich schwer beleidigt durch eine mißbilligende Äußerung des Cremutius über den Beschluß, daß dem Sejan in dem wiederhergestellten Theater des Pompeius eine Statue errichtet werden sollte. Des Cremutius Tod war beschlossene Sache. Aber sein Andenken lebt fort bei der Nachwelt durch das Denkmal, das ihm Tacitus in seinen Annalen (IV 34, 35) gesetzt hat. Es ist dies die von Tacitus wiedergegebene herrliche Verteidigungsrede, die Cremutius im Senate hielt, um sich dann selbst durch Hunger das Leben zu nehmen. Übrigens ward sein durch die Ädilen öffentlich verbranntes Geschichtswerk späterhin durch die Tochter, die ein Exemplar davon zurückzuhalten gewußt hatte, wieder veröffentlicht, da nach des Tiberius Tode Caligula die Erlaubnis dazu erteilt hatte.

In der Folge ward Marcia von einem weiteren schweren Schlag getroffen: ihr heißgeliebter, hochbegabter Sohn Metilius, bereits Gatte, Vater und Priester, dabei aber verhältnismäßig noch in sehr jungen Jahren, ward ihr durch den Tod entrissen. Sie war untröstlich und lebte, ganz ihrem Schmerze hingegeben, in völliger Zurückgezogenheit. Seneca, der ihr persönlich nahestand, entschloß sich endlich nach drei Jahren, an sie dies Trostschreiben zu richten, das, wie es von tiefer und feiner Empfindung zeugt, so auch eine Fülle beherzigenswerter Gedanken vor uns ausbreitet. Die Abfassungszeit läßt sich nicht sicher bestimmen; der Schluß des ersten Kapitels scheint auf die Zeit nach Rückkehr aus dem Exil hinzuweisen.

Inhaltsübersicht.

a) Die eine Milderung der Trauer befürwortenden besonderen Umstände. c. 1—18.

Hinweis auf die Fassung und zugleich Umsicht, mit der sie den Tod des Vaters an sich hat vorübergehen lassen, sowie auf das Verhalten der Livia in ähnlicher Lage nach dem Tode ihres Sohnes Drusus, im Gegensatz zu dem der Octavia, die sich ganz ihrem Schmerz hingab nach dem Verluste ihres Sohnes Marcellus. c. 1—3.

Einführung des Philosophen Areios Didymos als Tröster der Livia, dessen Mahnungen an Livia auch Marcia als für sich geltend beherzigen soll. Sie laufen darauf hinaus, daß der Mensch in sich die Kraft finden muß, seines Schmerzes Herr zu werden. c. 4—6.

Die ganze Tierwelt zeigt durch das rasche Abtun des Schmerzes, daß es unnatürlich ist, die Trauer zum alleinigen Inhalt des ganzen Lebens zu machen; man muß der Natur mehr folgen als unseren willkürlichen Vorstellungen; man darf der Zeit ihr gutes Recht nicht nehmen, der Trauer eine Grenze zu setzen. c. 7, 8.

Der Mensch muß sich beizeiten mit dem Gedanken an den möglichen Verlust auch des ihm Liebsten vertraut machen im Hinblick auf die Hinfälligkeit alles Sterblichen. c. 9—11.

Endlose Trauer könnte den Glauben erwecken, als wäre man noch nicht zufrieden mit all dem Guten und Herrlichen, dessen man sich an dem Verstorbenen erfreut hat. Man denke doch, welches Glück es war, daß man überhaupt einer solchen Gunst des Schicksals gewürdigt ward, wie es die Freude an einem wohlgeratenen Sohne ist. Und ist ein frühzeitiger Tod begabter Söhne nicht eine Prüfung, die unendlich vielen auferlegt wird, und die selbst den Göttern nicht erspart blieb? Beispiele berühmter Männer und Frauen. c. 12—16.

Der Gedanke an die Vergänglichkeit läßt das Leben doch nicht zum Stillstand kommen; auch wenn uns der Verlauf unseres Lebens mit allem Unheil, das es in sich birgt, im voraus bekannt wäre, würden die Reize desselben doch groß genug sein, um uns in dasselbe eintreten zu lassen. Syrakus zu schauen wagt man, auch wenn man über die Gefahren der Reise dahin vollständig unterrichtet ist. c. 17, 18.

b) Allgemeine Trostgründe.

Es gilt vor allem, von der Bedeutung des Todes sich die richtige Vorstellung zu machen. Er ist an sich weder ein Gut noch ein Übel; aber er ist die Lösung von allen Schmerzen. Viele haben es schwer zu bereuen gehabt, daß sie nicht frühzeitiger starben. Beispiele dafür. Jeder lebt so lange, als es ihm vom Schicksal gleich bei der Geburt bestimmt war. Wer weiß, welche traurige Schicksale den Metilius bei längerem Leben betroffen hätten. c. 19—22.

Die frühzeitige reife Entwicklung des Sohnes müsse die Mutter mit dem frühzeitigen Ende desselben versöhnen. Er sei als ein nach Weisheit Strebender beizeiten von der irdischen Masse befreit worden und lebe nun mit den edelsten Geistern in jenen lichten Höhen, aus denen sie ihres Vaters tröstende Stimme im Geiste vernehmen könne. c. 23—26.

1. Wüßte ich nicht, Marcia, daß dir weibliche Gemütsschwäche ebenso fern liegt wie alle anderen Fehler, und daß dein Charakter dem Auge gleichsam ein Musterbild altrömischer Sittenstrenge bietet, so würde ich nicht den Mut haben, deinem Schmerz entgegenzutreten — geben doch selbst Männer sich solcher Stimmung gern hin und hängen ihr nach —, und hätte nie die Hoffnung gefaßt, in so ungünstiger Zeit, vor einem so abgeneigten Tribunal und bei so gehässiger Beschuldigung es durchsetzen zu können, daß du endlich von der Klage gegen dein Schicksal abstündest. Vertrauen gab mir dazu deine bereits bewährte Seelenstärke und deine unter schweren Erfahrungen erprobte Tugend. Jedermann weiß, wie du es mit deinem Vater gehalten hast, den du nicht weniger geliebt hast wie deine Kinder, nur daß du nicht wünschtest, er möchte sie überleben; und wer weiß, vielleicht hast du auch dies gewünscht, denn die innige kindliche Liebe erlaubt sich wohl auch manches gegen die bewährte Sitte. Soviel an dir lag, hast du den Tod deines Vaters

Cremutius Cordus zu hindern gesucht. Als es dir zur
Gewißheit ward, daß inmitten der Schergen des Sejan
dies der einzige Ausweg aus der Knechtschaft sei, hast
du dich, ohne seinen Vorsatz gutzuheißen. doch darein
gefügt und Tränen vergossen. Vor der Welt hast du
zwar selbst deine Seufzer unterdrückt, aber dabei nicht
etwa eine heitere Miene geheuchelt, und das zu einer
Zeit, wo es schon für Pietät galt, nicht gegen die Pietät
zu verstoßen. Sobald aber der Umschwung der Zeiten
die Möglichkeit dazu gab, hast du deines Vaters Geist,
um den es sich doch bei dem Todesurteil handelte, der
Welt wieder nahegebracht und ihn, deinen Vater, vor
dem wahren Tode bewahrt, und hast seine Bücher, für
die dieser heldenhafte Mann sein Leben hatte lassen
müssen, wieder zu dem Rang öffentlicher Denkmäler
erhoben. Aufs höchste hast du dich verdient gemacht
um die römische Literatur — ein großer Teil dieser
Schriften war den Flammen überliefert worden —; aufs
höchste um die Nachwelt, auf die eine unverfälschte
geschichtliche Berichterstattung gelangen wird zum
Ruhme ihres Urhebers; aufs höchste um ihn selbst,
dessen Andenken lebt und leben wird im Gedächtnis,
so lange man noch Wert darauf legt, die Römerwelt
kennenzulernen, so lange es noch irgend einen geben
wird, der sich zurückwenden will zu den Taten der Vor-
fahren, so lange sich noch jemand findet, der zu wissen
begehrt, was es heißen will, ein Römer zu sein, was es
heißt, ungebeugt zu bleiben, nachdem alles den Nacken
schon gebeugt und sich dem Joch des Sejan gefügt
hatte, was es heißt, ein freier Mann zu sein, frei im
Denken, Wollen und Handeln. Wahrlich, es wäre für
das Gemeinwesen ein schwerer Verlust gewesen, wenn
du ihn, der wegen zweier herrlicher Vorzüge, Beredsamkeit, verbunden mit Freimut, der Vergessenheit
überliefert worden war, nicht wieder zutage gefördert

hättest. Man liest ihn, man schätzt ihn; in die Hände
der Menschen. in ihre Herzen aufgenommen, ist er bewahrt vor dem Schicksal der Verjährung. Dagegen
werden selbst die Ruchlosigkeiten jener Henker,
durch die sie allein einer Erwähnung überhaupt wert
erscheinen, der Vergessenheit anheimfallen.

Diese Hoheit deines Geistes läßt mich keine Rücksicht nehmen auf dein Geschlecht und ebensowenig auf
deinen Blick, welchen die ununterbrochene Trauer so
vieler Jahre umschleiert hält, nachdem sie sich einmal
auf ihn herabgesenkt hat. Und glaube mir, ich denke
nicht an Liebedienerei und an täuschendes Spiel mit
deinen Gefühlen: weit zurückliegendes Unglück führe
ich dir ins Gedächtnis zurück, und, um dir zu zeigen,
daß auch dieser Schlag [1]) zu heilen ist, decke ich dir
die Narbe einer gleich großen Wunde auf. Mögen
andere sanft und schmeichlerisch zu Werke gehen;
ich bin entschlossen, mit deiner Trauer den Kampf
aufzunehmen und der Ermattung und Erschöpfung
deiner Augen, die, wenn du die Wahrheit hören willst,
bereits mehr aus Gewohnheit als aus Sehnsucht beständig mit Tränen gefüllt sind, Einhalt zu tun, am
liebsten, wenn du dich selbst zur Mithelferin machst
bei Anwendung der dir geltenden Heilmittel, wo nicht,
selbst wider deinen Willen, magst du dich auch noch
so sehr an deinen Schmerz anklammern, den du dir
nun einmal als Ersatz erkoren hast für deinen dir ent-
rissenen Sohn; denn wie soll dieser Schmerz denn
enden? Alle Versuche sind fehlgeschlagen; der Zu-
spruch der Freunde, die gewichtige Stimme einfluß-
reicher und dir verwandter Männer, was haben sie ge-
holfen? Hingabe an die Wissenschaften, dies väterliche
Erbgut, hat ihre Bedeutung für dich verloren; deine
Ohren sind taub für ihre Belehrungen, kaum daß sie
Trost schaffen für die kurze Zeit der Beschäftigung

mit ihnen. Selbst jenes natürliche Heilmittel der Zeit,
die auch den größten Kummer beschwichtigt, hat seine
Kraft an dir, an dir allein, verloren. Schon ist das
dritte Jahr vergangen, ohne daß inzwischen jener erste
Anfall etwas von seiner Kraft verloren hat; täglich
erneuert und verstärkt sich die Trauer; durch dies
Hinziehen hat sie sich bereits ein gutes Recht erworben,
und es ist so weit gekommen, daß sie es für eine
Schande hält, aufzuhören. Wie alle Fehler sich tief
im Inneren einnisten, wenn sie nicht gleich bei ihrem
ersten Auftreten unterdrückt werden, so gewinnen diese
traurigen, unseligen und gegen sich selbst wütenden
Triebe am Ende aus der Bitterkeit selbst ihre Nahrung,
und der Schmerz wird für das unglückliche Gemüt zu
einer verkehrten Lust. Daher hätte ich gewünscht,
gleich in der ersten Zeit mich der Heilung annehmen
zu können; noch in der Entstehung begriffen, hätte
dies mächtige Übel mit linderen Mitteln bekämpft
werden können; was einmal eingewurzelt ist, läßt sich
nur durch heftigeren Kampf zurückweisen. Es steht
hier ganz ähnlich wie mit der Heilung von Wunden:
so lange sie noch frisch bluten, macht ihre Heilung
keine Schwierigkeiten; man kann sie brennen, kann
ihrer Vertiefung vorbeugen, kann sie mit den Fingern
untersuchen, während sie vernachlässigt sich zu bösen
Geschwüren ausbilden. Einem so verhärteten Schmerze
kann ich jetzt nicht mit Nachgiebigkeit und Weichherzigkeit beikommen; hier gilt es nicht biegen, sondern
brechen.

2. Wer einen anderen zum Besseren bekehren will,
beginnt bekanntlich in der Regel mit guten Lehren
und endigt mit Beispielen. Mitunter ist es indes nützlich, von dieser Regel abzuweichen; denn für den einen
eignet sich dieses, für den anderen jenes Verfahren.
Manche lassen sich durch Vernunftgründe leiten, anderen

muß man mit berühmten Namen beikommen und durch
den Hinweis auf ein imponierendes Vorbild, das den in
Bewunderung versunkenen Geist des Betrachters in
seinem Banne festhält. Zwei hervorragende Beispiele
deines Geschlechtes zugleich und deiner Zeit will ich
dir vor Augen stellen, zwei Frauen, von denen die eine
sich völlig dem Schmerze zur Beute überließ, während
die andere, von gleichem, ja noch verderblicherem
Schicksal betroffen, dem Unglück doch keine lange
Herrschaft über sich einräumte, sondern rasch ihre
Fassung wiedergewann. Octavia und Livia, die eine
des Augustus Schwester, die andere seine Gattin, hatten
beide den Verlust noch jugendlicher Söhne über sich
ergehen lassen müssen, von denen sie mit Sicherheit
annehmen durften, daß sie dereinst den Thron be-
steigen würden. Der Octavia Sohn war Marcellus, dem
sein Oheim ²) und Schwiegervater sehr gewogen war,
als dem künftigen Träger der Regierungslast, ein
Jüngling von lebhaftem Temperament und umfassendem
Geiste und dabei doch zugleich von einer Genügsam-
keit und Selbstbeherrschung, die in seinem Alter und
bei seiner hohen Stellung nicht geringe Bewunderung
verdienten, ausdauernd in Anstrengungen, den Lustbarkeiten abhold, bereit, alles auf sich zu nehmen, was
sein Oheim ihm übertragen und wozu er ihn gleichsam
als festen Stützpunkt benutzen wollte. Er hatte eine
gute Wahl getroffen: dies Fundament war jedem
Drucke gewachsen. Octavia konnte ihr Lebtag kein
Ende finden des Weinens und des Jammerns und ließ
keine tröstende Stimme an sich heran. Durch nichts
ließ sie sich auch nur für einen Augenblick davon abbringen, diesem einen Gedanken nachhängend und
fest an ihn gebannt. Ihr Leben lang blieb sie so, wie
sie bei der Beerdigung gewesen war; weit entfernt,
sich etwa selbst aufzuraffen, wollte sie sich auch von

anderen nicht aufrichten lassen, überzeugt, es wäre ein
zweiter Kindesverlust, wenn sie auf ihre Tränen ver-
zichtete. Sie wollte kein Bild von ihrem geliebten
Sohne haben; niemand durfte vor ihr seiner Erwähnung
tun. Sie haßte alle Mütter, und besonders richtete sich
ihre Wut gegen Livia, weil das ihr verheißene Glück,
wie es schien, nunmehr auf deren Sohn[3]) übergegangen
war. Der Finsternis und Einsamkeit sich völlig er-
gebend, schenkte sie selbst ihrem Bruder keine Beachtung mehr; die dem ehrenden Andenken des Marcellus gewidmeten Gedichte und sonstige Zeichen der
Teilnahme aus der Gelehrtenwelt wies sie zurück und
verschloß ihre Ohren jedem Trost. Von den üblichen
Feierlichkeiten hielt sie sich fern, und selbst gegen
den die hohe Stellung ihres Bruders umgebenden Glanz
voll Abscheu, vergrub und verbarg sie sich. Im Kreise
der Kinder und Enkel legte sie die Trauerkleidung
nicht ab, nicht ohne Anstoß für alle die Ihrigen, deren
Wohlsein sie nicht davor bewahrte, sich verwaist vor-
zukommen.

3. Livia hatte ihren Sohn Drusus verloren, dem
eine große Zukunft als künftigem Herrscher bevorstand
und der schon damals ein großer Feldherr war; er
war tief in das Innere von Germanien vorgedrungen
und hatte die römischen Feldzeichen aufgepflanzt in
Gegenden, wo man bis dahin von den Römern so gut
wie nichts wußte. Auf diesem Zuge ereilte ihn der
Tod. Während seiner Krankheit erwiesen ihm die Feinde
selbst in friedlicher Ergebenheit alle Ehre, ohne einen
Wunsch laut werden zu lassen über das, was ihnen
frommte. Dieser Tod, der ihn zu einem Opfer der
Vaterlandsliebe gemacht, erweckte die stärkste Teilnahme aller Bürger, Provinzen und des gesamten
Italiens, durch dessen Fluren sich der Leichenzug unter
dem feierlichen Geleite der Abgeordneten von Munizipien

und Kolonien einem Triumphzug ähnlich bis nach der
Hauptstadt bewegte. Der Mutter war es nicht vergönnt gewesen, den letzten Kuß und das ersehnte Ab-
schiedswort aus dem Munde ihres Sohnes zu empfangen.
In langer Strecke hatte sie den Resten ihres Drusus
das Geleite gegeben durch ganz Italien, durch den
Feuerschein zahlreicher Scheiterhaufen immer wieder
aufgeregt, als ob sie ihn ebenso oftmals wieder verlöre. Aber sobald die Beisetzung erfolgt war, trennte
sie sich auch von ihrem Schmerze und trauerte nicht
mehr, als es der Anstand forderte, in Rücksicht auf
ihre Zugehörigkeit zum Kaiserhaus sowie auf ihre
Stellung als Mutter⁴). Dabei hörte sie aber nicht auf,
den Namen ihres Drusus zu feiern, sich ihn überall
im häuslichen wie im öffentlichen Verkehr zu vergegenwärtigen, sehr gern von ihm zu reden und von ihm
zu hören; sie lebte in der Erinnerung an ihn, die doch
niemand festhalten und immer wieder erneuern kann,
der dies Andenken zu einer Quelle der Trauer für sich
gemacht hat. Wähle nun zwischen beiden Beispielen!
Welches scheint dir nachahmenswerter? Willst du
jenem ersteren folgen, so gehörst du nicht mehr unter
die Zahl der Lebenden: du wirst dich nicht nur den
Kindern anderer entfremden, sondern auch den deinigen,
ja selbst dem, dem deine ganze Sehnsucht gilt. Die
Mütter werden dir aus dem Wege gehen, denn es be-
schleicht sie bei deinem Anblick die Ahnung eines Unheils; ehrbare und erlaubte Vergnügungen wirst du
von dir weisen als entehrend in deiner Lage; du wirst
(wie eine Verfehmte) das Tageslicht scheuen und deinen
Jahren grollen. daß sie dich nicht auf der Stelle dem
Untergang weihen und dir ein rasches Ende bereiten;
du wirst, was ich dir nicht als Schuld anrechne, weil
es tatsächlich in deinen Augen schimpflich und deinem
Herzen ganz fremd ist, vor der Welt den Eindruck

machen, als ob du zum Leben nicht Lust, zum Sterben nicht die Kraft habest. Wählst du dir aber das andere, maßvollere und mildere Vorbild zur Nacheiferung, dies Beispiel erhabenster Frauengröße, dann wirst du nicht in Kummer leben, nicht von Qualen erdrückt werden. Denn ach! was für eine Torheit ist es doch, sich für sein Unglück selbst noch zu strafen und sein Unglück durch weiteres Unglück zu steigern! Dein Lebelang bist du der Tugend und Sittenstrenge treu geblieben: zeige dich also auch in deiner jetzigen Lage dementsprechend; denn auch im Schmerz gibt es eine gewisse Mäßigung und Selbstbeherrschung. Und was den Jüngling selbst anlangt, der es so sehr verdiente, dich in eine frohe Stimmung zu versetzen, die du mit Wort und in Gedanken immer bei ihm weilst, so wird er sich durch dich mehr geehrt fühlen, wenn er sich seiner Mutter in der Gestalt und Stimmung zeigt, die im Leben ihm eigen war — heiter und freudvoll.

4. Und ich will dich nicht auf übertrieben strenge sittliche Forderungen verweisen, will dir nicht zumuten, mit übermenschlicher Kraft das Menschliche zu tragen, will dir nicht ansinnen, daß du noch am Leichentage die letzte mütterliche Träne weinst. Mag ein Schiedsrichter über uns beide entscheiden, und zwar soll der Streitpunkt der sein, ob der Schmerz groß oder unaufhörlich sein soll. Ich zweifele nicht: du hast an dem Beispiel der Julia Augusta [5]), mit der du auf so vertrautem Fuße gestanden hast, mehr Wohlgefallen. Sie fordert dich zur Nachfolge ihres Vorgehens auf. Sie gewährte gleich beim ersten Aufwallen, wo, wer ins Unglück geraten, sich am unfügsamsten und wildesten gebärdet, dem Areus [6]), dem philosophischen Freund ihres Gatten, den Zutritt, und hielt nicht zurück mit dem Bekenntnis, daß diese Unterredung ihr nützlich und eine größere Stütze gewesen sei als das römische

Volk, das sie nicht traurig machen wollte durch die eigene Trauer, eine größere auch als Augustus, der, nachdem ihm der eine Gehilfe entzogen, sich unsicher zu fühlen begann und durch die Trauer der Seinigen nicht noch mehr gebeugt werden durfte, eine größere endlich auch als Tiberius, dessen kindliche Liebe die Wirkung hatte, daß sie bei jenem bitteren und von aller Welt beweinten Todesfall es nur zu empfinden hatte, daß sie statt zweier nun nur noch e i n e n Sohn haben sollte. Wie führte sich der Mann bei ihr ein? Welchen Ton schlug er an gegenüber der Frau, die mit größter Achtsamkeit über ihrem Rufe wachte? Ich glaube, den folgenden [7]): „Bis zu diesem Tage, Julia, hast du, soviel ich wenigstens weiß, ich, deines Gatten beständiger Begleiter, dem nicht nur, was in die Öffentlichkeit dringt, bekannt ist, sondern auch alle geheimeren Regungen euerer Herzen — hast du dich bemüht, jedem etwaigen Tadel gegen dich vorzubeugen; und nicht nur in wichtigeren Angelegenheiten, nein, auch in den kleinsten hast du daran festgehalten, nichts zu tun, was von der öffentlichen Meinung, dieser freimütigsten Richterin der Fürsten, etwa Verzeihung erheischte. Und ich meine, es gibt nichts Schöneres für die Herrscher dieser Welt, als vielen Verzeihung zu gewähren, sich selbst aber nicht in die Lage zu bringen, der Verzeihung zu bedürfen: halte also auch in dieser deiner jetzigen Lage an deiner Gewohnheit fest und vermeide alles, was du entweder gar nicht oder anders getan sehen möchtest.“

5. „Sodann bitte und beschwöre ich dich, gegen Befreundete dich nicht unzugänglich und abweisend zu zeigen. Denn es ist dir doch kein Geheimnis, daß sie alle in Unklarheit sind, wie sie sich zu benehmen haben: sollen sie in deiner Gegenwart die Rede auf Drusus bringen oder nicht? Es könnte ja in dem letzteren Fall

das Übergehen des herrlichen Jünglings als eine Beleidigung für diesen erscheinen, in dem anderen eine Erwähnung seiner für dich verletzend sein. Wenn wir für uns beisammen sind, dann feiern wir seine Taten und Worte mit verdienter Hochachtung; vor dir aber beobachten wir über ihn tiefes Stillschweigen. So bringst du dich um den schönsten Genuß, um das Lob deines Sohnes, das du, wie ich nicht zweifle, selbst mit Aufopferung deines Lebens, wenn es möglich wäre, auf alle Ewigkeit ausdehnen würdest. Daher dulde nicht nur, nein, veranlasse selbst solche Gespräche, in denen er den Gegenstand der Erzählung bildet, und leihe dem Namen und dem Gedächtnis deines Sohnes ein offenes Ohr; und laß dich das nicht anfechten, wie es bei andern der Fall ist, die in einer solchen Lage das Anhören von Trostgründen nur als eine Fortsetzung ihres Unglücks ansehen. Jetzt hast du dich ganz auf die eine Seite geworfen, vergißt alles Bessere und siehst dein Schicksal nur von der schlimmen Seite an; du denkst nicht an das Zusammenleben mit deinem Sohne und die erfreulichen Begegnungen mit ihm, nicht an seine kindlichen und lieblichen Schmeichelworte, nicht an seine Fortschritte in den Wissenschaften; du hängst ganz und gar nur an jener letzten Gestaltung der Dinge und bringst alles nur Mögliche mit ihr in Zusammenhang, als ob sie nicht für sich schon schauerlich genug wäre. Trachte nicht, ich bitte dich, nach dem unsinnigen Ruhme, für die Unglücklichste zu gelten! Bedenke zugleich, es sei nichts Großes, sich im Glücke tapfer zu zeigen, wenn das Leben in günstigem Verlaufe dahinfließt: auch des Steuermanns Kunst zeigt sich nicht bei ruhigem Meer und fügsamem Wind; es muß ein Unwetter eintreten, wenn sich der Mut bewähren soll. So laß dich denn nicht beugen, sondern stehe fest auf deinen Füßen, und welche Last dir auch

von oben zufällt, trage sie, nur vom ersten Lärm
etwas aus dem Gleichgewicht gebracht. Nichts ärgert
das Schicksal mehr als Gelassenheit."

Darauf verweist er sie auf den noch lebenden Sohn,
und auf die Enkel, die der Dahingegangene ihr hinter-
lassen hat.

6. Um deine Sache, Marcia, hat es sich dort gehandelt; dir hat Areus seinen Rat erteilt; verändere
nur die Person, und er hat d i c h getröstet. Doch angenommen, Marcia, dein Verlust sei größer als der
irgend einer Mutter vor dir — ich will dich nicht
milder stimmen und unterschätze dein Unglück nicht —,
wenn das Geschick durch Tränen zu beugen ist, so laß
uns unsere Tränen vereinigen; der ganze Tag verlaufe
dann unter Trauerklagen, die Nacht werde schlaflos
in Trübsal dahingebracht, auf der schon wunden Brust
mögen sich weiter die Spuren der sie zerfleischenden
Hände mehren, auch das Antlitz werde nicht geschaut,
kurz der Kummer möge in jeder Weise sein grausames
Werk betreiben, vorausgesetzt, daß er damit etwas
ausrichte. Wenn aber, was einmal dahin gegangen,
durch kein Barmen und Klagen zurückgerufen wird,
wenn das unbeugsame und in alle Ewigkeit festgestellte
Geschick durch kein Jammern sich ändern läßt und
der Tod festhält was er dahingerafft hat, so nehme
die Trauer ein Ende, denn ihre Zeit ist vorbei. Fügen
wir uns also einer vernünftigen Leitung, und lassen
wir uns nicht durch diese ungestüme Kraft vom richtigen Wege abziehen! Schmach über den Lenker des
Schiffes, dem die Fluten das Steuerruder entrissen, der
die flatternden Segel verläßt und das Schiff dem Wind
und Wetter preisgibt; Preis dagegen dem, der, den
Schiffbruch vor Augen, sich von den Wellen begraben
läßt, die Hand festgefügt an das Steuerruder und den
Wogen trotzend.

7. „Aber die Sehnsucht nach den Seinen ist doch
ein natürlicher Zug des Herzens." Wer stellt das in
Abrede, solange sie sich in den rechten Grenzen hält?
Macht sich doch nicht etwa bloß der Verlust der uns
Teuersten, schon die Trennung von ihnen wie eine
Wunde fühlbar und bewahrt auch die stärksten Seelen
nicht vor dem Gefühl einer gewissen Beklommenheit.
Aber das Meiste tut doch dabei die Einbildung: sie
ist stärker als das, was die Natur auferlegt. Schau
auf die unvernünftigen Tiere: wie lebhaft ist ihre Sehnsucht und doch wie kurz! Der Kühe Gebrül hört man
noch einen oder den anderen Tag, und nicht länger
dauert das unstete und tolle Hin- und Herrasen der
Stuten. Wenn das Wild den Spuren seiner Jungen
nachgegangen ist und die Wälder durchsucht hat und
dann voll Wut[8]) in die ausgeplünderte Lagerstatt
zurückkehrt, dauert es nur eine kleine Weile, und die
Wut hat sich wieder gelegt. Die Vögel umschwirren
mit lautem Gezwitscher ihre leeren Nester; doch im
Augenblick sind sie wieder beruhigt und setzen ihren
Flug fort. Kein Geschöpf vermißt seine Jungen lange;
nur beim Menschen ist dies der Fall: er schürt seinen
Schmerz und zieht ihm seine Grenzen nicht nach dem
unmittelbaren Gefühl, sondern nach seinem Ermessen.
Aber durch die Trauer sich völlig knicken zu lassen
ist unnatürlich. Und der Beweis dafür? Erstens: der
nämliche Verlust von Angehörigen schlägt den Frauen
tiefere Wunden als den Männern, den Barbaren tiefere
als den Mitgliedern eines friedlichen und gebildeten
Volkes, dem Laien tiefere als dem in die Wissenschaft
Eingeweihten. Und doch hält sich die von der Natur
empfangene Kraft bei allen in den nämlichen Grenzen
der Wirksamkeit. Demnach kann, was Verschiedenheit
und Abweichung zeigt, nicht den Charakter reiner Natur
tragen. Die Brennkraft des Feuers mußten alle Lebens-

alter verspüren, aller Städte Bürger, die Männer so
so gut wie die Frauen; das Eisen wird an jedem Körper
seine schneidende Kraft bewähren. Warum? Weil die
Kräfte ihm von der Natur verliehen sind, die alles
Persönliche von ihrem Bestimmungskreis ausschließt.
Armut, Trauer, Verlust[9]) empfindet der eine so, der
andere anders, je nach dem Einfluß, den die Gewohnheit auf ihn ausgeübt hat. und das Vorurteil über
Dinge, vor denen e r sich nicht zu fürchten brauche[10]),
macht ihn schwach und geduldlos.

8. Zweitens: Was natürlich ist, mindert sich nicht
durch die Andauer, wogegen der Schmerz sich im Laufe
der Z e i t verzehrt. Mag er noch so unnachgiebig sein,
mag er sich täglich aufbäumen und gegen alle Heilmittel aufbrausen, dieses wirksamste Mittel, den Trotz
zu bändigen, nimmt ihm doch seine Kraft. Zwar hält
auch jetzt noch, Marcia, deine maßlose Trübseligkeit
an und hat sich, wie es scheint, bis zu völliger Ver-
härtung gesteigert, zwar nicht mehr so aufgeregt, wie
anfangs, aber hartnäckig und verstockt; gleichwohl
werden dir die Jahre auch diesen Trübsalskelch tropfenweise leeren: so oft du eine andere Beschäftigung vor-
nimmst, wirst du eine Erleichterung spüren. Jetzt ist
dein Auge immer nur auf dich selbst gerichtet. Es
ist aber ein großer Unterschied, ob du dich willenlos
deinem Schmerz hingibst oder dich zur Gebieterin über
ihn machst. Wie viel mehr entspricht es der Hoheit
deines sittlichen Standpunktes, der Trauer ein Ende
zu machen, als es an dich herankommen zu lassen, und
nicht zu warten, bis der Tag kommt, wo der Schmerz
dir zum Trotz aufhört. Verzichte selbst auf ihn!

9. „Woher also", entgegnet man, „unsere große
Hartnäckigkeit im Beklagen unseres Loses, wenn dies
nicht auf Geheiß der Natur geschieht?" Weil wir uns
nicht im voraus eine Vorstellung von dem Übel machen,

sondern warten, bis es uns trifft. Als wären wir selbst gefeit und wandelten auf sichererer Straße als die anderen, lassen wir uns durch fremdes Unglück nicht daran mahnen, daß es jedermann treffen kann. So viel Leichenzüge sehen wir an unserem Hause vorüberziehen, und wir denken nicht an den Tod; so viel bittere Todesfälle ereignen sich. Und wir? Wir denken an die Toga [11]) unserer Kinder, an ihren künftigen Kriegsdienst, an ihren Eintritt in das väterliche Erbe. So häufiger plötzlicher Wechsel von Reichtum in Armut ist uns vor Augen getreten, und doch ist es uns niemals in den Sinn gekommen, daß es auch mit unserem Hab und Gut gleich mißlich bestellt ist. Die notwendige Folge ist, daß wir unter der Wucht des auch über uns hereinbrechenden Unglücks um so mehr zusammenknicken: es trifft uns wie der Blitz aus blauem Himmel; wogegen man aber sich längst vorgesehen hat, das trifft uns mit schwächerem Schlag. Du mußt dir bewußt sein, daß du allen Schlägen ausgesetzt bist, und daß die Pfeile, die andere durchbohrt haben, auch dein Haupt umschwirrt haben! Als ob du ungenügend bewaffnet gegen eine Mauer oder einen von zahlreichen Feinden besetzten und schwer zugänglichen Platz vorgingest, sei auf Wunden gefaßt und darauf, daß alle von oben herabfliegenden Steine nebst Pfeilen und Wurfspießen auf deinen Körper geschleudert seien. So oft einer neben dir oder hinter dir niedergefallen ist, rufe aus: „Du täuschest mich nicht, o Schicksal, du wirst mich nicht unvorbereitet und unachtsam überraschen. Ich weiß, was du vorhast: einen anderen zwar hast du getroffen, aber mich hast du gemeint." Wer sieht je sein Hab und Gut so an, als könnte es zugrunde gehen? Wer unter uns ist so starken Herzens, an Verbannung, an Armut, an Todesverluste zu denken? Wenn einer gemahnt wird, an solche Möglichkeiten zu

denken, wird der nicht solche Mahnung als böse Vor-
bedeutung mit Abscheu von sich weisen und dergleichen
Gräßliches auf das Haupt seiner Feinde oder gar des
unzeitigen Mahners selbst herabwünschen? „Ich hätte
nicht geglaubt, daß es so kommen würde." Glaubst
du von irgend etwas, daß es nicht eintreten werde,
wenn du doch weißt, daß es vielen zustoßen kann, und
wenn du mit eigenen Augen siehst, daß es vielen zu-
gestoßen ist? Es gibt einen trefflichen Vers, der es
verdiente, nicht bloß von der Bretterbühne aus gehört
zu werden:

„Was einen trifft, des mag sich jedermann versehn" [12]).
Der da hat Kinder verloren: auch du kannst welche
verlieren. Der da ist verurteilt worden: auch deiner
Unschuld droht Gefahr. Dieser Irrtum täuscht uns
und nimmt uns die Kraft, wenn uns das trifft, auf
dessen mögliches Eintreten wir uns nie in Gedanken
vorbereitet haben. Wer im voraus den Blick auf zukünftige Ubel gerichtet hat, der bricht ihre Kraft,
wenn sie sich einstellen.

10. Was es auch sein mag, meine Marcia, das
uns äußeren Glanz verleiht, Kinder, Ehrenstellen,
Reichtum, geräumige Säle und Vorhöfe, in denen sich
die Masse der vergebens um Einlaß bittenden Klienten
drängt, ein gefeierter Name, eine durch Abkunft oder
Schönheit glänzende Gattin und alle sonstigen Gaben
eines unsicheren und wandelbaren Glückes — das alles
sind von fremder Hand uns geliehene Herrlichkeiten;
nichts davon wird uns als dauerndes Geschenk gegeben;
es sind zusammengeborgte und ihrem Herrn zurück-
zugebende Ausstattungsstücke, mit denen die Bühne
geschmückt wird. Das eine wird heute, das andere
morgen wieder zurückgegeben; nur weniges wird uns
bis ans Ende bleiben. Es hat also keinen Sinn, daß
wir uns wer weiß was darauf einbilden, als wären wir

die wirklichen Eigentümer. Wir haben es nur auf
Borg erhalten. Wir dürfen es brauchen und nutzen,
so lange es dem Herrn des Geschenkes gefällt. Wir
müssen, was uns auf unbestimmte Zeit verliehen ist,
stets zur Rückgabe bereit halten und der Aufforderung
dazu ohne Murren nachkommen. Das ist ein elender
Schuldner, der auf seinen Gläubiger schimpft. Alle
die Unsrigen, sowohl die, welche nach unserem Wunsche
und gemäß der natürlichen Ordnung der Geburtsfolge
uns überleben sollen, als die, welche selbst mit Recht
das Verlangen tragen uns im Tode voranzugehen, müssen
wir so lieben, als hätten wir keine Gewähr, ich will
nicht sagen, für einen ewigen, nein, nur für einen
über eine längere Zeit sich erstreckenden Besitz derselben. Oft muß unser Herz daran erinnert werden,
daß unsere Liebe solchen gilt, die von uns bald abscheiden werden oder schon im Abscheiden begriffen
sind. Was dir vom Schicksal verliehen ist, besitze so,
als gäbe es niemanden, der Gewähr dafür leistet. Er-
freuet euch ungesäumt der Lieblichkeit eurer Kinder,
und lasset anderseits auch die Kinder sich euerer
Liebe erfreuen; genießet ohne Aufschub jede Freude!
Ihr habt keine Gewähr für die heutige Nacht — doch
diese Frist ist schon zu lang gedacht —, nein auch
nur für die nächste Stunde. Eile tut not, der Feind
steht euch im Rücken; nur noch ein Augenblick, und
die Schar eurer Begleiter wird zerstreut und eure
Lebensgemeinschaft, wenn der Ruf erschallt, gelöst
sein. Was wir haben, haben wir nur auf Raub. Un-
selige ihr, die ihr nicht versteht als Flüchtlinge zu leben!

Wenn du den Verlust deines Sohnes betrauerst,
so liegt darin eine Anklage jener Zeit, in der er geboren ward; denn gleich bei der Geburt ward ihm auch
der Tod angekündigt [13]). Dieses Gesetz waltete über
seiner Geburt, dies Schicksal war sein unabtrennlicher

Begleiter von Mutterleib ab. Der Herrschaft des Ver-
hängnisses sind wir unterstellt, eines harten und un-
überwindlichen Gebieters, nach dessen Machtspruch wir
alles über uns ergehen lassen müssen, mögen wir es
verdient haben oder nicht. Mit unseren Körpern wird
es schonungslos, schmählich, grausam verfahren; die
einen wird es mit Feuerzangen quälen, die, sei es zur
Strafe sei es zur Heilung angewendet worden; die
anderen wird es in Fesseln schlagen, was bald dem
Feinde bald dem Mitbürger zustehen wird; andere
wird es nackt im wogenden Meere umhertreiben und,
wenn sie mit den Fluten gerungen haben, nicht einmal
auf eine Sandbank oder auf das Gestade sich retten
lassen, sondern in dem Bauche eines riesigen See-
ungetüms verschwinden lassen, noch andere in mannigfachen Krankheiten sich abzehren und lange zwischen
Leben und Tod schweben lassen. Wie eine launenhafte,
eigensinnige und gegen ihre Sklavin herzlose Herrin
wird es blindlings Strafen und Belohnungen austeilen.

11. Doch was hat es für einen Sinn, einzelnes zu
beklagen? Das ganze Leben ist beklagenswert, neues
Ungemach bricht über uns herein, noch ehe man sich
mit dem alten abgefunden hat. Darum tut es vor allem
euch Frauen not, euch beherrschen zu lernen; denn ihr
seid maßlos im Kummer; es gilt, mit der Herzenskraft
Haus zu halten, daß sie für viele Schmerzen ausreiche [14]).
Nie darf man aus dem Auge lassen, welches Los uns selbst
wie allen anderen gefallen ist. Sterblich bist du geboren,
Sterbliche hast du geboren. Du selbst, ein morscher
und hinfälliger Leib und mit Krankheitskeimen reichlich
durchsetzt [15]), wie konntest du hoffen, in einem so
schwächlichen Stoff Festes und Ewiges zu tragen? Dein
Sohn ist aus dem Leben geschieden, das heißt, er ist
an das Ziel gekommen, dem alles das [16]) zueilt, dem,
wie du glaubst, höheres Glück beschieden ist als dem,

den du geboren. Dahin wandert, wenn auch in un-
gleichem Schritt, all das Volk, das auf dem Forum die
Gerichtshalle füllt. in den Theatern seine Schaulust
befriedigt, in den Tempeln betet. Alles, magst du es
lieben oder verehren, oder magst du es verachten, alles
wird einander gleichgemacht, wenn es zu Asche geworden. Das ist es ja doch, worauf jener Pythische
Spruch hinweist: „Erkenne dich selbst“. Was ist der
Mensch? Ein schwaches Gefäß, das zu zerbrechen ein
bloßes Schütteln und Rütteln genügt; es bedarf keines
gewaltigen Sturmes, um dich zerbersten zu machen;
du brauchst nur irgendwo stark anzustoßen, und es ist
vorbei mit dir. Was ist der Mensch? Ein schwächlicher
und gebrechlicher Körper, nackt, wie ihn die Natur
geschaffen, wehrlos, fremder Hilfe bedürftig, jeder bösen
Laune des Schicksals preisgegeben, und mag er seine
Muskelkraft noch so sehr durch Übung gesteigert haben,
doch jeden wilden Tieres Futter und jedermanns Schlacht-
opfer, aus lockerem und weichem Stoffe zusammen-
gewoben und nur in den äußeren Zügen ansprechend,
unfähig, Kälte, Hitze, Anstrengung zu ertragen, schon
durch seine bloße Unsauberkeit und Trägheit wieder
der Verwesung anheimfallend, in ewiger Angst um
seine Nahrungsmittel, deren Mangel ebenso wie ihre
Überfülle ihm verderblich wird, voll Angst und Sorge
um seinen Schutz, unsicheren und stockenden Atems,
der sich, zu schwach, um gehört zu werden, durch die
Brust ringt, bis er urplötzlich mit einem scharf in die
Ohren schneidenden Ton aus der Körperhülle entweicht[17]),
immer an sich selber zehrend, ein elendes und unnützes
Gemächte. Und da wundern wir uns über den Tod,
der das Werk eines einzigen, röchelnden Atemzuges [18])
ist? Braucht es denn etwa großer Veranstaltungen,
um den Menschen zu Fall zu bringen? Geruch und
Geschmack, Müdigkeit und Nachtwachen, Trank und

Speise, kurz alles, ohne das er nicht leben kann, ist
tödlich für ihn. Wohin er auch seine Schritte wendet,
er wird sofort seiner Schwachheit inne: er verträgt
nicht jedes Klima; anderes Trinkwasser, ein Luftzug,
an den er nicht gewöhnt ist, kurz, die geringfügigsten
Anlässe und Anstöße werfen ihn aufs Krankenlager,
ein morsches, kränkliches, sein Leben mit Weinen be-
ginnendes Geschöpf. Und doch, welche Stürme erweckt
dies so erbärmliche Geschöpf! Zu welchem Gedanken-
fluge versteigt es sich, uneingedenk des ihm beschiedenen
Loses! Unsterbliches, Ewiges wälzt es in seinem Hirn,
macht Entwürfe für Enkel und Urenkel, und mitten
in der Beschäftigung mit weit aussehenden Plänen
streckt es der Tod darnieder, und was man hohes Alter
nennt, ist nur der Ablauf weniger Jahre.

12. Dein Schmerz, soll er irgend welchen vernünftigen Sinn haben, wem gilt er denn? Gilt er deinem
Mißgeschick oder dem des Abgeschiedenen? Fühlst du
dich durch den Verlust deines Sohnes deshalb so tief
ergriffen, weil er dir keine frohen Stunden bereitet
hat, oder deshalb, weil, wenn er länger gelebt hätte,
du solche von ihm noch erwarten durftest? Behauptest
du das erstere, so machst du dadurch deinen Verlust
erträglicher; denn was ihnen keine Lust und Freude
gewährt hatte, das vermissen die Menschen weniger.
Räumst du aber ein, daß er dir viel frohe Stunden
bereitet hat, dann darfst du nicht darüber klagen, daß
er dir genommen ist, sondern mußt dankbar sein für
das Erfreuliche, das du an ihm erlebt hast. Denn
eben durch das Erziehungswerk selbst schon, das du
an ihm vollbracht, bist du mit reichster Frucht belohnt.
Oder sollte denen, die Kinder erziehen, die Erziehung
selbst nicht schon auch Frucht der Erziehung sein,
während doch Leuten, die sich um das Gedeihen von
jungen Hunden, Vögeln und was dergleichen ergötz-

liches Spielzeug mehr ist, mit höchstem Ernst und Eifer bemühen, aus dem bloßen Anschauen, Betasten und zärtlichen Umschmeicheln unvernünftiger Tiere nicht wenig Vergnügen erwächst? Mag dir also seine Geschäftigkeit keinen Nutzen gebracht, seine Gewissenhaftigkeit dir nicht als Wächterin gedient, seine Klugheit dir keinen Rat erteilt haben — dies allein schon, daß du ihn hattest, daß du ihn liebtest, ist Frucht genug. „Aber", erwiderst du, „er hätte länger leben, hätte größer werden können." Doch trotzdem war dir damit ein glücklicheres Los beschieden, als wenn er dir überhaupt nicht geschenkt worden wäre; denn wird uns die Wahl gelassen, ob es uns lieber sei, nur auf kurze Zeit glücklich zu sein oder auf Glück überhaupt zu verzichten, so ist doch ein wenn auch bald dahinschwindendes Glück besser als der Verzicht auf jedes Glück überhaupt. Möchtest du etwa lieber einen ungeratenen Sohn gehabt haben, der eben nur mitgezählt und mitgenannt wird, oder einen so hochbegabten, wie es der deinige war, ein Jüngling beizeiten verständig, beizeiten pietätvoll gegen seine Eltern, beizeiten Gatte, beizeiten Vater, beizeiten willig zu jeder Pflichterfüllung, beizeiten Priester, alles wie im Eilschritt? Selten, daß ein Reichtum an Gütern und Vorzügen sich mit der Dauer derselben vereinigt: nur allmählich sich entwickelndes Glück ist dauerhaft bis ans Ende. Die unsterblichen Götter wollten dir deinen Sohn nicht auf lange Zeit gönnen; dafür gaben sie dir ihn gleich in einer Vollkommenheit, die sonst nur das Werk einer langen Zeit ist. Du kannst auch nicht behaupten, die Götter hätten dir das besondere Los auferlegt, deinen Sohn nicht genießen zu dürfen. Blicke umher im ganzen Kreise von Bekannten und Unbekannten: allenthalben werden dir Menschen begegnen, die Schwereres erduldet haben. Große Feldherren, Fürsten haben es an sich erfahren. Auch die Götter bleiben nach den Sagen nicht verschont; vermutlich sollte es eine Art Trost sein für die Lücken, die der Tod in unsere Reihen reißt, daß auch die Götterwelt vor Zusammenbruch nicht gewahrt bleibt. Laß, sage ich, alle Familien an deinem Blick vorüber ziehen, du wirst keine nennen können, die so unglücklich wäre, daß sie nicht sich mit einer noch unglücklicheren trösten könnte.

Ich denke wahrhaftig nicht schlecht genug von deinem Charakter, um dich für fähig zu halten, es würde dir leichter werden, dein Unglück zu tragen, wenn ich dir eine gewaltige Schar von Trauernden vorführe: es ist eine Art von Schadenfreude, wenn man sich mit der Menge der Unglücklichen tröstet. Einige wenige indes werde ich anführen, nicht um dir den Nachweis zu geben, daß es den Menschen so zu ergehen pflege — denn es wäre lächerlich, Beispiele der Sterblichkeit zu häufen —, sondern um dir zu zeigen, daß es viele gegeben, die durch geduldiges Ertragen dem Leide den Stachel nahmen. Mit dem Glücklichsten will ich den Anfang machen. L. Sulla verlor seinen Sohn, ohne daß dies Ereignis seiner Bosheit und seiner unbeugsamen Tapferkeit gegen die Feinde und gegen die Mitbürger Eintrag tat oder die Wirkung gehabt hätte, daß es als ein Mißgriff erschienen wäre, wenn er nach dem Tode seines Sohnes den Beinamen des „Glücklichen" annahm, ohne Furcht vor dem Haß der Menschen, auf deren Unglück sein übergroßes Glück sich gründete, noch vor dem Neide der Götter, die ihm eben dies nicht verzeihen konnten, daß „Sulla so glücklich" war. Doch das mag dahingestellt bleiben, wes Geistes Kind Sulla war — auch seine Feinde werden einräumen, daß er großes Geschick an den Tag legte, sowohl als er die Waffen ergriff, als da er sie niederlegte —, das, worauf es hier ankommt, leidet keinen

Zweifel: was auch die Glücklichsten nicht verschont, ist nicht das größte Übel.

13. Griechenland bewundert bekanntlich jenen Vater [19]), der mitten in der Opferhandlung die Nachricht von dem Tode seines Sohnes erhielt: er ließ nur den Flötenspieler innehalten und nahm sich den Kranz vom Haupte, während er im übrigen das Opfer dem Brauche gemäß vollführte. Daß sich die Bewunderung dieses Verhaltens nicht allzusehr steigere, ist dem Pontifex Pulvillus [20]) zu verdanken, dem, während er mit seiner Hand den Tempelpfosten gefaßt hielt und das Kapitol einweihte, der Tod seines Sohnes gemeldet ward. Er stellte sich, als hätte er nichts gehört, sprach die üblichen Worte der priesterlichen Weiheformel, ohne daß irgend ein Seufzer sein Gebet unterbrach, und empfahl beim Namen seines Sohnes den Tempel der Gnade Jupiters. Gewiß, die Trauer mußte doch ein Ziel finden, wenn sie nicht einmal am ersten Tage und beim ersten Überfall den Vater von dem öffentlichen Altare und von der Weihehandlung abzulenken vermochte. Er war in der Tat wie ausersehen dafür, diese denkwürdige Weihe zu vollziehen, würdig eines so hohen Priestertums, er, der sich nicht davon abbringen ließ, die Götter zu ehren, selbst wo sie zürnten. Als er in sein Haus zurückgekehrt war, ließ er zwar den Tränen den Lauf und ließ einige Klagen laut werden und vollzog, was für die Verstorbenen üblich war, nahm aber dann wieder die Miene vom Kapitol an.

Paulus [21]) hat in den Tagen jenes großartigen Triumphes, wo er den König Perseus, diesen berühmten Herrscher, vor seinem Wagen gefesselt einher ziehen ließ, zwei seiner Söhne an andere zur Adoption überlassen; die zwei, die er für sich zurückbehalten hatte, mußte er begraben. Welch hohe Vorstellung muß man sich wohl von diesen Zurückgehaltenen machen, da unter

den weggegebenen sich ein Scipio [22]) befand! Nicht
ohne Rührung sah das römische Volk des Paulus
Triumphwagen leer. Gleichwohl hielt er seine Rede
vor dem Volk und dankte den Göttern, daß sie ihm
seinen Wunsch erfüllt hätten; denn er habe gefleht,
daß, wenn wegen des großartigen Sieges dem Neide
der Himmlischen ein Tribut gezahlt werden müsse,
dies lieber auf seine als auf des Staates Kosten geschehen solle. Das wird dir ein Bild seiner Hochherzigkeit geben. Er wünschte sich Glück zu seiner Ver-
waisung. Wer hätte mehr Grund zur Erregung über
eine so tief greifende Veränderung gehabt? Trost und
Stütze zugleich verlor er an seinen Söhnen! Und doch
war es dem Perseus nicht vergönnt, den Paulus in
Trauer zu sehen.

14. Was frommt's nun, dir zahllose Beispiele
großer Männer vorzuführen und Unglückliche aufzusuchen, als ob es nicht schwerer wäre, Glückliche
zu finden? Denn man nenne die Familie, die bis ans
Ende in allen ihren Gliedern unangefochten geblieben,
die vor jeder Störung bewahrt worden wäre! Nimm
das nächste beste Jahr heraus [23]) und laß die leitenden
Beamten vor uns treten: den Lucius Bibulus, wenn du
willst, und den Caius Caesar — bei aller Feindschaft
untereinander gleichen sie doch in ihrem Schicksal
einander. Dem L. Bibulus, einem mehr gutmütigen
als tapferen Mann, wurden zwei Söhne zugleich getötet, mit denen eine freche Soldatenschar in Ägypten
ihren Hohn getrieben hatte, so daß der Verlust der
Söhne nicht weniger Ursache zu Tränen des Schmerzes
bot, als der Urheber des Mordes zu Tränen des Ingrimms. Bibulus indes, der während seines ganzen
Amtsjahres wegen der Feindschaft mit seinem Kollegen
sich in seinem Hause verborgen gehalten hatte, ging
am nächsten Tage nach Empfang der doppelten Todes-

meldung wieder an seine gewohnten Staatsgeschäfte. Also ein Trauertag für den Verlust zweier Söhne! Wie kann man sich kürzer damit abfinden? So schnell machte er der Trauer um seine Söhne ein Ende, er, der um sein Konsulat ein Jahr lang getrauert hatte. Und C. Caesar? Als er Britannien durchzog, da er seinem Glück durch den Ozean keine Grenze stecken ließ, erhielt er die Nachricht von dem Tode seiner Tochter [24]), deren Schicksal für den Staat nicht weniger bedeutsam war als sein eigenes. Es war vorauszusehen, daß Cn. Pompeius sich nicht dazu verstehen würde, einen Nebenbuhler neben sich aufkommen zu lassen, und daß er dem bedenklichen Aufstieg des anderen ein Ziel setzen werde, auch wenn sie einander in die Hände arbeiteten. Gleichwohl unterzog sich Cäsar schon am dritten Tage wieder seinen Feldherrngeschäften und war mit dem Schmerz so schnell fertig geworden, wie es seine Gewohnheit in allen anderen Dingen war.

15. Was soll ich dir die Todesfälle in den Häusern der anderen kaiserlichen Herrscher aufzählen? An ihnen übt, wie mir scheint, das Schicksal bisweilen seine Grausamkeit aus, auf daß sie auch der übrigen Menschheit sich nützlich erweisen als Zeugen dafür, daß selbst die angeblich den Göttern Entstammten und zur Zeugung von Göttern Berufenen ihr eigenes Schicksal nicht so in der Hand haben wie das anderer. Der selige Augustus gab nach dem Verlust seiner Kinder, seiner Enkel und sämtlicher Angehörigen seinem vereinsamten Hause durch Adoption neue Stützen. Er trug es aber tapfer als Vertreter seiner eigenen Sache [25]), dem viel daran gelegen war, daß niemand sich über die Götter beklage. Der Kaiser Tiberius verlor seinen eigenen und seinen Adoptivsohn [26]). Er hielt jedoch selbst seinem Sohne die Leichenrede auf der Rednerbühne, wobei die Leiche vor ihm aufgestellt

war, nur daß sie durch eine leichte Hülle verdeckt war,
um den Pontifex vor dem Anblick der Leiche zu
schützen. Alles Volk brach in Tränen aus; nur er
verzog keine Miene und gab dem neben ihm stehenden
Sejanus den Beweis, mit welcher Fassung er den Verlust der Seinigen über sich ergehen lassen könne. Du
siehst, wie groß die Menge hervorragendster Männer
war, die von dem alles darniederwerfenden Schicksal
nicht verschont blieben, trotz aller Vorzüge ihres
Geistes und trotz aller staatlichen und persönlichen
Auszeichnungen, die auf sie gehäuft waren. Aber so
ist es eben: dies Unwetter macht die Runde, verheert
ohne Wahl alles und schleppt seinen Raub davon, als
hätte es ein gutes Recht darauf. Laß sie Mann für
Mann Rechenschaft geben: keinem ist das Los gefallen,
ungestraft ins Leben einzutreten.

16. Ich weiß, was dir auf der Zunge liegt: „Du
hast ganz vergessen, daß es ein Weib ist, dem du
Trost zusprichst; du hältst dich mit deinen Beispielen
nur an Männer.“ Wem aber darf man denn die Behauptung zutrauen, die Natur habe es übel gemeint
mit der geistigen Ausstattung der Frauen und habe
ihre Vorzüge auf einen engen Raum beschränkt? Sie
haben, glaube mir, den gleichen lebhaften Trieb, die
gleiche Fähigkeit zum Edlen, wenn sie nur wollen;
sie haben die gleiche Kraft, Schmerz und Anstrengung
zu ertragen, wenn sie sich nur richtig gewöhnen. Man
gedenke doch, gute Götter, des Ortes, wo wir reden.
Es ist die Stadt, in der eine Lucretia und ein Brutus
den Nacken der Römer von dem Joche der Königs-
herrschaft erlösten: dem Brutus verdanken wir die
Freiheit, der Lucretia den Brutus. Es ist die Stadt,
in der wir der Clölia in Bewunderung der hervorragenden Kühnheit, mit der sie unter Verachtung des
Feindes den Fluß durchschwamm, ihren Rang beinahe

in der Reihe der Männer anwiesen: auf der heiligen Straße, als Statue hoch zu Roß, an belebtester Stätte, beschämt sie unsere jungen Mitbürger, die sich in gepolsterten Sänften in einer Stadt umherbewegen, in der man auch Weiber mit einem Rosse beschenkt hat.

Und wünschest du dir Beispiele vorgeführt zu sehen von Frauen, die den Verlust der Ihrigen tapferen Sinnes über sich ergehen ließen, so brauche ich nicht Haus für Haus zu suchen: aus einer Familie stelle ich dir zwei Cornelien: erstens die Tochter des Scipio, die Mutter der Gracchen. Zwölf Kindern schenkte sie das Leben, und alle zwölf sah sie sich durch den Tod entrissen. Für die übrigen will das weniger besagen, da sie weder durch ihre Geburt noch durch ihren Verlust für den Staat von Bedeutung waren; aber sie mußte den Tiberius und Gajus getötet und unbeerdigt sehen, Männer, denen auch diejenigen die Größe nicht absprechen werden, die sie nicht als Muster der Tugendhaftigkeit gelten lassen. Gleichwohl erwiderte sie denen, die ihr Trost zusprachen und sie unglücklich nannten: „Ich werde mich nie unglücklich nennen, ich, die ich Gracchen geboren habe." Cornelia, die Gattin des Livius Drusus [27]), hatte ihren trefflichen und hochbegabten Sohn verloren: in den Spuren der Gracchen wandelnd, war er nach Einbringung vieler Anträge in seinem eigenen Hause umgebracht worden, ohne daß man über den Mörder sichere Kunde erhielt. Gleichwohl trug sie den bitteren und ungerächten Tod ihres Sohnes mit der nämlichen Seelenhoheit, mit der er selbst seine Gesetzesanträge eingebracht hatte. Du wirst dich endlich mit dem Schicksal aussöhnen, Marcia, wenn es dich auch nicht mit seinen Pfeilen verschonte, mit denen es die Scipionen und ihre Mütter und Töchter verfolgte, und die es gegen die Cäsaren richtete. Das Leben ist von einer Fülle von Unfällen bestürmt, vor

denen niemand lange Frieden hat, kaum Waffenstill-
stand. Vier Kinder hast du geboren, Marcia; kein
Geschoß, sagt man, verfehlt sein Ziel, das gegen eine
dichtgedrängte Masse geschleudert wird. Ist es ein
Wunder, daß deine ansehnliche Schar nicht ohne Beeinträchtigung und Verlust davonkommen konnte? „Aber“,
sagst du, „das Schicksal war um so unbilliger, als es
die Söhne nicht nur geraubt, sondern mit Tücke heraus-
gelesen hat.“ Man kann doch nie von Unrecht sprechen,
wenn man bei Teilung mit einem Mächtigeren das
Gleiche bekommt: zwei Töchter hat dir das Schicksal
gelassen und Enkel durch sie; und selbst den, den du
des Früheren uneingedenk am heftigsten betrauerst,
hat es dir nicht ganz geraubt: du hast von ihm zwei
Töchter, eine große Last, wenn du dich sträubst wider
dein Schicksal, ein großer Trost, wenn du dich mit
ihm abfindest. Bringe dich in die Stimmung, bei ihrem
Anblick dich an deinen Sohn erinnert zu fühlen, nicht
an deinen Schmerz! Der Landmann, dem Bäume zugrunde gegangen sind entweder dadurch, daß ein Sturm
sie völlig entwurzelt hat oder daß ein plötzlicher
Wirbelwind sie geknickt hat, hütet sorgsam die von
ihnen übrig gebliebenen Schößlinge und füllt die Lücke
durch Einsenkung von Samen und Pflänzlingen alsbald wieder aus; und nicht lange — denn die Zeit reicht
ohne Säumen und im Augenblick ihre Hand zum Verderben sowohl wie zum Nachwuchs —, so schießen sie
empor, erfreulicher als die verlorenen. Diese Töchter
deines Metilius laß dir nun als Ersatz für ihn gelten;
sie sollen die Lücke füllen und deinen e i n e n Schmerz
durch doppelten Trost lindern. Es ist allerdings eine
Eigentümlichkeit der Menschen, daß ihnen nichts so
sehr gefällt, als was sie verloren haben. Wir sind ungerecht gegen das uns Gebliebene aus Sehnsucht nach
dem, was uns entrissen ward. Wenn du dich aber

besinnen willst, wie schonend das Schicksal trotz allen
Ingrimms mit dir verfahren ist, so wirst du zu der
Erkenntnis kommen, daß du mehr hast als Trost:
Blicke hin auf deine zahlreichen Enkel, auf deine beiden
Töchter. Du tust auch gut, folgendes dir selbst zu
sagen: „Ich würde durch mein Unglück tief erschüttert
sein, wenn einem jeden das Schicksalslos fiele, das
seinem sittlichen Wandel entspricht, und wenn die
Tugend imstande wäre jedes Unheil von uns abzuhalten;
doch, wie ich mir wohl bewußt bin, liegt die Sache so,
daß Böse und Gute unterschiedslos den nämlichen Unbilden ausgesetzt sind.“

17. „Doch bleibt es immer hart, einen Jüngling
zu verlieren, den man erzogen hat und der der Mutter
wie dem Vater bereits ein Schutz und eine Zierde geworden.“ Wer leugnet, daß es schwer sei? Aber es
ist Menschenlos. Dazu bist du geboren, daß du ver-
lierest, daß du umkommest, daß du hoffest, fürchtest,
dich und andere beunruhigest, dem Tode ausweichest
und ihn zugleich wünschest, und, was das Schlimmste
ist, nie wissest, wie es eigentlich mit dir steht.

Stelle dir vor, es hätte einer die Absicht, nach
Syrakus zu reisen. Man könnte ihm folgenden Rat
geben: „Mache dich erst bekannt mit allen Beschwerden
und mit allen Annehmlichkeiten der beabsichtigten
Reise; dann schiffe dich ein! Was dich fesseln kann,
ist folgendes: Du wirst zunächst die Insel selbst sehen,
wie sie durch eine schmale Meerenge von Italien getrennt ist, während sie vor Zeiten bekanntlich mit dem
Festland zusammenhing; plötzlich brach die Meeresflut
herein und [28])

Riß das Siculerland von Hesperien.

Ferner wirst du — denn du kannst dicht an dem
gierigen Meeresschlund hinfahren — die fabelhafte
Charybdis schauen, unschädlich, so lange der Südwind

sie verschont; aber sobald dieser sich heftiger regt,
dann ist kein Schiff sicher davor, von ihrem gewaltigen
und tiefen Rachen verschlungen zu werden. Schauen
wirst du ferner die in Liedern hochgefeierte Arethusa,
die Quelle eines lieblich schimmernden, bis auf den
Grund durchsichtigen kleinen Sees, in den sie ihr kühles
Wasser ausströmen läßt, sei es, daß die Nymphe dies
Gewässer als dort entspringend auffand, sei es, daß
ein in die Erde sich versenkender Strom das Wasser,
völlig klar und unvermischt mit trübem Meereswasser,
unterhalb des Grundes so weiter Meeresstrecken bis an
das dortige Ziel geführt hat [29]). Weiter wirst du
schauen den ruhigsten aller Häfen, die, sei es die Natur
sei es Menschenhand, zu Schutzplätzen für Flotten gemacht hat, so gesichert, daß auch die Wut der ge-
waltigsten Stürme sich vergeblich daran versucht.
Schauen wirst du die Stelle, wo Athens Macht erlag [30]),
wo jener natürliche Kerker, jener Steinbruch mit seinen
himmelhoch ragenden Wänden die tausend und aber-
tausend Gefangenen in sich schloß, ferner die gewaltige
Stadt selbst in ihrer weiten Ausdehnung, die für viele
andere Städte Raum genug haben würde, warm im
Winter und keinen Tag ohne Sonnenstrahl. Aber ist
alles dies an dir vorübergezogen, so wird ein lästiger
und ungesunder Sommer verderben, was der Winter
Gutes getan. Dort wird vor deinem Geiste Dionysios
auftauchen, der Tyrann, der Vernichter von Freiheit,
Recht und Gesetz, gierig nach Herrschaft auch nach
des Platon Weggang, gierig nach dem Leben auch
nach seiner Thronentsetzung. Die einen wird er mit
Feuer, die anderen mit Geißeln martern, noch andere
wegen leichten Vergehens enthaupten lassen; seine
Wollust zu befriedigen, wird er Männer und Weiber
entbieten und noch nicht genug daran haben, auf einmal
zwei vorzunehmen aus den wüsten Scharen derer, die

seinen maßlos üppigen Herrscherlaunen dienen mußten. Das wäre es denn, was dich zur Reise einladen und was dich abschrecken kann; so triff nun deine Entscheidung: gehe zu Schiff oder bleibe zurück!"

Wer nach solcher Aufklärung sich bereit fände, Syrakus zu besuchen, hätte der wohl gerechten Grund zur Klage über irgend jemand außer über sich selbst, da er nicht zufällig, sondern mit voller Einsicht in den Sachverhalt sich dahin begeben hätte?

Die Natur [31]) spricht zu uns allen: Ich betrüge niemanden. Hast du Söhne bekommen, so können sie schön, können aber auch häßlich sein; vielleicht kommen sie stumm zur Welt. Es kann einer oder der andere von ihnen ebensowohl der Retter des Vaterlandes werden wie sein Verräter. Du brauchst der Hoffnung nicht zu entsagen, daß sie sich Achtung genug erwerben werden, um zu verhüten, daß irgend jemand sich herausnähme, dir wegen ihrer ein böses Wort zu sagen; mache dich aber auch mit der Möglichkeit vertraut, daß sie solche Schurken werden, daß du sie selbst verwünschest! Nichts steht im Wege, daß sie dir die letzte Ehre erweisen und du von deinen Kindern gepriesen werden könntest; aber sei auch gefaßt darauf, in die Lage zu kommen, daß du einen Knaben oder Jüngling oder Greis auf den Scheiterhaufen legen mußt; denn die Jahre tun nichts zur Sache, weil jeder Leichenzug, dem ein Vater folgt, eine herbe Prüfung ist. Bringst du im Einverständnis mit solchen dir vorgelegten Bedingungen Kinder zur Welt, so kann sich deinerseits gegen die Götter kein Unwille regen; sie haben sich dir ja für nichts verbürgt.

18. Nach diesem Gleichnis laß uns nun den Eintritt ins Leben überhaupt deuten. Es handelte sich bei diesem Gleichnis um die Frage, ob du dich zu einem Besuche von Syrakus entschließen wolltest; zu

dem Ende habe ich dir alles dargelegt, was dich dazu reizen, aber auch alles, was dich davon abhalten könnte. Nun nimm an, ich wäre dein Ratgeber für deinen Eintritt ins Leben: „Du bist im Begriff, einzutreten in eine Stadt, die Göttern und Menschen gemeinsam ist, die alles umfaßt, die an bestimmte und ewige Gesetze gebunden ist und im Dienste der Himmlischen rastlos ihr Werk vollzieht. Da wirst du unzählige Sterne leuchten sehen, wirst staunen, wie das e i n e Gestirn, die Sonne, alles mit ihrer Kraft durchdringt und regelt, wie sie durch ihren täglichen Lauf den Wechsel von Tag und Nacht bestimmt und durch ihren jährlichen Lauf Sommer und Winter gleichmäßig teilt. Schauen wirst du des Mondes nächtliche Wechselfolge, wie ihm die geschwisterlichen Begegnungen ein mildes und sanftes Licht verleihen, und er bald sich versteckt bald dem ganzen Erdkreis sein Licht spendet, nach Zu- und Abnahme veränderlich, nie seiner unmittelbar vorhergehenden Gestalt gleich. Schauen wirst du auch die fünf Gestirne, die ihre eigenen Bahnen wandeln in einer dem raschen Weltumschwung entgegengesetzten Richtung; von ihren Bewegungen, so geringfügig sie sein mögen, hängt das Schicksal der Völker ab, und alles, das Größte wie das Kleinste, erhält die Gestalt, die ihm durch den günstigen oder ungünstigen Stand der Gestirne bestimmt wird. Staunen wirst du über das sich ansammelnde Gewölk, über die sich ergießenden Wassermassen, über die zuckenden Blitze und das Krachen des Himmels. Und wendest du das von dem Anblick der himmlischen Erscheinungen gesättigte Auge, so erwartet dich eine andere Gestaltung der Dinge, mit anderen Wundern dich überraschend: hier eine weit gedehnte Fläche mit endlos sich fortsetzenden Gefilden, dort hochragende Bergesgipfel, die über gewaltigen, schneebedeckten Höhenzügen thronen; abstürzende

Flüsse und Ströme, die sich aus e i n e r Quelle, der
eine nach Westen, der andere nach Osten, wenden,
schön belaubte Bergspitzen und reichliche Waldungen
mit ihren Tieren und dem Durcheinanderklingen mannig-
faltigen Vogelgesangs. Dein Auge schweift hin über
die Städte in ihrer mannigfach verschiedenen Lage
und über Völkerschaften, die infolge schwieriger Boden-
gestaltung ein abgeschiedenes Dasein führen, indem die
einen sich zum Schutze die Bergeshöhen wählen, andere
sich durch Bäche [32]), durch ihre Lage an einem See
oder durch Täler zu sichern suchen. Du siehst sorg-
fältig gepflegte Saatfelder, aber auch wildwachsendes
Gebüsch. Du folgst mit dem Auge den sanften Krümm-
ungen des Bächleins durch das Wiesengelände, siehst
die lieblichen Meereseinbuchtungen und die sich zu
Häfen gestaltenden Küstenlinien, die zahlreichen über
die Meeresfläche verteilten Inseln, durch welche eine
gewisse Gliederung des Meeres ermöglicht wird. Dazu
nimm nun noch den Glanz der Minerale und des Edel-
gesteins, sowie das Gold, das durch die eilenden Wellen
der Waldbäche im Sande mitgeführt wird, und die
feurigen Lufterscheinungen, wie sie sich mitten auf
dem Festland und auch wieder mitten auf dem Meere
zeigen, und das die Erde umschließende Weltmeer, das
durch dreifache Einbuchtung den Zusammenhang der
Völker unterbricht [33]) und sich in gewaltiger Eigen-
mächtigkeit austobt. Hier kannst du auch in den unruhigen und ohne Wind hin und her flutenden Gewässern
gewaltige, die Landtiere an Größe übertreffende Un-
getüme sehen, einige schwerfällig und nur unter fremder
Leitung sich bewegende [34]), andere wiederum behend
und schneller als die durch Ruder bewegten Schiffe;
manche von ihnen schlürfen Wasser ein und blasen es
zu nicht geringer Gefahr für die Vorüberschiffenden
wieder aus. Auch wird dein Blick auf Schiffe treffen,

die nach unbekannten Ländern suchen. Da wirst du sehen, daß die menschliche Kühnheit vor keinem Wagnis zurückschreckt; und nicht bloß Zuschauer wirst du sein, sondern wirst auch selbst mit kräftig Hand anlegen. Lernen wirst du und lehren mancherlei Künste, teils solche, welche das Leben versorgen, teils solche, welche es schmücken, teils solche, welche es leiten. Dabei wird es aber tausendfältiges Unheil geben für Körper und Seele: Krieg, Raub, Gift, Schiffbruch, Aufruhr des Wetters und des Körpers, schmerzlichen Verlust der uns Teuersten und den Tod, von dem es ungewiß ist, ob er ein leichter sein wird oder ein durch Strafe und Marter qualvoller. Gehe mit dir zu Rate und erwäge, wofür du dich entscheiden sollst: Lust und Leid sind hier verbunden; um zu jener zu gelangen, mußt du dieses auf dich nehmen. Wirst du antworten, du wollest leben? Warum nicht? Doch nein, ich glaube, du wirst dich nicht zu etwas entschließen, was dir unfehlbares Leid bringt, sobald dir etwas davon entrissen wird — gut, dann lebe den eingegangenen Bedingungen gemäß! „Es hat uns", erwiderst du, „niemand befragt." Es sind doch unsere Eltern darum befragt worden; sie kannten also die Bedingungen des Lebens und haben uns daraufhin das Leben geschenkt.

19. Aber um nun auf die Trostgründe zu kommen, so laß uns zunächst sehen, was hier den Gegenstand unserer Fürsorge bildet, sodann wie wir dagegen anzukämpfen haben. Der Trauernde ist schmerzlich bewegt von der Sehnsucht nach dem, den er geliebt hat. Das ist an sich offenbar etwas, was man ertragen kann. Um solche, die in der Ferne weilen und ihr weiteres Leben fern von uns führen werden, weinen wir nicht, mag uns auch aller Umgang mit ihnen ebenso wie ihr Anblick versagt sein. Es ist also die bloße Vorstellung, die uns quält, und jedes Übel hat

uns so viel zu besagen, als wir es anschlagen. Das
Heilmittel liegt also in unserer Hand. Wir brauchen
uns nur vorzustellen, sie — die Verstorbenen — seien
bloß fern von uns; wir brauchen uns nur selbst zu
täuschen: wir haben sie von uns gehen lassen, nein,
wir haben sie vorausgeschickt, um sie einzuholen. Der
Trauernde stößt wohl auch die Klage aus: „Ich habe
nun keinen Beistand mehr, niemanden, der mich vor
Verachtung in Schutz nimmt." Der Trostgrund, den
ich dagegen anführe, ist zwar nichts weniger als löblich[35]),
aber er entspricht doch den tatsächlichen Verhältnissen:
in unserem Staate steht es so, daß die Kinderlosigkeit
mehr Gunst erwirbt als raubt; ja, diese Art von Ver-
einsamung, die ehedem einen zerstörenden Einfluß aus-
zuüben pflegte, weist jetzt dem Greisenalter den Weg
zur Macht, in dem Grade, daß manche sich stellen, als
wären sie mit ihren Söhnen tief verfeindet, und ihre
Kinder verleugnen, und sich gewaltsam kinderlos machen.
Ich weiß, du wirst entgegnen: „Für mich handelt es
sich nicht um eine Beeinträchtigung meines Vorteils;
der ist nicht würdig des Trostes, der den Tod seines
Sohnes beklagt wie den Verlust eines Sklaven, und der
Zeit und Stimmung findet, um bei einem Sohn an etwas
anderes zu denken als an diesen selbst." Was macht
dich also, meine Marcia, so traurig? Daß dein Sohn
aus dem Leben geschieden, oder daß er nicht lange
gelebt hat? Ist's das erstere, so hättest du immer
schon Leid tragen müssen; denn du hast immer gewußt,
daß er sterben werde. Sage dir nur immer wieder,
daß der Gestorbene aller Übel enthoben ist, daß alles,
was uns die Unterwelt schrecklich macht, nichts als
Erdichtung ist, daß keine Finsternis die Toten umhüllt,
daß es dort keinen Kerker gibt, keine Feuerströme,
keinen Fluß der Vergessenheit, keine Gerichtshöfe und
keine Angeschuldigten und in dieser schrankenlosen

Freiheit nicht neue Tyrannen. Das alles ist nur ein Spiel der Dichtung, die uns mit leeren Schreckbildern ängstigt. Der Tod ist die Erlösung von allen Schmerzen, ist die Grenze, über welche unsere Leiden nicht hinausgehen; er versetzt uns wieder in jenen Ruhezustand, dessen wir vor unserer Geburt teilhaftig waren. Wer mit den Toten Mitleid hat, der muß auch Mitleid haben mit den Ungeborenen. Der Tod ist weder ein Gut noch ein Übel; denn nur das kann ein Gut oder ein Übel sein, was überhaupt e t w a s ist; was aber selbst nichts ist und alles ins Nichts zurückführt, das macht uns nicht zur Beute des Schicksals. Denn alles Gute und Schlimme dreht sich um irgend einen stofflichen Gegenstand [36]). Das Schicksal kann über das keine Gewalt mehr haben, was die Natur aus der Hand gegeben hat, und unglücklich kann nicht sein, wer nichts ist. Dein Sohn hat die Schranken hinter sich gelassen, innerhalb deren man unfrei ist; er weilt im Schoße eines großen und ewigen Friedens; keine Furcht vor Armut, keine Sorge um Reichtum, keine stachelnde und seelenverderbende Lustbegier ficht ihn an; er bleibt unberührt von jedem Neid über fremdes Glück sowie vom Neide anderer über das seine, und selbst sein keusches Ohr wird nicht beleidigt durch irgend welche Schmähungen; er braucht sich nicht zu sorgen um irgend welches staatliche oder persönliche Unglück; nicht schwebt er in ängstlicher Sorge um die Zukunft, die immer auf noch Schlimmeres gefaßt sein muß [37]). Endlich hat er die Stätte erreicht, von der nichts mehr ihn verdrängt, wo nichts ihn schreckt.

20. Ach, welche Unkenntnis ihres eigenen Elends verraten doch diejenigen, die den Tod nicht als die beste Erfindung der Natur preisen und ihre Hoffnung auf ihn stellen, sei es, daß er das Glück in sich birgt oder dem Unglück steuert, sei es, daß er dem Lebens-

überdruß und der Müdigkeit des Greises ein Ende
macht oder das noch viel versprechende Jugendalter
in seiner Blüte dahinsinken läßt, oder daß er die Kindheit abruft vor Erreichung der härteren Altersstufen,
für alle ein Ende, für viele Genesung. manchem erwünscht
und niemandem ein wohlmeinenderer Helfer als denen,
zu denen er ungerufen kommt! Er macht den Knecht
frei, dem Herrn zum Trotz; er löst die Kette der
Gefangenen; er entreißt dem Kerker auch die, denen
schrankenlose Despotengewalt jeden Ausweg daraus
versperrt hatte. Verbannten, deren Auge immer sehn-
süchtig nach der Heimat gerichtet ist, zeigt er, daß
nichts darauf ankomme, in welchem Lande man sein
Grab finde. Wenn bei Verteilung eines Gesamtbesitzes
das Schicksal fehlgegriffen und von Natur Gleich-
berechtigte teils zu Herren, teils zu Knechten gemacht
hat, dann ist es der Tod, der alles wieder gleich macht.
An wem er sein Werk vollbracht hat, der hängt von
keines anderen Willkür mehr ab. Er ist es, der jeden
Standesunterschied ausgleicht und keinen das Niedrige
seiner Lage empfinden läßt. Er ist es, der keinem den
Zutritt zu sich verwehrt; er ist es, Marcia, nach dem
dein Vater Verlangen getragen. Er ist es, das behaupte
ich, dem man es zu danken hat, daß es keine Strafe
ist, geboren zu werden, dem ich es verdanke, daß ich
nicht zusammenbreche unter dem Druck des drohenden
Mißgeschicks, daß mein Geist ungebeugt und seiner
selbst Herr bleibt: ich habe eine Zufluchtsstätte [38]).
Mein Blick fällt dort auf Marterhölzer nicht nur von
einerlei Art, sondern von den einen in dieser, von den
anderen in jener Form hergestellt. Manche haben die
Kreuzigung so eingerichtet, daß der Kopf gegen die
Erde gewandt ist; andere haben den Pfahl durch die
Schamteile getrieben; noch andere lassen ihre Opfer
am Galgen die Arme ausstrecken. Ich sehe Folterseile,

sehe Geißelhiebe; für jedes Glied, für jedes Gelenk hat
man besondere Vorrichtungen erfunden: aber ich sehe
auch den Tod. Siehe, dort stehen blutdürstige Feinde,
übermütige Mitbürger: aber ich sehe dort auch den
Tod. Die Knechtschaft läßt sich tragen, wenn es
einem für den Fall, daß man es mit dem Herrn nicht
mehr aushalten kann, frei steht, mit einem einzigen
Schritt zur Freiheit zu gelangen. Daß ich dich lieb
habe, mein Leben, das verdanke ich dem Tod!

Bedenke, wie viel Gutes der Tod hat, wenn er
zur rechten Zeit eintritt; bedenke, wie vielen es geschadet hat, daß sie länger lebten! Hätte den Gnaeus
Pompejus, diese Zierde und Stütze unseres Reiches,
die Krankheit in Neapel hinweggerafft, so wäre er
zweifellos als der Erste des römischen Volks gestorben.
So aber hat ihn ein geringer Zuwachs an Zeit von
seiner Höhe herabgestoßen. Er mußte es noch erleben,
daß die Legionen vor seinen Augen niedergemetzelt
wurden und daß zu den so traurigen Überresten jener
Schlacht, in der der Senat das vorderste Glied gebildet
hatte, der Feldherr selbst gehörte. Er mußte noch
den ägyptischen Henker sehen und den Leib, an dem
sich die Sieger nicht zu vergreifen gewagt hatten,
dem Trabanten darbieten; und wäre er auch unverletzt
geblieben, er hätte doch seine Rettung nur beklagen
müssen: denn was wäre schimpflicher, als daß ein
Pompejus sein Leben der Gnade eines Königs hätte
danken sollen! Wäre Marcus Cicero zu der Zeit gefallen, wo er des Catilina Dolchen entging, die ihm
wie dem Vaterlande galten, als Befreier und Retter
des Staates, ja, hätte er noch seine Tochter zu Grabe
getragen[39]), so hätte er auch da noch als ein glücklicher Mann sterben können. Es wäre ihm erspart
geblieben, zu sehen, wie die Dolche gegen die Häupter
des Staates gezückt wurden, wie die Mörder sich in

die Güter der Getöteten teilten, zum Beweis, daß der bloße Besitz schon genügte, sie dem Tode zu weihen. Er hätte nicht mit sehen müssen, wie die Lanze als Zeichen der Versteigerung der konsularischen Spolien aufgesteckt wurde, nicht, wie die Mordtaten vom Staate unter Bezahlung vergeben wurden, nicht die Räubereien, Kriege und Freibeutereien — lauter neue Catilinas. Hätte den Marcus Cato auf seiner Rückkehr von Cypern[40]) und von seiner Tätigkeit als Vollstrecker des königlichen Testamentes das Meer verschlungen meinetwegen mitsamt der gewaltigen Geldsumme, die er mit sich führte zur Bestreitung der Kosten des Bürgerkrieges, hätte es dann das Schicksal nicht gut mit ihm gemeint? Er hätte dann doch wenigstens den Gewinn gehabt, daß niemand es gewagt hätte, unter den Augen eines Cato Frevel zu treiben; so aber zwang der Zuwachs weniger Jahre ihn, den geborenen Schützer nicht nur seiner Freiheit sondern auch der des Staates, vor Cäsar zu fliehen und sich dem Pompejus anzuschließen. Was also deinen Sohn, Marcia, anlangt, so hat ihm sein frühzeitiger Tod kein Unglück gebracht: er hat ihm vielmehr die Erduldung aller Übel erspart.

21. „Aber er ist doch allzuschnell dahingegangen und vor der Zeit." Stelle dir zunächst vor, er hätte noch ein langes Leben gehabt — denke dir das menschliche Leben so weit wie möglich ausgedehnt: wie viel beträgt es denn? Für eine kurze Spanne der Zeit geboren, um bald dem kommenden Scheiterhaufen[41]) Platz zu machen, richten wir uns in dieser uns aufgedrängten[42]) Herberge ein. Und dabei rede ich von unserer Lebenszeit, die sich mit unglaublicher Schnelligkeit, verglichen mit der Ewigkeit, abspielt! Stelle die Rechnung auf die Jahrhunderte der Städte, was wirst du sehen? wie kurze Zeit auch die bestanden haben, die sich ihrer langen Vergangenheit rühmen. Alles Menschliche

ist kurz und hinfällig und macht nur einen verschwindenden Teil der unendlichen Zeit aus. Diese unsere Erde mit ihren Städten und Völkern, mit ihren Flüssen und den sie umkreisenden Meeren erscheint uns nur als ein Punkt, wenn wir sie mit dem Weltall vergleichen, und noch kleiner als ein Punkt ist unsere Lebenszeit, wenn wir sie mit der Gesamtheit der Zeit vergleichen, deren Maß größer ist als das der Welt; denn wenn die letztere ihren Verlauf immer aufs neue wiederholt, so geschieht das innerhalb des Zeitverlaufes. Was hat es also für einen Zweck, dasjenige auszudehnen, dessen Zuwachs, mag er auch noch so groß sein, doch nicht viel mehr ist als ein Nichts? Nur in einem Falle ist, was wir leben, beträchtlich, nämlich wenn es uns genug ist. Du magst mir Männer von großer Lebenskraft nennen, Männer, die ein denkwürdig hohes Alter erreicht haben, du magst mir hundert und zehn Jahre vorrechnen: wenn du den Blick auf die Gesamtheit der Zeit richtest, so wird der Unterschied zwischen der kürzesten und der längsten Lebensdauer auf ein Nichts zusammenschrumpfen, sobald du den wirklich durchlebten Zeitraum ins Auge faßt und ihn vergleichst mit dem, den man nicht durchlebt hat.

Ferner [43]) ist er abgeschieden zu der ihm passenden Zeit; denn er hat gelebt, so lange er leben sollte; darüber hinaus war ihm nichts mehr beschieden. Die Menschen haben nicht einerlei Greisenalter, wie auch die Tiere nicht: bei manchen Tieren reichen vierzehn Jahre hin, um sie zum Greisenalter zu bringen; für sie ist also das höchste Alter das, welches für die Menschen nur die erste Stufe ist. Jeder hat seine i h m bestimmte, von den anderen verschiedene Lebenskraft. Niemand stirbt zu früh; denn es hat noch keinen gegeben, der länger leben sollte, als er gelebt hat. Jedem ist seine Grenze gesetzt, und sie wird immer

unverrückbar an ihrer Stelle bleiben. Keine Gewissenhaftigkeit in der Pflichterfüllung, keine Beliebtheit
wird sie weiter hinausschieben. Nimm es so, als hättest
du ihn mit vollem Bedacht verloren. Er hat sein Teil
erhalten [44]):

Er erreichte das Ziel des gegebenen Alters.

Quäle dich also nicht mit dem Gedanken: „Er
hätte länger leben können". Sein Leben ist nicht
abgebrochen, und niemals drängt sich der Zufall störend
in die Lebensjahre ein. Es wird gehalten, was einem
jeden versprochen ist; das Schicksal nimmt seinen
Verlauf: es legt nichts zu und nimmt von dem einmal
Zugesagten auch nichts hinweg. Vergebens sind Wünsche
und Bemühungen: jeder wird haben, was ihm der erste
Tag zuwies. Von dem Augenblick an, wo er zuerst
das Licht erblickte, hat er den Weg des Todes betreten
und ist seinem Verhängnis immer näher gerückt, und
selbst jene Jahre, die seiner Jugend zugelegt wurden,
sie wurden ihm am Leben abgezogen. Wir alle sind
in dem Irrtum befangen zu glauben, daß erst die Greise
und Hinfälligen dem Tode zuneigen, während doch
gleich das Kindesalter und die Jugend, kurz jedes
Alter darauf hinführt. Das Schicksal verrichtet sein
Werk: es verschleiert uns das Gefühl unserer Vernichtung, und auf daß uns der Tod um so leichter
beschleiche, verbirgt er sich unter dem Namen des
Lebens: das kleine Kind will schon ein Knabe, der
Knabe schon mannbar sein, der Mann schon ein Greis.
Das Wachsen selbst, bei Lichte betrachtet, ist nichts
als ein Abnehmen.

22. Du klagst, Marcia, dein Sohn habe nicht so
lange gelebt, als er hätte leben können? Woher weißt
du denn, ob es ihm gefrommt hätte länger zu leben?
ob ihm mit diesem seinem Tode nicht am besten gedient
war? Kannst du jetzt in unseren Tagen irgend jemanden

finden, dessen Verhältnisse so fest begründet und gesichert
wären, daß er im weiteren Verlaufe der Zeit nichts
zu befürchten hätte? Alles Menschliche ist schwankend
und im Flusse, und keine Seite unseres Lebens ist so
empfindlich und so zart als die, die unseren Wünschen
am meisten entspricht. Darum ist den Glücklichsten
der Tod zu wünschen; denn bei dem großen Unbestand
und verwirrenden Wechsel der Dinge ist nichts sicher
als was vorüber ist. Wer bürgt dir dafür, daß die
körperliche Schönheit deines Sohnes, die trotz der ver-
langenden Blicke der üppigen Stadt durch die sorg-
samste Behütung seiner Unschuld ihm bewahrt blieb,
den zahlreichen Krankheitsanfällen so weit hätte entgehen können, daß er diesen seinen Schmuck unverletzt
mit ins Greisenalter hinübergenommen hätte? Denke
an die tausend Verunstaltungen der Seele; haben doch
auch treffliche Geister die Hoffnung, die sie in der
Jugend für ihre weitere Entwickelung erweckten,
nicht bis ins Greisenalter hinein gerechtfertigt, sondern
haben sich oft genug ablenken lassen: entweder hat
sich eine späte und darum um so widerwärtigere
Üppigkeit ihrer bemächtigt und hat den anfänglichen
Glanz mehr und mehr verbleichen lassen, oder sie sind
ganz dem Dienste der Garküche und des Bauches verfallen, so daß es ihre oberste Sorge ist: was werden
wir essen, was werden wir trinken? Nimm dazu Brand,
Einsturz, Schiffbruch und die Eingriffe der Chirurgen,
die sie an dem lebendigen Leibe durch Herausschneiden
von Knochen oder durch Einzwängen ihrer Hand in
die Eingeweide oder durch qualvolle Kuren an den
Schamteilen vornehmen. Sodann Verbannungen (dein
Sohn war doch nicht unschuldiger als Rutilius)[45]), Ge-
fängnis (er war doch nicht weiser als Sokrates), frei-
williger Tod durch Selbstmord (er war doch nicht ehr-
furchtgebietender als Cato): läßt du dies alles an

deinem Geiste vorüberziehen, dann wirst du dir sagen, daß es mit denjenigen am besten bestellt ist, welche die Natur bei Zeiten in Sicherheit gebracht hat; denn das war der Lohn, der sie für ihr Leben erwartete. Nichts ist so trügerisch als das menschliche Leben, nichts so heimtückisch. Wahrlich, keiner würde es angenommen haben, wenn es ihm dargeboten würde als einem Wissenden. Ist es also das größte Glück, nicht geboren zu werden, so ist, denke ich, das Nächste, nach kurzer Lebenszeit wieder heimzukehren. Vergegenwärtige dir jene für dich so schmerzliche Zeit, da Sejanus deinen Vater seinem Klienten Satrius Secundus als eine gute Beute zufallen ließ [46]). Er grollte deinem Vater wegen einer oder der anderen freimütigen Äußerung, weil er es nicht stillschweigend mit hatte ansehen können, daß Sejanus nicht etwa warte, bis man ihn uns auf den Nacken setze, sondern selbst hinaufklettere. Es wurde beschlossen, ihm im Theater des Pompejus, das der Kaiser (Tiberius) nach dem Brande wieder herstellen wollte, eine Statue zu errichten. Da rief Cordus aus, erst dies sei der eigentliche Untergang des Theaters. Und hatte er damit nicht vollständig recht? Sollte er nicht außer sich darüber sein, daß über der Asche des Pompejus ein Sejanus aufgestellt und in dem monumentalen Prachtbau des Pompeius ein treuloser Soldat die göttliche Weihe erhielt? Es erfolgt nun die Unterzeichnung seines Verdammungsurteils, und die Meute der bissigen Hunde, die sein Gegner mit Menschenblut nährte, um sie nur für sich zahm und unschädlich, für alle anderen aber zu wütenden Bestien zu machen, wird nun mit ihrem Gebell gegen ihn, der sich dessen nicht versah [47]), losgelassen. Was sollte er machen? Wollte er am Leben bleiben, so mußte er sich als Bittflehender an den Sejan wenden; wollte er sterben, so mußte er sich mit seiner Tochter darüber verständigen. Beides war hoffnungslos': so beschloß er denn, seine Tochter zu täuschen. Er nahm also ein Bad, um sich zu schwächen, und begab sich dann in sein Zimmer, angeblich, um etwas zu genießen; aber nachdem er die Diener fortgeschickt, warf er einiges durchs Fenster hinaus, um glauben zu machen, er habe gegessen; an der Mittagstafel blieb er unbeteiligt, unter dem Vorgeben, er habe auf seinem Zimmer sich bereits satt gegessen. Ebenso hielt er es am zweiten und dritten Tag. Am vierten Tag stellte sich das Sinken seiner Kräfte deutlich heraus. Da umarmte er dich mit den Worten: „Teuerste Tochter, vor der ich nie ein Geheimnis gehabt habe, abgesehen von diesem, ich habe den Weg des Todes betreten und habe wohl schon die Mitte erreicht; zurückrufen darfst du und kannst du mich nicht." Nun ließ er alles Licht absperren und hielt sich in der Finsternis. Als sein Entschluß bekannt wurde, war man allgemein froh darüber, daß dem Rachen der gierigen Wölfe die Beute entrissen ward. Die Ankläger wandten sich auf Veranlassung des Sejanus zur Entscheidung der Sache an die Konsuln und führten Beschwerde über den Selbstmordversuch des Cordus, um zu verhindern, wozu sie ihn doch selbst gezwungen hatten: sie wollten sich den Cordus als i h r e Beute um keinen Preis entgehen lassen. Es handelte sich hier um die wichtige Frage, ob Angeklagte des Rechtes auf freiwilligen Tod verlustig gehen sollten. Noch beriet man, noch wandten sich zum zweitenmal die Ankläger an die Konsuln, da hatte er bereits seine Freiheit erlangt. Siehst du nun, Marcia, welche überraschenden Wendungen im Mißgeschick der Menschen eintreten können? Du weinst, daß einer von den Deinen sterben mußte? Und hier war es nahe daran, daß es ihm nicht gestattet wurde zu sterben [46]).

23. Alles Zukünftige ist also unsicher und neigt eher zum Schlimmen hin. Dazu kommt aber noch, daß der Weg zu den Himmlischen am leichtesten ist für diejenigen Seelen, die beizeiten dem Menschenverkehr entrückt werden; denn sie führen am wenigsten Unrat und beschwerenden Beisatz mit sich; noch haben sie das feinere Gefühl nicht verloren und das Irdische nicht allzusehr in sich eindringen lassen und wenden sich nun, befreit, leichteren Fluges, zu ihren alten Ursprungsstätten zurück, sich aller Flecken und Unsauberkeiten entledigend. Und nie ist großen Geistern das Verweilen im Körper lieb; sie sehnen sich danach, dieser Körperform zu entrinnen und zu entweichen; nur mit Widerstreben lassen sie sich diese Einengung gefallen, erhabenen Geistes das All durchdringend und gewohnt, von der Höhe auf die Menschenwelt herabzublicken. Daher des Platon[49]) Ausspruch: der Geist des Weisen neige sich ganz dem Tode zu und strebe, sich des Körpers zu entäußern; das sei sein Sinnen und Trachten, das sei sein beständiger Wunsch.

Wie könntest du, Marcia, angesichts der fast an einen Greis erinnernden Verständigkeit deines jungen Sohnes, angesichts seiner Gemütsart, die allen Anwandlungen sinnlicher Lust überlegen, aller Vorzüge teilhaftig, aller Fehler ledig war, nach Reichtum ohne Habsucht, nach Ehren ohne Ergeiz, nach Vergnügungen ohne Üppigkeit strebte —, wie konntest du glauben, daß dieser dir lange erhalten bleiben könne? Was seinen Höhepunkt erreicht hat, ist unfern seinem Ende. Vollendete Tugend entzieht sich und entschwindet unseren Augen, und was in aller Frühe schon reif geworden ist, das wartet nicht auf den späten Abend. Je heller das Feuer leuchtet, um so schneller erlischt es; längere Dauer hat es, wenn es genährt von zähem und widerspenstigem Brennstoff und von Rauch nieder-

gehalten nur ein verqualmtes Licht gibt; denn die nämliche Ursache, die ihm schlechte Nahrung gibt, hält es
auch nieder. So ist den Geistern ein um so kürzeres
Ziel gesetzt, je heller sie leuchten; denn wo eine Zunahme nicht mehr statthaben kann, da ist der Untergang nahe. Fabianus [50]) erzählt — und unsere Eltern
haben es miterlebt —, es habe einen Knaben von außer-
ordentlicher Größe und Kraft in Rom gegeben; doch
starb er eines frühzeitigen Todes, was jeder Ver-
ständige vorausgesagt hatte; es war einfach unmöglich für ihn, zu einem Alter zu gelangen, das er schon
im voraus durchlaufen hatte. So steht es nun einmal:
überfrühe Reife ist ein Anzeichen baldigen Todes; das
Ende naht heran, wenn das Wachstum sich aufgezehrt hat.

24. Entschließe dich dazu, ihn nach seinen Tugenden
und Vorzügen, nicht nach seinen Jahren zu schätzen:
dann hat er lange genug gelebt. Da er des Vaters beraubt war, lebte er bis zum vierzehnten Jahr unter
der Fürsorge von Vormündern und ununterbrochen
unter der Obhut der Mutter. Als er dann seinen eigenen
Herd hatte, wollte er doch den deinigen nicht verlassen und blieb in Gemeinschaft mit der Mutter,
während sich die Kinder sonst kaum das Zusammen-
sein mit dem Vater gefallen lassen. Ein Jüngling,
durch Wuchs, Schönheit, sowie durch Körperkraft zum
Soldaten geboren, nahm er doch keine Kriegsdienste,
um sich nicht von dir zu trennen. Erwäge, Marcia,
wie selten diejenigen Frauen ihre Kinder sehen, die in
anderen Häusern wohnen. Bedenke, daß die vielen Jahre,
während deren die Söhne im Felde stehen, für die
Mütter verloren sind und in Kümmernis von ihnen hin-
gebracht werden. Dann wirst du dir sagen, daß es eine
ausgiebige Zeit gewesen sei, die du ohne jeden Abzug
genossen hast. Niemals hat er sich deinen Blicken

entzogen; unter deinen Augen hat er seine Studien getrieben mit hervorragendem Talent, das ihn zu einem Rivalen seines Großvaters gemacht hätte, wenn dem nicht seine Bescheidenheit widerstrebt hätte, die für so manche der Grund war, über ihre Fortschritte nichts verlauten zu lassen. Ein Jüngling von seltener Schönheit, hat er in so zahlreicher Gesellschaft von Frauen, die den Männern gefährlich sind, jeder Versuchung, an der es nicht fehlte, widerstanden, und als ihm die Lüsternheit einiger allzu nahe trat, errötete er, als wäre es eine Sünde gewesen, daß er ihnen gefallen hatte. Diese seine sittliche Lauterkeit hatte zur Folge, daß er noch in ganz jungen Jahren des Priesteramtes würdig schien, ohne Zweifel unter Fürsprache der Mutter; allein selbst die Mutter hätte nichts ausgerichtet, wenn es nicht ein so trefflicher Bewerber gewesen wäre, für den sie eintrat. In der Betrachtung solcher Tugenden halte deinen Sohn gleichsam ans Herz gedrückt! Jetzt hat er volle Zeit für dich; jetzt gibt es nichts, was ihn von dir wegrufen könnte; niemals wird er dir Kummer, niemals Schmerz bereiten. Das einzige, was dir an einem so trefflichen Sohne Schmerz bereiten konnte — sein Ende —, hast du betrauert. Alles übrige, jedem Unfall entzogen, ist reiner Genuß, wenn du nur mit deinem Sohne umzugehen verstehst, wenn du nur erkennst, was an ihm das Köstlichste gewesen. Nur die äußere Gestalt deines Sohnes ist dahingeschwunden und sein durchaus nicht völlig getreues Bild; er selbst gehört nun der Ewigkeit an und erfreut sich eines besseren Zustandes, aller Lasten ledig und nur sich selbst zugehörig. Alles, was du hier als unsere Umkleidung siehst, Knochen, Sehnen und die sie umhüllende Haut, das Antlitz, die dienenden Hände und die sonstigen schützenden Beigaben, sind nur Fesseln und Verdunkelungen des Geistes. Er wird dadurch

überschüttet, gehemmt, angesteckt, von der Wahrheit
und dem, was sein eigen ist, abgezogen und in Irrtum
versenkt. All sein Ringen und Kämpfen gilt diesem
beschwerenden Fleische, um von ihm nicht abgelenkt
und zum Stocken gebracht zu werden. Er strebt dahin,
von wo er in diese Tiefen sich herabsenkte. Dort erwartet ihn die ewige Ruhe, ihn, der nun nach dem
irdischen Mischmasch und undurchdringlichen Wust die
volle Reinheit und Helligkeit schaut.

25. Du hast also keinen Grund, immer wieder zum
Grabe deines Sohnes zu eilen. Was dort liegt, war das
Wertloseste an ihm und ihm selbst das Beschwerlichste,
Gebeine und Asche, die ebensowenig Teile von ihm
sind als seine Kleider und sonstigen Körperbedeckungen.
In sich selbst völlig unbeeinträchtigt, ist er von der
Erde entwichen, ohne von sich etwas auf ihr zurück-
zulassen; ohne Verlust ist er von ihr geschieden. Nur
kurze Zeit verweilte er noch über uns, bis er geläutert
war und jede Spur von Unreinlichkeit des sterblichen
Lebens an sich getilgt hatte, um sich dann zur vollen
Höhe zu erheben und unter den seligen Geistern zu
wandeln. Eine heilige Schar empfing ihn dort, die
Scipionen und Catonen, und unter denen, die das Leben
verachteten und sich durch den Giftbecher [51]) aus ihm
befreiten, ist auch dein Vater, Marcia. Dort ist zwar
allen alles verwandt, doch er zieht seinen Enkel, der
sich des neuen Lichtes erfreut, dicht an sich heran und
belehrt ihn über die Bahnen der Nachbargestirne und
führt ihn nicht als oberflächlicher Dilettant, sondern
als wahrer und gründlichster Kenner aller Erscheinungen voll Freude in die Geheimnisse der Natur ein.
Und wie dem Fremden in unbekannten Städten ein Weg-
weiser willkommen ist, so dem Wißbegierigen, der Verlangen trägt nach Kenntnis der himmlischen Erscheinungen und ihrer Gründe, ein dorten einheimischer

Erklärer. Er läßt den Blick sich hinabrichten nach den irdischen Tiefen, denn es macht Freude, von der Höhe zurückzuschauen auf das, was man hinter sich gelassen. Halte dich denn, Marcia, so, als würdest du von Vater und Sohn beobachtet, nicht als solchen, wie du sie früher kanntest, sondern als unendlich viel höheren und wahrhaft erhabenen Wesen. Gib dich nicht dazu her, den Gedanken an irgend etwas Niedriges oder Gemeines in dir aufkommen zu lassen und Tränen zu vergießen um die Deinigen, die zu besseren Wesen umgewandelt worden sind. Sie sind versetzt in die freien und endlosen Räume der Ewigkeit, keine unterbrechenden Meere trennen sie, keine Bergeshöhen oder unzugänglichen Täler oder gefahrdrohenden Untiefen der Syrten; Beweis dafür (für diese räumliche Hemmungslosigkeit) [52]) sind die Planeten, diese leicht beweglichen, flinken und in ihren Bahnen sich kreuzenden Sterne, die sich zwischen den Fixsternen hin und her bewegen.

26. Nimm also an, aus dieser himmlischen Höhe vernähmest du die Stimme deines Vaters, Marcia, der bei dir so hoch in Ehren stand wie du bei deinem Sohne; nimm an, er rufe dir, nicht mit der Gesinnung, in der er den Bürgerkrieg beweinte, mit der er die ächtenden Gewalthaber selbst für immer geächtet hat, nein, mit einer um so viel hoheitsvolleren, als er selbst erhabener ist, folgende Worte zu: „Warum, meine Tochter, gibst du dich so lange dem Kummer gefangen? Warum verharrst du in einer solchen Verkennung der Wahrheit, daß du meinst, es sei deinem Sohne übel mitgespielt worden, daß er sich bei wohlbestelltem Hause selbst in voller Unversehrtheit zu seinen Ahnen versammelt habe? Weißt du nicht, durch welch furchtbare Stürme das Schicksal alles in Verwirrung bringt? Wie es sich niemandem gütig und gefällig erweist als

denen, die sich am wenigsten um seine Macht gekümmert
haben? Soll ich dir Könige nennen, die an Glück alle
Menschen hinter sich gelassen hätten, wenn der Tod
sie frühzeitiger dem drohenden Mißgeschick entzogen
hätte? oder römische Feldherren, denen zur Größe
nichts fehlt, wenn man von ihrer Lebenszeit etwas ab-
zieht? oder Männer edelster Art und berühmtesten
Namens, die ihren Nacken dem erhobenen Soldaten-
schwerte beugten? Blicke hin auf deinen Vater und
auf deinen Großvater. Dieser kam in die Gewalt eines
ihm fremden Mörders [53]). Und was mich anlangt, so
habe ich niemandem je über mich Gewalt gegeben und
habe durch freiwillige Entziehung der Nahrung gezeigt, daß die Gesinnung, die ich in meinen Schriften
zeigte, kein leerer Schein war. Warum wird in unserem
Hause am längsten über den getrauert, der des glücklichsten Todes gestorben ist? Wir finden uns alle zusammen an einer Statt und sehen, nicht, wie ihr
glaubt, von tiefer Nacht umfangen, bei euch nichts
Wünschenswertes, nichts Erhabenes, nichts Strahlendes,
sondern nur Niedriges, Beschwerliches, Angstvolles und
kaum eines Schimmers von unserem Lichte Teilhaftiges!
Hier gibt es — brauche ich euch das erst zu sagen? —
kein wechselseitiges, wütendes Aufeinanderrennen mit
den Waffen, keinen Untergang von Flotten durch
Flotten, kein Sinnen und Trachten nach Vatermord,
keine Rechtshändel, von deren Lärm das Forum Tag
für Tag widerhallt; hier geht nichts im Verborgenen
vor sich, es gibt keine versteckten Gedanken, das Herz
birgt keine Geheimnisse, das Leben ist offen und jedem
sichtbar, der Blick umfaßt die gesamte Vergangenheit
und Zukunft. Ich fühlte mich getrieben, die Vorgänge eines einzigen Jahrhunderts zu schildern, die
sich in der jüngsten Vergangenheit und unter einem
sehr geringen Teil der Menschheit abgespielt haben:

jetzt kann ich nun so viele Jahrhunderte, den Zusammenhang und die Abfolge so vieler Zeitalter, die Summe aller Jahre überschauen; entschleiert liegen vor meinem Blick die Reiche, die emporsteigen so gut wie die, welche zusammenstürzen werden, liegt der Fall mächtiger Städte, liegen neue Bahnen des Meeres. Vielleicht ersteht ein Trost für deinen Sehnsuchtskummer aus dem allgemeinen Schicksal; so laß dir denn gesagt sein: es wird nichts stehen bleiben, wo es jetzt steht, der Zeiten Ablauf wird alles darniederwerfen und mit sich fortführen. Nicht nur mit den Menschen wird das Schicksal sein Spiel treiben — denn welch winzigen Teil vom Bereiche der Schicksalsmacht stellt die Menschheit dar —, nein, auch mit Örtlichkeiten und Erdstrichen und Weltteilen. Ganze Berge wird es versinken lassen und anderwärts neue Felsenmassen emporsteigen lassen; Meere wird es verschlingen, Flüssen einen anderen Lauf geben, den Völkerverkehr zunichte machen und dadurch die Gemeinschaft und Zusammengehörigkeit des Menschengeschlechtes auflösen. An anderen Stellen wird es ganze Städte in ungeheueren Abgründen verschwinden lassen, wird sie durch Erdbeben ins Wanken bringen, wird aus den untersten Tiefen den Pesthauch empordringen lassen, wird alles bewohnte Land überschwemmen, wird alle Geschöpfe durch das Versinken des Erdkreises töten und durch gewaltige Feuermassen alles, was sterblich ist, versengen und in Brand stecken. Und ist die Zeit gekommen, wo die Welt, um sich zu erneuern, sich vertilgt, da wird sich dies alles durch seine eigenen Kräfte zunichte machen; Gestirne werden gegen Gestirne prallen, und alles, was jetzt in bester Ordnung sein Licht ausstrahlt, wird bei dem allgemeinen Weltenbrande eine einzige Feuermasse bilden. Auch wir seligen Geister, in die Ewigkeit entrückt, werden, wenn es der

Gottheit gefällt den ganzen Weltenbau von neuem zu beginnen, auch unserseits nicht ausgeschlossen werden von dem allgemeinen Zusammenbruch und Untergang, und werden in die alten Urbestandteile umgewandelt werden."

Wohl deinem Sohne, o Marcia, dem das kein Geheimnis mehr ist!

Anmerkungen.

Von der göttlichen Vorsehung.

¹) S. 5. Dieser Ansicht begegnet man bei Seneca öfters, aber auch schon bei den älteren Stoikern wie Chrysippos. Vgl. Plut. de Stoic. repugn. c. 13.

²) S. 7. Dies ist der jüngere Cato, Cato Uticensis, so genannt von der afrikanischen Stadt Utica, wo er sich im Jahre 46 v. Chr., nach der Niederlage gegen Cäsar bei Thapsus, in heroischer Weise selbst den Tod gab, um den Untergang der Republik nicht zu erleben. Er war wegen seiner Sittenstrenge und unbeugsamen Charakterfestigkeit für die Stoiker der Kaiserzeit sozusagen ihr spezieller Heiliger. In ihm sahen sie das Ideal des Weisen tatsächlich verkörpert. Seneca wird nicht müde, ihn in seinen Schriften zu preisen. Überall werden dem Leser Zeugnisse dafür begegnen.

³) S. 8. Juba, König von Numidien, hatte sich im Bürgerkrieg an Pompeius angeschlossen und wurde so mit in die Katastrophe verwickelt, die durch die Schlacht bei Thapsus über die Partei hereinbrach. Der König begab sich, nachdem seine Hauptstadt Zama ihm die Aufnahme verweigert hatte, in Begleitung des M. Petreius, des einstigen Besiegers des Catilina bei Clastidium, nach einem seiner Landhäuser und forderte den Petreius nach einem üppigen Schmause auf, mit ihm im Zweikampf um den Tod zu fechten. Petreius fiel, worauf sich der König von einem seiner Sklaven durchbohren ließ. Dieser Heroismus entspricht aber noch nicht den Anforderungen der Stoiker, die den Tod durch eigene Hand für die höchste Probe der Mannhaftigkeit halten.

⁴) S. 8. Durch die Lektüre des Platonischen Dialogs Phaidon.

⁵) S. 9. Man darf dies Urteil gewiß mit auch auf Senecas eigenes Exil beziehen. Vgl. den Trostbrief an seine Mutter.

⁶) S. 10. Demetrios, ein geschätzter Zeitgenosse des Seneca, war ein Kyniker.

[7]) S. 11. Sein Irrtum bestand darin, daß er anstatt des Königs Porsena einen anderen getötet hatte.

[8]) S. 11. P. Rutilius Rufus, ein charaktervoller höherer Beamter, war wegen seiner gerechten und strengen Verwaltung der Provinz Asia von den Zollpächtern angeklagt und gerichtlich verurteilt worden, worauf er nach Smyrna ins Exil ging.

[9]) S. 12. Über Bestrafung des Meuchelmords.

[10]) S. 13. Terentia, die sich der Gunst des Augustus erfreute.

[11]) S. 14. Vatinius, ein übler Gesell, wurde dem Cato bei Bewerbung um die Prätur vorgezogen.

[12]) S. 19. Vor allem die Scythen.

[13]) S. 20. Beiden, dem Appius Claudius, dem Zensor zur Zeit des Pyrrhuskrieges, und dem L. Metellus, Konsul im Jahre 251 v. Chr. im ersten punischen Krieg, wurde nachgesagt, sie seien wegen Gottesfrevels erblindet.

[14]) S. 21. Über Demetrios siehe Anm. 6.

[15]) S. 22. Parti sumus schreibe ich mit Hermes für parati sumus der Handschriften.

[16]) S. 23. Ovid Met. II 63 ff.

[17]) S. 24. Ovid Met. II 79 f.

[18]) S. 24. Dies sind wieder Worte Senecas.

[19]) S. 26. So, glaube ich, läßt sich das überlieferte trahitur halten.

Von der Unerschütterlichkeit des Weisen.

[1]) S. 30. Siehe Anm. 11 zu „Vorsehung“.

[2]) S. 31. Cato bekämpfte mit großer Schärfe zwei Gesetzesanträge: erstens den des Tribuns Metellus, daß man den Pompeius mit seinem Heere nach Italien beriefe, zweitens den des Cäsar auf Verteilung der kampanischen Ländereien.

[3]) S. 31. Der bekannte Gegner des Cicero, der durch ihn zum Exil verurteilt wurde.

[4]) S. 31. Siehe Anm. 2 zur Abhandlung von der Vorsehung.

[5]) S. 32. Das Triumvirat des Cäsar, Pompejus und Crassus.

[6]) S. 35. Nämlich Xerxes, der durch die Masse der von seinem Heere entsandten Pfeile den Himmel verdunkeln und durch Ketten den stürmischen Hellespont bändigen wollte.

[7]) S. 36. Hier, wie oft auch sonst bei Seneca, regt sich mächtig der Grundgedanke aller gesunden Ethik, die Anerkennung der allgemeinen Menschenwürde.

⁸) S. 37. Demetrios Poliorketes (Städteeroberer), der Sohn des Antigonos, eroberte in der Zeit der Diadochenkämpfe im Jahre 307 v. Chr. Megara, wo der berühmte Philosoph Stilpon, der Lehrer des Krates und Zenon, lehrte, der seine Unbeugsamkeit schon bei einer früheren Eroberung seiner Vaterstadt durch Ptolemäus Soter bewährt hatte.

⁹) S. 38. Dieser Bürge ist eben Stilpon. Die Worte beziehen sich wohl auf c. 3, 3 ex hac tibi nota sapientem exhibebo.

¹⁰) S. 40. Der jüngere Scipio.

¹¹) S. 42. Hier bin ich der von Lipsius empfohlenen Textgestaltung gefolgt.

¹²) S. 48. Aus Furcht nämlich vor Schädigung, wenn sie es zu toll treiben.

¹³) S. 48. Damit ist wohl die Feuersgefahr gemeint.

¹⁴) S. 55. Cn. Domitius Corbulo war ein berühmter Feldherr unter Claudius und Nero, der sich selbst den Tod gab, als er von letzterem zum Tode verurteilt wurde. Vgl. Tac. Ann. XI 18 ff., XIII 6 ff., 34 ff., Hist. II 76.

¹⁵) S. 55. Siehe Anm. 4.

¹⁶) S. 56. Man muß sich also stellen, als hätte man keine Ahnung von der bösen Absicht.

¹⁷) S. 56. Über ihn siehe Tac. Ann. XI 1.

¹⁸) S. 57. Über ihn, den Mörder des Caligula, siehe Tac. Ann. I 32. Suet. Calig. 56.

Vom Zorn.

Erstes Buch.

¹) S. 69. Hier findet sich eine Lücke in den Handschriften. Offenbar ist, wie zuerst Muretus erkannte, ein längeres Stück, mindestens ein Blatt, im Archetypus ausgefallen, auf dem vor allem auch der Bericht über die Definitionen des Zornes enthalten war, welche einerseits die älteren Philosophen, vor allem Aristoteles, andererseits die Stoiker gegeben hatten.

²) S. 70. Vgl. Arist. de an. 403ᵃ, 30.

³) S. 70. Ovid Met. VII 545 f., wo es sich um eine große Tierseuche auf der Insel Ägina handelt unter der Regierung des Aeacus.

⁴) S. 75. Plat. Rpl. 335 D. Mit der Logik nimmt es hier Seneca nicht allzu genau.

⁵) S. 77. Hier vermißt Fr. Haase das entsprechende zweite Glied der Alternative. Mit Recht, wie mir scheint, doch läßt sich

auch einiges zur Rechtfertigung der Überlieferung sagen. Siehe Joh. Müller, Ber. d. Akad. der Wiss., Wien 1889 (CXVIII) p. 11.

[6]) S. 78. In der Sammlung der Aristotelesfragmente von Rose (Teubner 1886) ist dies Fragment mit den übrigen auf den Zorn bezüglichen Bruchstücken unter Nr. 80 zusammengestellt.

[7]) S. 79. Die eingeklammerten, unklaren Worte sind von Gertz ausgeschieden worden; jedenfalls bedürfen sie einer Korrektur.

[8]) S. 82. Er wird es also nicht machen wie Weiber, die nach dem vorhergehenden in nichts anderem als in Tränen ihr Heil suchen.

[9]) S. 83. Hier folge ich der Umstellung, die Gertz vorgenommen hat. In den Hss. stehen diese Worte erst weiter unten.

[10]) S. 83. Theophrastos aus Eresos, der berühmte Nachfolger des Aristoteles in der Leitung der peripatetischen Schule, hat, wie es nach dem Bücherverzeichnis bei Diogenes Laertius scheint, zwar kein besonderes Buch über den Zorn geschrieben, wohl aber ein Buch über die Leidenschaften und ein anderes über die Ehrliebe, in denen er recht wohl dergleichen Äußerungen über den Zorn getan haben kann. Vgl. die Fragmente 72, 77, 154 in der Fragmentsammlung von Wimmer, Lpz. 1862.

[11]) S. 84. Eine etwas bedenkliche Logik. Fleiß z. B. ist durchaus keine Untugend, und doch kann der übermäßig Fleißige durch seinen Fleiß sich sehr schaden.

[12]) S. 84. Hier folge ich Goerenz, der exercitus liest für exercitatus der Handschriften.

[13]) S. 88. Das bezieht sich auf die Vorschriften für das Auftreten und die Amtskleidung des leitenden Beamten bei Verkündung und Vollziehung des Todesurteils.

[14]) S. 89. Das (personifizierte) Gesetz nämlich hofft, daß nichts gegen seine Bestimmung unternommen werde.

[15]) S. 89. Die Hss. haben quam florere quosdam, wofür es wohl graphisch am leichtesten ist, den fehlenden Begriff der Schurkerei durch ein hinter quam einzuschiebendes nequam zu gewinnen. Vgl. De const. 13, 4 u. ö.

[16]) S. 92. Das hier unverständliche pravus ist, um einen angemessenen Sinn zu gewinnen, vielleicht in das hier adjektivisch zu fassende proavus umzuändern, wonach ich übersetzt habe. Wer denkt bei dem hier Erzählten nicht an Männer wie T. Manlius Torquatus?

[17]) S. 93. Hieronymos aus Rhodos war ein namhafter peripatetischer Philosoph unter Ptolemaeus Philadelphus um die

Mitte des 3. Jahrh. v. Chr. Von seinen Schriften ist nichts auf uns gekommen.

[18]) S. 95. In der Schrift von den Gesetzen 934 A.

Zweites Buch.

[19]) S. 99. Ich folge hier der Ausgabe von Hermes, der vor insciis einschiebt non. Seneca will den Zorn als eine Seelenregung hinstellen, die zwar einen äußeren Anlaß hat, aber ihrem Wesen nach ganz erst durch die Art bestimmt wird, wie der Geist diesen Anstoß in sich verarbeitet. M. a. W.: der Zorn ist etwas durchaus Subjektives; er darf nicht wie ein blindes Naturereignis betrachtet werden.

[20]) S. 101. Das bezieht sich auf den Tod des Pompeius, der auf Befehl des unmündigen Königs Ptolemäus in einem Kahn, vor der Landung, ermordet wurde. Ratgeber waren dabei des Ptolemäus Lehrer Theodotos und Photinus, der ausführende Täter war Achillas. Man lese den ausführlichen Bericht bei Plutarch, Leben des Pompeius c. 77—80.

[21]) S. 102. Es sind dies die Emotionen, die unwillkürlichen Einwirkungen von Gemütsbewegungen auf den Körper.

[22]) S. 103. Hier haben Lipsius und Gertz eine Lücke angenommen, doch kaum mit Recht, wie Joh. Müller, Ber. d. Wiener Ak. d. Wiss. 1889 (CXVIII) p. 13, dartut.

[23]) S. 103. Apollodorus, Tyrann von Cassandria in Mazedonien, von Natur ein Wüterich, war in der Trunkenheit zu jeder Mordtat aufgelegt. Ael. Var. hist. XIV 41. Was Phalaris, den Tyrann von Agrigent, anlangt, so ist seine Unmenschlichkeit sprichwörtlich.

[24]) S. 104. Volesus Messala wurde unter Augustus wohl eben der hier erwähnten Untat wegen zum Tode verurteilt. Tac. Ann. III 68.

[25]) S. 105. Will man gerecht darüber urteilen, so kommt es auf die Unterscheidung von Zorn und Entrüstung an. Für letztere aber findet sich in Senecas psychologischer Anschauungsweise keine rechte Stelle.

[26]) S. 106. Dabei ist wohl vorzugsweise an Erbschaftssachen zu denken.

[27]) S. 107. Hier schließe ich mich an Gertz an, der für überliefertes viventium schreibt bibentium.

[28]) S. 108. Ovid Met. I 144 ff.

[29]) S. 112. Also die Furcht vor einem ist kein Lob für den Gefürchteten.

³⁰) S. 112. Laberius war ein bekannter Mimendichter von viel Geist und Schlagfertigkeit, Eigenschaften, die sich auch dem Cäsar gegenüber bewährten.

³¹) S. 116. Vielleicht spricht dies Seneca aus eigenster Erfahrung.

³²) S. 117. Mit anderen Worten: Tapferkeit als ausgebildete Tugend.

³³) S. 118. Das stimmt nicht recht zu I, 3, 4.

³³a) S. 120. Diese Stelle entbehrt in der überlieferten Form durchaus der Klarheit. Vielleicht ist für das überlieferte quam gravesunt (so Hs. A) zu schreiben quum gravescunt sc. irae.

³⁴) S. 121. Gesetze 666 A.

³⁵) S. 127. Das ist wohl mit den Worten duplicatis rosae foliis gemeint. Die Blätter waren zum Teil geknickt, also nicht ganz gleichmäßig geschichtet.

³⁶) S. 130. Dem liegt zugrunde der bedeutsame Unterschied zwischen Legalität und Moralität.

³⁷) S. 131. Hier lese ich mit Gertz bonis für nobis.

³⁸) S. 131. Hier halte ich mich an die Lesung der Handschrift A, während die Hs. L für pro nobis liest pronos.

³⁹) S. 132. Man denke an die hübsche und sinnige Fabel des Äsop von den beiden Taschen, die jeder von uns mit sich führt, die eine vorn, die andere hinten. In der vorderen sammeln wir die Fehler anderer, in der anderen stecken unsere Fehler: deshalb sehen wir sie nicht.

⁴⁰) S. 134. Hier folgt der zweite der angekündigten Punkte: es sind nur die unmittelbar gegen uns selbst verübten Beleidigungen, um die es sich handelt, im Gegensatz zu den durch Zwischenträger an uns gebrachten. Vgl. c. 29, 2.

⁴¹) S. 135. Von denen wir doch nichts anderes zu erwarten haben.

⁴²) S. 137. Hier wie auch sonst gilt dem Seneca für die Straftheorie neben dem Prinzip der Abschreckung nur das der Besserung. Das Prinzip der rechtlichen Vergeltung und der dadurch ermöglichten Widerherstellung der rechtlichen Gleichheit scheidet für ihn ganz aus.

⁴³) S. 137. Eine kritisch umstrittene Stelle; ich folge der Textgestaltung der Ausgabe von Hermes. Beleidiger ist nicht nur der den Zorn Erweckende, sondern auch der Zürnende, nur daß der letztere insofern eher Entschuldigung verdient, als er gereizt worden ist.

⁴⁴) S. 138. Hier, wie an mancher anderen Stelle, spricht der erfahrene Kenner des Hofdienstes, nicht der unnachgiebige Stoiker.

⁴⁵) S. 140. In dieser kritisch umstrittenen Stelle folge ich dem Texte von Hermes.

⁴⁶) S. 143. Verg. Aen. VIII 402 f.

⁴⁷) S. 144. Ein römischer Philosoph zur Zeit des Augustus.

Drittes Buch.

⁴⁸) S. 148. Vielleicht ist hier mit Vahlen für non zu lesen una. Dann wäre der Sinn: die Preisgabe der Selbstbeherrschung (wie sie der Zorn mit sich bringt) ist das einzige Seelenübel, das sich dem ganzen Gemeinwesen mitteilt.

⁴⁹) S. 153. So mit Bentley, der viris für viribus schreibt.

⁵⁰) S. 157. Der überlieferte Text bietet hier das schwer verständliche si liceat. Eine evidente Verbesserung ist noch nicht gefunden.

⁵¹) S. 158. Coelius Rufus, ein Schüler des Cicero, von dem er später auch verteidigt wurde. Seine Briefe an Cicero sind noch erhalten, ebenso die Verteidigungsrede des Cicero (Coeliana).

⁵²) S. 163. So mit Madvig.

⁵³) S. 164. Nämlich an sich selbst, denn er ist hier der Zornsüchtige.

⁵⁴) S. 164. Nämlich sich selbst.

⁵⁵) S. 165. Aus welcher griechischen Quelle diese feine Bemerkung stammt, weiß ich nicht. Aus einzelnen Stellen der Platonischen Dialoge kann man sie vielleicht indirekt folgern.

⁵⁶) S. 167. Das ist wohl hier videbimus, wie auch gleich im folgenden Kapitel (c. 15, 3).

⁵⁷) S. 168. Harpagus war vom medischen König Astyages beauftragt worden, den Kyros, seinen Enkel (Sohn seiner Tochter Mandane) umzubringen, weil ein Traum ihm Böses von diesem gekündet hatte. Harpagus übergab das Kind einem Hirten, der es rettete. Astyages rächte sich an Harpagus dadurch, daß er den Sohn desselben heimlich töten und ihm zur Mahlzeit vorsetzen ließ. Harpagus verbarg seinen Grimm, verband sich später mit Kyros und stürzte den König Astyages.

⁵⁸) S. 169. Daß dies kein leeres Wortgetöne ist, zeigt das heroische Lebensende des Seneca selbst. Es war ihm Ernst mit seinem Stoizismus.

⁵⁹) S. 172. Marcus Marius Gratidianus war von dem Bruder des berühmten C. Marius adoptiert worden und hatte sich als Prätor bei dem Volke sehr beliebt gemacht.

⁶⁰) S. 173. Das sind wohl hier die Talaria.

⁶¹) S. 175. Was hier dem Perserkönig (Cambyses) beigelegt wird, berichten Diodor und Plinius von Altisanes, dem König von Äthiopien, der nach der Eroberung Ägyptens den eingefangenen Straßenräubern die Nasen abschneiden ließ und ihnen einen Wohnort anweisen ließ, der fortab Rhinosura (Nasenstutz) hieß.

⁶²) S. 176. Vgl. Herod. I 189.

⁶³) S. 176. Zur Bewässerung des umliegenden Geländes.

⁶⁴) S. 178. Ein Irrtum: der Großvater Alexanders war nicht Antigonos, sondern Amyntus.

⁶⁵) S. 178. Ein offensichtliches Einschiebsel.

⁶⁶) S. 179. Näheres über ihn teilt der ältere Seneca mit in seinen Kontroversen X 5, 22 (ed. Kießling).

⁶⁷) S. 184. Der Umstand, „daß man ein Mensch ist", mit anderen Worten: der Umstand, daß man bewußt ein Unrecht tut.

⁶⁸) S. 184. Man soll sich künstlich üben in Behandlung der Zorneserregung, ähnlich wie der Experimentator künstlich gewisse Naturprozesse herbeiführt.

⁶⁹) S. 188. Nämlich der Kaiser.

⁷⁰) S. 188. Das Konsulat.

⁷¹) S. 189. Dieser Freund ist hier wohl wieder der Kaiser.

⁷²) S. 191. Nämlich auf die weiteren Ursachen zum Zorn.

⁷³) S. 193. Vgl. Anm. 47.

⁷⁴) S. 195. Berühmter Epiker um 200 v. Chr., der in seinem großen Epos Annales die römische Geschichte bis zu seiner Zeit darstellte.

⁷⁵) S. 195. Diogenes Babylonius, Stoiker im 2. Jahrh. v. Chr.

Trostschrift an Marcia.

¹) S. 206. Dieser Schlag ist der Tod des Sohnes; die alte Wunde ist der Tod des Vaters.

²) S. 208. Augustus, als Bruder seiner Mutter.

³) S. 209. Nämlich auf Drusus.

⁴) S. 210. Ich folge an dieser kritisch viel behandelten Stelle der Schreibung von Ellis (aequom alvo), die sowohl der Überlieferung wie dem hier geforderten Sinn am besten entspricht.

⁵) S. 211. Das ist der spätere feierliche Name der Livia, der Gemahlin des Augustus.

⁶) S. 211. Areios Didymos aus Alexandria lebte, von Augustus hochgeehrt, in Rom als Lehrer der Philosophie. Er hatte eine für

die Kunde der alten Philosophie wertvolle Epitome verfaßt, von der sich bei Stobäus zahlreiche Exzerpte finden.

[7]) S. 212. Unter der Maske des die Livia tröstenden Areios spricht, wie leicht ersichtlich, Seneca selbst zur Marcia. Dies Abstreifen alles Persönlichen und Subjektiven gibt hier seiner Mahnung gleichsam eine höhere Weihe und Geltung.

[8]) S. 215. Für das überlieferte sepe scheint mir der Sinn die Einsetzung von saevae zu fordern.

[9]) S. 216. Was unter dem hier sinnlosen ambitionem stecken mag, ist mit Sicherheit kaum zu sagen.

[10]) S. 216. Ich folge dem Pincianus in der Schreibung terribilibus für terribilis.

[11]) S. 217. d. h. an die Zeit, wo sie erwachsen sind und die Toga (das übliche Bürgerkleid für die Erwachsenen) anlegen.

[12]) S. 218. Ein Vers des Mimendichters P. Syrus. In Ribbecks Fragmentsammlung der röm. Dichter V. 119.

[13]) S. 219. Die Allgewalt des unabänderlichen Schicksals (Heimarmene) ist ein beliebtes Thema bei den Stoikern; aber wenige werden die Sache mit so farbenreichem Pinsel ausgemalt haben wie Seneca.

[14]) S. 220. Eine kritisch unsichere Stelle.

[15]) S. 220. Die Handschriften haben causis morbos repetita. Diese unverständlichen und konstruktionslosen Worte werden meines Erachtens verständlich, wenn man ihnen folgende Form gibt: causis morborum repleta, „mit Krankheitskeimen gefüllt“. Das repleta bezieht sich auf ipsa.

[16]) S. 220. Nämlich die Seele.

[17]) S. 221. Eine in den Hss. schwer entstellte Stelle. Der auf das vorausgehende spiritus sich beziehende Nebensatz lautet nach den Hss.: qua parum repentinum audiat ex improviso sonus auribus gravis excutit. Er erhält meines Erachtens einen passenden Sinn durch folgende Schreibung: quem parum repetitum auditu ex improviso sonus auribus gravis excutit. Man kann vom spiritus sagen: parum auditu repetitur, „er wird schwer hörbar aus der Tiefe hervorgeholt“. Beim Sterben entringt sich der Atem immer schwerer und unhörbarer der Brust, bis ihn ein plötzliches scharfes erschütterndes Röcheln entweichen macht. Demgemäß habe ich übersetzt. Es handelt sich um das letzte Todesröcheln, gemäß den unmittelbar folgenden Worten.

[18]) S. 221. Singultus mit Fr. Haase für das singulius der besten Hss.

¹⁹) S. 225. Dies bezieht sich auf Xenophon, der auf die Nachricht von dem in der Schlacht von Mantinea erfolgten Tode seines Sohnes Gryllos nur einen Augenblick die Opferhandlung unterbrach, in der er begriffen war. Vgl. Diog. Laert. II 54 f.

²⁰) S. 225. Näheres und Genaueres darüber bei Livius II 8.

²¹) S. 225. Aemilius Paulus, der berühmte Besieger des Königs Perseus bei Pydna, gab zwei seiner Söhne befreundeten Männern zu Adoptivsöhnen; von seinen weiteren zwei Söhnen starb der eine fünf Tage vor, der andere drei Tage nach dem großen Triumph des Vaters über den Mazedonierkönig.

²²) S. 226. Der jüngere Scipio, Sohn des Aemilius Paulus, den dieser dem Sohne des älteren Scipio (Scipio Africanus) zur Adoption überlassen hatte.

²³) S. 227. Das hier gewählte Jahr ist das Jahr 59 v. Chr., in welchem Cäsar und Bibulus (M. Calpurnius Piso) Konsuln waren.

²⁴) S. 227. Cäsars Tochter Julia war seit 59 v. Chr. mit Pompejus vermählt.

²⁵) S. 227. War er doch selbst ein Gott, der von Staats wegen dafür erklärt worden war.

²⁶) S. 227. Sein eigener Sohn war der jüngere Drusus, sein Adoptivsohn war Germanicus.

²⁷) S. 229. Diese Cornelia war verheiratet mit C. Livius Drusus, dem Urgroßvater der Augusta, der Gemahlin des Augustus, Livia. Ein Sohn aus dieser Ehe, der beliebte Volkstribun M. Livius Drusus, ward meuchlerisch umgebracht. Der Mörder, von anderen Schriftstellern als unbekannt bezeichnet, wird von Cicero (De nat. deor. III 33) Quintus Varius genannt.

²⁸) S. 231. Verg. Aen. III 418.

²⁹) S. 232. Der Fluß Alpheios, welcher der Sage nach von Elis aus seinen Lauf unter dem Meeresboden bis nach Sizilien fortgesetzt und sich dort mit der Quellennymphe Arethusa vereinigt hat.

³⁰) S. 232. Hinweis auf die unglückliche Expedition der Athener nach Sizilien, die im Jahre 413 v. Chr. mit ihrem Untergang endigte.

³¹) S. 233. Dieser Abschnitt bis zum Schluß des Kapitels scheint, wie Madvig bemerkt, hier nicht an seiner richtigen Stelle zu sein, sondern anderswohin zu gehören.

³²) S. 235. Ich folge hier dem Vorschlag von Hosius, der das ripis der Hss. durch rivis ersetzt.

³³) S. 235. Diese Einbuchtungen sind das Mittelländische Meer, das Rote Meer und der Persische Meerbusen.

³⁴) S. 235. Nach Plinius (Nat. hist. IX 62) gibt es einen Fisch, **musculus** genannt, der dem Walfisch voranschwimmt, damit er nicht auf Sandbänke gerate.

³⁵) S. 237. Dieser Trostgrund wirft nämlich ein trauriges Licht auf den damaligen Zeitgeist: die Erbschleicherei in allen nur denkbaren Formen spielte zu jener Zeit eine verhängnisvolle Rolle in Rom und griff zerstörend in die Verhältnisse der besten Familien ein.

³⁶) S. 238. Eine für den stoischen Materialismus sehr bezeichnende Stelle.

³⁷) S. 238. Eine kritisch unsichere Stelle.

³⁸) S. 239. Das klingt wie ein prophetischer Hinweis auf seinen eigenen Tod.

³⁹) S. 240. Seneca setzt hier den Tod der Tullia, der Tochter des Cicero, ein gut Teil zu früh an: sie lebte noch zur Zeit des Bürgerkrieges und der Konfiskationen. Sie starb im Jahre 45 v. Chr.

⁴⁰) S. 241. Dahin war Cato durch den Einfluß seines Gegners, des Cäsar, im Jahre 59 v. Chr. genötigt worden zu gehen, um die Insel nach Absetzung des Königs Ptolemäus zur Provinz zu machen. Im Jahre 56 v. Chr. kehrte er von da zurück.

⁴¹) S. 241. Sollte es hier für überliefertes loco nicht heißen müssen **foco**, im Sinne von Scheiterhaufen, wie es Verg. Aen. XI 22 gebraucht wird?

⁴²) S. 241. Ich schreibe mit Gertz **impactum** (von impingo) für **in pactum** der Hss.

⁴³) S. 242. Mit diesem „ferner" wird zurückgewiesen auf das zu Anfang unseres Kapitels stehende „zunächst" (primum).

⁴⁴) S. 243. Verg. Aen. X 471.

⁴⁵) S. 244. Vgl. De provid. c. 3 § 4.

⁴⁶) S. 245. Sejan ließ bei dem Verfahren gegen Cremutius Cordus, den Vater der Marcia, dessen Güter einziehen und schenkte sie seinem Trabanten Satrius.

⁴⁷) S. 245. Ich halte mich hier an die älteren Texte, indem ich **imparatum** schreibe für das unverständliche **imperiatum** der Hss.

⁴⁸) S. 246. Das erstere geht auf den Sohn, das letztere auf den Vater.

⁴⁹) S. 247. Vgl. Plat. Phaed. 64 A, 67 D. Im Text scheint mir **exteriora** verdächtig. Mehr am Platze würde mir **excelsiora** scheinen.

⁵⁰) S. 248. Fabianus Papyrius war ein geschätzter Philosoph zur Zeit des Seneca.

[51]) S. 250. Für das überlieferte beneficio, das hier ganz sinnlos ist, ist meines Erachtens nichts anderes einzusetzen als veneficio. Damit ist allen Anforderungen des Sinnes und der Paläographie genügt. Der Giftbecher war das häufigste Mittel, um dem Leben durch eigenen Entschluß zu entrinnen. Cremutius Cordus starb zwar nicht durch Gift, gehört aber zu den Selbstmördern, denen er sich droben beigesellt und die der Mehrzahl nach durch Gift starben. Auch Sokrates gehört zu diesen freiwillig Sterbenden; denn es stand ihm ja frei, aus dem Kerker zu entfliehen. Als eine Art Karikatur zu diesem Heroismus vergleiche man, was in dem Trostschreiben an seine Mutter Helvia, c. 10 § 10, von Apicius mitgeteilt wird.

[52]) S. 251. Die Überlieferung lautet: Syrtium omnium plana usw., was völlig unverständlich ist. Was hier der Sinn verlangt, ist der Beweis, daß, im Gegensatz zu den Verkehrshemmungen hienieden durch Gewässer und Gebirge, es droben keine Hemmungen des freien Verkehrs gibt. Diesen Beweis aber geben die Planeten, die bei ihren verschlungenen Wanderungen nirgends ein Hindernis finden. Meines Erachtens hat man demnach zu schreiben: ..... Syrtium: testimonium plana usw. Aus Syrtium testimonium wurde infolge der graphischen Silbenähnlichkeit Syrtium omnium. Meine Übersetzung folgt dieser meiner Annahme.

[53]) S. 522. Darüber wissen wir nichts Näheres.